阅读成就思想……

Read to Achieve

治愈系心理学系列

与情绪和解

治愈心理创伤的AEDP疗法

It's Not Always Depression

Working the Change Triangle to Listen to the Body, Discover Core Emotions, and Connect to Your Authentic Self

［美］希拉里·雅各布·亨德尔◎著
（Hilary Jacobs Hendel）

王斐◎译　叶欢◎审译

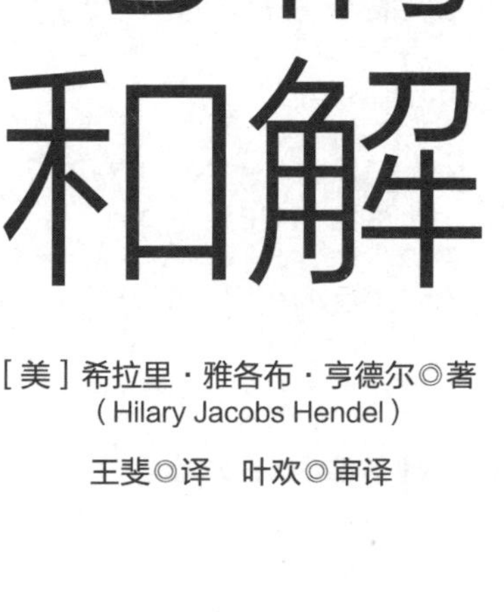

中国人民大学出版社

·北京·

图书在版编目（CIP）数据

与情绪和解 : 治愈心理创伤的AEDP疗法 / (美) 希拉里·雅各布·亨德尔 (Hilary Jacobs Hendel) 著 ; 王斐译. -- 北京 : 中国人民大学出版社, 2020.5

书名原文: IT'S NOT ALWAYS DEPRESSION:Working the Change Triangle to Listen to the Body, Discover Core Emotions, and Connect to Your Authentic Self

ISBN 978-7-300-27390-7

Ⅰ. ①与… Ⅱ. ①希… ②王… Ⅲ. ①情绪—自我控制—通俗读物 Ⅳ. ①B842.6-49

中国版本图书馆CIP数据核字(2020)第044702号

与情绪和解：治愈心理创伤的AEDP疗法

［美］希拉里·雅各布·亨德尔（Hilary Jacobs Hendel） 著

王 斐 译

叶 欢 审译

Yu Qingxu Hejie: Zhiyu Xinli Chuangshang de AEDP Liaofa

出版发行	中国人民大学出版社		
社 址	北京中关村大街 31 号	**邮政编码**	100080
电 话	010-62511242（总编室）		010-62511770（质管部）
	010-82501766（邮购部）		010-62514148（门市部）
	010-62511173（发行公司）		010-62515275（盗版举报）
网 址	http://www.crup.com.cn		
经 销	新华书店		
印 刷	天津中印联印务有限公司		
开 本	890 mm×1240 mm 1/32	**版 次**	2020 年 5 月第 1 版
印 张	11 插页 1	**印 次**	2025 年 9 月第 19 次印刷
字 数	225 000	**定 价**	79.00 元

IT'S NOT ALWAYS DEPRESSION

推荐序一

戴安娜·弗霞　博士（Diana Fosha，Ph. D.）

加速的体验性动力学心理治疗（AEDP）创始人

加速的体验性动力学心理治疗（Accelerated Experiential Dynamic Psychotherapy，AEDP）是一种治愈取向的转化治疗模式。作为它的发展者，当我拿到希拉里·雅各布·亨德尔的这本书的手稿时，我感到既兴奋又不安。

令人兴奋的是，这有可能使我的工作获得巨大飞跃，提高我帮助人们获得改变的能力。除此之外，就像现在正在发生的那样，这本书还会通过影响治疗师的实践，从而对他们的患者产生影响。此时此刻，作者正在通过这本书直接与读者分享所谓的“行业秘密”。这本书使 AEDP 的思想更具有操作性，也有可能让更多的人受益——无论是治疗中的人（包括各种流派的治疗师），还是那些未进行心理治疗的人。这个前景令人感到振奋。

同时，我也感到不安。迄今为止，我所做的所有工作都在这样一本自助书籍中：它能够正确地实施 AEDP 吗？或者，AEDP 的根本原则会被莫名其妙地注入水分吗？AEDP 的复杂理念会变成肤浅的幸运签式的思想吗？这会使花费在开发严谨的、以治愈为取向的转化疗法方面的工作时间变得没有意义。如果这些还不足以引发焦虑，那么我的同事希拉里也是让我感到焦虑的因素：我会发现自己处于并不喜欢她写的东西的尴尬境地吗？或者，由于现在人们对 AEDP 的理解超出了我的掌控，我是否不得不忍受感觉不对劲或不合时宜的有关 AEDP 的言论呢？

不过，我已经获得了一些极为重要的安全感。因为我知道希拉里不仅是一位有真才实学的人，还是一名出色的临床医师。她为《纽约时报》（*The New York Times*）写过的两篇关于 AEDP 实践的文章也让我惊叹不已：那些短小精悍的文章展示了她令人羡慕的天赋——在简单易读的写作中捕捉本质。

当我开始阅读这本书的手稿时，我的呼吸逐渐和缓下来，我的身体逐渐放松下来，我的注意力被越来越深地吸引进来。我所读到的东西很贴切，而且很准确。我长长地松了一口气！一切都不错。

在我一个故事接一个故事、一个章节接一个章节地读下去之后，我被深深地触动了。AEDP 拥有自己独立的发展历程，这一过程与我是相互独立的。我已经经历了 AEDP 的拓展——这是 AEDP 研究所的同事们的贡献，AEDP 经他们的努力而得到了发展。然而希拉里，也就是本书的作者，她是 AEDP 下一代的成员。她曾接受过我的同事的培训，完成了相关学习，她现在不仅在面对自己的来访者时使用 AEDP，还通过本书向广大公众传播。我不禁为之感到精神振奋，喉咙哽咽，几欲流泪！AEDP 已经开始一代又一代地传承下去了！

你可能已经注意到以上段落中的楷体字，它们都是描述与情绪相关的心理或身体感觉的语句。情绪和身体感觉常常能帮助我们了解自己。它们包含生物学的智慧，并向我们传达信息——对于我们和我们身边的人来说，什么是重要的。随着你深入阅读希拉里的这本书，你将逐渐学会珍惜情绪的丰富性以及它们强大的指导力量——情绪能够指引我们做我们需要做的事，治愈往日的伤痛，过更高效和更幸福的生活。希拉里在教授情绪和情绪背后的防御机制方面做得非常出色。在她的案例中，记录了人们一旦与自身适应性情绪失去联结将会付出什么样的代价，以及情绪经过恰当处理后将会带来的好处和优势。那些楷体字是关键的切入点，使我得以进入自己体验的不同方面，而这些体验都与我展开的研究相关。

我们在 AEDP 中有一句名言：把隐含的变明晰，把明晰的变为体验。在这篇序中，我也将会“把隐含的变明晰”，明确阐述并介绍 AEDP 的基本原则，这些原则在希拉里的临床工作中被诠释得淋漓尽致。我希望告诉你足够多的关于 AEDP 的信息，这样你就能够理解你将要经历的感受背后的原理。因此，接下来我将会对一些 AEDP 的基本原则进行明确说明。

从获得－前进的过程中治愈：转化是治愈的动力

使 AEDP 这种疗法具有非凡生命力的首要核心思想在于，治愈不仅仅是治疗的理想结果，还是从一开始就存在的潜力。我们的大脑构造准备好接受治疗、被治愈，并获得成长和改变。这不仅仅是一种比喻的说话方式，更与大脑的神经可塑性有关。

当我们体验到安全感或者觉得足够安全时，治愈的驱动力就会显露出来。与专注于心理病理学的大多数疗法不同，AEDP 并不关注什么出了什么问题，而是什么是正确的。AEDP 治疗师一直在寻找这种治愈的动力，为此我们有一个特殊的名词——转化（transformance）。我对转化这种治疗动力的描述如下：

> 人们对转化有基本的需求。我们具有成长和康复的潜力，而且我们具备自我修正的能力，能够重新开始被阻碍的成长过程。我们需要使自我得到拓展和解放，放下防御机制所设置的障碍，卸下虚假的自我。在我们努力与自己的那些僵化的部分产生联结的时候，那种希望被理解、被看到和被认可的深深渴望塑造了我们自己。

在这个过程中，既美妙又实用的一点是，疗愈的发生总是伴随着活力和能量的焕发，以及它们所具有清晰的躯体性情感标记。这些标记可以帮助我们追踪，并帮助我们看到变化的表现，以及走向康复和健康的努力。当我们认识到人们的这些努力时，他们会感觉被看到。

转化，以及能量和活力所具有的积极的躯体性情感标记，直接说明了治疗处理所带来的神经可塑性（即允许大脑中产生新的联结）发生的积极变化。

那些积极的、适应性的、感觉正确和真实的体验

尽管我们在绝望和恐惧中寻找治愈的证据，但同时也在认真地关注和研究积极的东西，那些适应性的、正确和真实的东西。AEDP 中的“积极”具有非常特殊的含义。它当然包括积极的情绪（如喜悦、感恩和快乐），但是关于下面这一点我怎么强调也不为过——我们在 AEDP 中所定义的“积极”包含那些对个人而言，感觉正确和真实的事物。这是至关重要的，因为我们不想感受到痛苦，所以我们常常害怕感受我们的情绪。正如你将在后面的内容中看到的那样，当我们终于越过了小时候建立的保护性屏障，感受到了自己真正的情绪，即使这些情绪是悲伤或愤怒，我们也毫无疑问地会感到慰藉和安心。而且我们并不仅仅是感到慰藉和安心，还会感觉到长期以来，我们和自己的身体所需要感受到的东西。正如我们终于摆正了一幅歪歪斜斜挂着的画之后松一口气那样，当我们终于感觉到自己在某个处境中的真实情绪时，就会觉得“对，就是这样的”。之后，我们会感觉良好。

消除孤独

孤独感——在这里特指我们在面对压倒性的情绪时，不情愿和不想要的孤独感。在 AEDP 的理解中，是情绪苦难和随后发展出来的情绪困扰的核心层面。这种理解的意义是明确的："在一起"，拥有我们感到安全的、理解的、可依赖的他人的在场陪伴，对于我们的疗愈和以健康的方式处理情绪是至关重要的。当我们不再感到孤独，而是感觉到被陪伴时，我们的神经系统就能够得到改善。我们获得了帮助，就能够更好地感受和处理。因此，AEDP 治疗师的主要目标是消除来访者的孤独感，并在来访者的治愈旅程中陪伴他们，与他们在一起。

在了解了依恋理论及自主神经系统如何工作后，大多数有经验的治疗师会试图激活社会参与系统，建立安全感和联结。通过进一步探索，并借鉴依恋领域有关父母如何养育出有心理韧性儿童的相关研究成果，AEDP 治疗师带着共情、关怀、关心，确认当下出现的真实情绪，引导着这一过程。正是这一点，让情绪相关工作有效。俗话说"人多力量大""两个头脑的智慧总好过一个"，所以两个灵魂和两颗心参与这个过程是更好的。当我们与一个关心自己的人在一起时，那些独自处理时淹没性的、难以处理的事情就会变得易于应对。消除孤独是 AEDP 治疗的必要条件——这潜藏在所有有关情绪的工作中，并且在希拉里的工作案例中展现得淋漓尽致。

充分利用积极情绪的重要性

"消除孤独""共同承担""在一起"不仅适用于减少消极的痛

苦情绪，AEDP 治疗师还积极地、外显地、经验性地在治疗师和来访者之间与积极情绪一起工作；除了关心、关注、共情和联结之外，治疗师自己的表达范围也得到延伸，并且扩展到明确表达来访者的欣喜、快乐和满足。因此，AEDP 治疗师在共情和确认之外，还会给予明确的肯定。此外，欢迎和庆祝来访者表现出的积极品质、优势、才能，以及治疗中取得的成就，并确保来访者自己也能够接受这些，也为 AEDP 治疗的有效性做出贡献。

和苦难相关的情感的完整处理过程："感觉不好永远都不是最后一步"

"感觉不好永远都不是最后一步"这句话，语出最杰出的体验治疗师之一，尤金·盖德林（Eugene Gendlin），他是聚焦疗法的提出者。这同样也是我写过的一篇论文的标题，这篇论文旨在帮助人们处理强烈情绪。

情绪通过漫长的进化过程，在我们身上交织联结。情绪存在的目的并非为了吓倒我们，淹没我们，让我们害怕失去掌控。情绪与我们的大脑、身体和神经系统联结起来，帮助我们应对环境，从而提高自身的适应能力。有时候，无论有些情绪看起来有多么可怕，如果我们允许自己处理、吸收和转化这些情绪，那么它们最终总会把我们带入好的状态：悲悼最终将导致我们接受现实；愤怒将引导我们为了自己和自身正当的需求，去经历和体验勇气、确定和力量；恐惧会引领我们寻求安全；快乐将引导我们感到自己精神饱满、精力充沛，并使我们更愿意充满热情地去联结和探索。这是与情绪进行体验性工作的基本原则：有一大堆适应性的宝藏等待着每种核心情感完成其处理过程。这一大堆宝藏包括坚韧、确定，以及提高了解自身需要的能力，这种提高是通过告诉我们应当如何行动来实现的。

正如希拉里所展示的那样，借助她在本书中描述的工具，你便可以准确地做到这些。即使你没有接受心理治疗，这本书也能帮助你消除孤独感，并教你如何克服障碍和限制，以便你了解自己的真正感受。一旦你了解了自己内心深处的感受，这些感受就能够指引你进入宝贵的清晰和洞察之中。这种将情绪进行完整加工的思想与所有的经验性疗法相同，包括，眼动脱敏与再加工疗法（Eye Movement Desensitization and Reprocessing，EMDR）、内在家庭系统疗法（Internal Family Systems，IFS）、格式塔疗法（Gestalt）、聚焦疗法（Focusing）、身体体验疗法（Somatic Experiencing，SE）、感觉运动心理治疗（Sensorimotor Psychotherapy，SP）、情绪聚焦疗法（emotion-focused），等等。而且事实上，当情绪处理完成时会产生适应性的行为倾向、韧性，并让我们对我们的需求及接下来需要做些什么更加清晰。情绪处理完成会激活动机系统，这一过程也会由积极情绪伴随，使我们的感觉从不好向良好转变。

转化体验的元处理

AEDP疗法对“感觉好”和“变得更好”的体验进行系统性的聚焦，这是拓展、深化和巩固幸福感的一种方式。如果第一轮的心理治疗是关于超越防御和焦虑，第二轮的心理疗法是为了治愈痛苦，提高效能感和韧性，那么 AEDP 就有第三轮治疗！

AEDP 的第三轮就是元处理（metatherapeutic processing，缩写为 metaprocessing），涉及对积极的情绪体验进行系统和彻底的工作，就像我们处理消极情绪体验那样。正如痛苦的消极情绪经过处理可以转化成自我促进的适应性行为那样，与“变得更好”有关的积极情绪（例如，治愈或转化）一起工作开启了新一轮的完整的转化。元处理进一步拓宽和建构了一系列变化，从处理创伤情绪直至完成情绪处理。正是这一点，重新引领了大脑，加深并拓展了韧性和幸福感。

转化性情感

我们有关元处理的经验表明，当我们探索与“变得更好”相关的积极情绪体验时，会产生另一轮完整的转化体验。事实证明，每一个新的转化体验都伴随着它自身特有的关联情绪。我们称这些情绪为转化性情感，它们都是积极的。AEDP 详细描述了转化性情感以及如何对它们进行系统性的工作。就像核心情感告诉我们的那样，那些情况我们必须处理，而且核心情感会因不同类型的挑战而有所不同（例如，恐惧是一种与危险有关的情绪，而悲伤是一种与丧失有关的情绪），转化性情感告诉我们，我们的内部发生了重要的积极变化。通过注意这些积极变化，我们能够巩固这些变化，并将它们发挥到可能的最高水平，从而进一步丰富我们的生命。

转化性情感包括但不限于：有关掌控感的情感，如快乐、自信和自豪；颤栗性情感，与获得从未经历过的新的体验相关的积极易感性有关；疗愈性情感，感受到自我的前行，对帮助自己的人感到感激和爱等；领悟性情感，对所发生的变化感到惊奇和敬畏。

非有限转化螺旋

对积极的转化性情感进行体验性的探索，会带来更多积极的转化性情感，即快速启动转化过程是无限的。这种非有限的转化过程涉及活力和能量的上升螺旋，并超越情绪痛苦的治愈，变成蓬勃和幸福。

核心状态

转化过程的顶峰是核心状态，这是一种整合和开放的状态。希拉里在其书中将这种状态称为“内心开放的状态”（openhearted state）。内心开放的状态和 AEDP 的核心状态及 IFS 的核心自我有些类似。改变过程深深扎根于此，AEDP、IFS 及本书所描述的工作融合了东西方冥想的传统，以阐明达到重要的待激活的良好心智状态的途径。它们所特有的过程往往能在最终达到慷慨、智慧、悲悯自己和他人、冷静、接纳、整合、幸福、福流、安适、深刻的认知，以及与“这就是我”的本质相关联。

最后，AEDP 和本书始于我们的挣扎和挫败，结束于收获我们最深切的礼物。基于科学理解和临床经验，抱持这种根本的希望是至关重要的，因为目前精神健康面临的最大挑战之一就是打击虚无主义，并教育公众什么是有效的干预。对于那些遭受抑郁、焦虑、成瘾及其他心理困扰症状的人来说，有关情绪的教育是帮助他们消除病耻感的强大力量。情绪教育同样也具有强大的力量，能够改变我们如何看待自己和他人。本书将帮助人们更好地理解为什么会遭受痛苦，并因理解“我的痛苦是有原因的”而感到宽慰。

本书还阐明了以情绪为中心的治疗方法为什么以及如何起作用。如果你是学习和实践 AEDP 的治疗师，通过学习本书中简明的解释，并了解它如何进行实践操作，就能帮助你掌握 AEDP 的本质。如果你是治疗的来访者，尤其是 AEDP、IFS 和其他体验性治疗的来访者，那么本书将帮助你更好地了解你所接受的治疗方法。

请阅读本书（并再次阅读），也请把它分享给其他人。虽然这是一本你可以独自使用的自助式书籍，但你也可以考虑找个阅读伙伴或组织同辈阅读小组一起读——借助这种方式，你不仅能够获得支持，还可以让他人见证你的痛苦和喜悦。

总之，如果你是人类社会的一员，我就建议你阅读这本书。

IT'S NOT ALWAYS DEPRESSION

推荐序二

叶欢　博士（H. Jacquie Ye-Perman, Ph.D.）

加速的体验性动力学心理治疗（AEDP）认证治疗师和督导师

收到这本书的译文校对稿，我脑子里面首先浮现的是20年前，当我还是个少女的时候，我在图书馆独坐，如饥似渴地“大啃”可以找到的任何心理学书籍，那些诘屈聱牙的翻译句子却如同异乡远古的砂石，在我的大脑的胃口中无法被消化吸收。我也记起近几年来，在一些西方心理学和心理治疗近期的优秀书籍的中译本面世以后，我在惊喜中推荐给想要了解我工作的国内家人和向我寻求帮助的老友，但是打开书本后沮丧地发现书本的价值“失落在翻译中”

（lost in translation）。感谢译者王斐和编辑郑悠然，这个中文译本，其“信、达、雅”的翻译质量，让我感觉到信心和热切，想把它推荐给亲友，以及我在国内的咨询师同道和学生们。这真是人生一大快事！

我也想起了2015年，在美国的社会潮流领导性媒体《纽约时报》上，第一次接触到本书作者希拉里·雅各布·亨德尔的文章。我欢喜赞叹文中的故事，既清楚准确地展现了心理治疗的真实过程，特别是AEDP的过程，避免了过去媒体中很多心理学故事的夸大扭曲之嫌，同时又流畅易懂，极具故事性。此后，我不时听闻同行们提到希拉里的类似文章，以及和我相似的经验：来访者们在阅读了这些文章以后，不辞驱车两三个小时来到我的办公室接受AEDP模式的治疗。他们告诉我，是这些文章让他们深受触动，从多年的困扰和痛苦中看到了新的希望。

这些来访者的经历，包括他们多年历经不同的心理治疗模式，从某种程度上也反映了学界对心理疾患的理解和心理治疗的焦点在欧美发展的曲折轨迹。在2009年的美国心理学会（American Psychological Association, APA）年会上，美国心理学家艾伦·肖（Allan Schore）总结了近20年脑神经科学研究成果，由此做出一个预言性的宣告：心理治疗在发生一场革命性的“范式转变”（paradigm shift），其焦点转为了右脑对右脑的工作（在这里，右脑粗略指代大脑管理情感反应的部分）。千人会场中响起长达数分钟的热烈掌声，包括我在内，都心潮澎湃地起立向他致敬，回应这个时代新的浪潮。的确，在 18 世纪西方强调理性的思潮之后，学界愈来愈清晰的共识是理性和情感是不能够机械分开的。心理学研究更加承担了理解情感和人与人的关系的重任。我们开始有这样的意识空间、话语和数据（特别是来自脑神经科学研究），去具体理解，去细致描绘那些“从摇篮到坟墓”[语出约翰·鲍尔比（John Bowbly）]的情感，去了解情感如何在我们内心生活中扮演主角，驱动我们的行为，决定我们的亲密关系。我们开始能够清楚地看到和说明情感在大脑和身体中的生物轨迹和生理影响，意识到情感对人类生存、健康和发展的重要性。

和这个范式转变不谋而合、互相印证地，近二三十年间又涌现了几个承前启后的心理治疗流派，其中就包括 AEDP。而我自己，从第一次观看 AEDP 的创始人戴安娜·弗霞博士的临床工作录像（来自美国心理学会当代心理治疗大师介绍特辑，2007）的“惊为天人”，到现在每天“做 AEDP，教 AEDP，活 AEDP”，感觉偶然又必然。

当年在中国“初步成年”的我，适应填鸭式的教学达至舒适安稳的就业，接下来却是内心的空落、失望，以及对人生的不知所措。我找不到语言来向身边人表达我的困扰，逐渐陷入抑郁的状态。在远赴北美的求学中，我的内心慢慢找到方向，完成了职业上的成年，情感的涌动暗流也逐渐转为地面上清晰、柔缓的河流。我在博士阶段的培训，特别为我学习和尝试多个心理治疗流派的工具提供了机会。在这个过程中，我对于情感在个人心理世界中所扮演的核心角色的感受越来越清晰。心理诊断中很多属于情绪疾病（mood disorders）的范畴，例如，抑郁症、多种焦虑症、创伤后遗症等，其形成往往与情感的体验、表达和实现被压抑和扭曲有关。在我接触到 AEDP 以后，建立安全的、有效的依恋关系，从中焕发情感的修通能量，实现疗愈和生命力勃发的可能性，变成了具体清晰、可以捕捉扩大、可以学和教的现实。治疗师的工作，让我责无旁贷地去了解人生中无意的错失和有意的恶行，以及它们在我们生命的旅程中，在个体的神经网络中，可能投下的巨大阴影。同时，一次次触摸到每个人与生俱来的韧性，帮助激发他们破茧而出的光亮和活力，让我的心灵也畅快搏动。我感恩地知道，没有其他任何一种生活让我更情愿去选择。

而现在，我的同事希拉里，把她在办公室中目睹的奇迹，以及其中蕴含的希望，带给了中国的读者，让我内心雀跃不已。我想象会有很多的读者可以从中得到具体的益处。我脑中浮现出与我同龄的、身为母亲的女性，她们白天为工作奔波，晚上又担忧父母、焦虑孩子。我希望你能通过阅读这本书，有意识地找回那个失落在夹缝中的自己，调低焦虑的杂音干扰，在“静下来，慢下来”中看到自身的内在需要，也由此能够更有效地聆听到你最渴望，却又一再错过的孩子们的心声。作为一个女儿，我感受到我的父母一代，既承载了上一代战乱别离的创伤，又在剧变沉浮中学会以压抑隔离真实的自我作为生存的方式。我期待这些发生在异国他乡却蕴含共通人性的故事，会敲响你多年对外界、对自己、对家人的沉默之门，让你面临伴侣、家人和自身的情感的时候，不再茫然失语。我也想到我在最近的工作中深入接触到的那些年轻人，在多年与年龄不匹配的环境压力中稍微缓解，终于可以去寻找自己的天空的时候，又为自己不是父母所期望的样子而感觉羞耻不安。我希望这本书里面的故事和多样的练习让你熟悉那个贴近和掌控你内在情感的路径，从而让你从容地看到他人期望，同时又对自我和未知的道路保持开放和希望之心。

我也想到我在中国的 AEDP 的学生同侪们。在每一次的教学和督导中，我都深深佩服你们开放的能力和投入的勇气，同时体会到你们“意犹未尽”的渴求。我很欢喜这本书能够为你们提供美国同僚们所拥有的前沿的学习资源，能够为你们的来访者提供在咨询会面以外的、多样的疗愈工具，让你们在有限的资源下去协同促进治疗的有效性。正如我在美国督导的一位从业 30 多年的咨询师欣喜地告知我，她的来访者在阅读本书以后，会自发地引用到书中变化三角模型的概念，主动寻求治疗师的支持来“绕过防御”并“调节焦虑”，这样一来，来访者和治疗师都感到了巨大的成就感！另外，考虑到大多数以体验来促进来访者深度突破和成长，关注“右脑对右脑的工作”的心理治疗流派（包括 AEDP），都对治疗师本身的在场（being present）关注能力和情感胜任能力（affective competency）有极高的要求，我也感觉这本书给各位有志于此、想要在个人和职业成长中持续扩大自己对情感的接触和调节能力的同道们，提供了一个极好的机会。这也正是心理治疗这个行业本身独具的挑战和魅力——只有我们治疗师本身能够身体力行地进入心灵的苦难之地，才能够解除来访者的孤独，从而够带领他们看到隧道尽头的光亮。

2018年，在里斯本举行的国际心理治疗整合协会年会（Society for the Exploration of Psychotherapy Integration）上，有观众针对我所做的AEDP跨文化应用的报告，询问我中国文化传统是否让人们对情感的态度趋于保守，比较难以去深入工作。我的回应是，通过我的个体经验和近年来与中国同行的接触，我发现国人在情感体验的深入和开放的可能性上，并不低于我接触的很多其他文化群体，同时，自然地，在情感的表达方式上国人又有其独特的文化特点，值得我们特别去观察了解。另一方面，在中国文化传统中，一直有很重要的一部分在讲究尊重人的自然本性和整体合一性。比如，明代学者王阳明的"知行合一"中的"知"这一概念，不仅限于头脑理性，还包括"心灵"的深入觉察。相似地，在AEDP的情感工作中，也强调以符合心灵本真的核心情感为基础，达成和左脑"认知理性"的有机整合。这一个模式在希拉里的书中清晰而具体地呈现出来，某种程度上，仿佛是一个"知行合一"的当代脚本！而今社会相对安定，我们有更多的空间和资源去探索个人的成长。如何深入心灵内部的真挚情感，同时不被这些情感淹没；相反，在拥有对自我更完整的理解的基础上，以深度的智慧前行，像这样的追求，无论在大洋的哪一端，都有着深刻的意义。我期待着这本书能够在中国"抛砖引玉"！

IT' S NOT ALWAYS DEPRESSION

目 录

IT´S NOT
ALWAYS
DEPRESSION

第1章

情绪管理工具：变化三角模型

变化三角模型是一张指引我们如何摆脱防御的导图，让我们重新与核心情感建立联结。

这本书将给你带来什么

2004 年，我在纽约召开的一次有关情绪[①]和依恋的学术会议上，第一次接触到“变化三角模型”（Change Triangle）。礼堂屏幕上，呈现出一个巨大的倒置三角形。这个倒三角形描述了情绪如何发挥作用，以及如果情绪失调，将如何导致诸如抑郁等精神症状。随着“咔塔”一声点击，防御、焦虑和一些非常重要的、被称为“核心情感”的内容显现出来。就像完成魔方时的最后一次旋转，那些看起来随机的、混乱的心理经验中的元素各归其位。我懂了，我感到解脱并且非常兴奋。为什么我在科学和心理学方面所受的教育——布朗士科学高中、卫斯理大学的生物化学学位、哥伦比亚大学的口腔外科医生学位、社会工作的硕士学位，以及之后的精神分

① 译文多使用“情绪”一词，在涉及 AEDP 领域内专有名词时，将译为“情感”。作者在原文中也会交替使用“情绪”和“情感”。——译者注

析专业认证等，都没有让我看到过这个简洁的导图？之后，我便有了一个想法：这个图应该作为基本的教育内容。我们所有人都能从理解情绪运作的方式，以及如何让我们感觉更好中受益。

当我观看使用情绪告知心理疗法（emotion-informed psychotherapy）的视频时，我能够在一个治疗单元中看到巨大的变化。对于那些患者来说，需要传统心理治疗师几年才能完成的工作在一个小时内就完成了。我不禁觉得这简直好得不像是真的。这种以科学为根基的方法可以被教授和重复吗？我最近 10 年的实践证明，答案是肯定的。

在细致研究了近百年来的心理学思想、脑科学和脑解剖学，并从事心理治疗 10 多年之后，我确信变化三角模型可以帮助任何人，而不仅仅是正在接受心理治疗的人。我的使命是将变化三角模型背后的理论转化为每个人都可以应用的工具，而不仅仅是只用来培训心理治疗从业者。我调整了有关临床文献和技术的内容，使得变化三角模型更易于理解，并具备随时随地应用的灵活性。我还阐述了如何使用这个重要的工具，帮助你获得更好的感觉。

生活不易，我们每个人都在经历痛苦。现代人与过去的人相比，经历更多的压力、负担、空虚、焦虑、自我批判和抑郁。大多数人并不知道如何有效地处理情绪，取而代之的是，人们努力地通过回避来管理情绪。这种应对策略正是导致诸如抑郁症和焦虑症等精神障碍的原因。从长远来看，回避情绪是行不通的。变化三角模型是一张带领我们超越苦恼的导图，因此我们可以有更多的时间处于更平静、更有活力的生存状态中。变化三角模型以情绪和大脑的最新相关科学研究为基础。虽然变化三角模型具有复杂的科学根基，但我们仍能在直觉上感受到它的正确性，它也是我们每个人都应当拥有的情绪管理工具。

情绪是一种强大的力量，它瞬间就能压倒我们。情绪让我们感受、行动，并常常以痛苦的方式产生作用。作为回应，我们大脑的其他部分将情绪隐藏起来，并且以为这样就能免受情绪的影响，殊不知情绪是遵循物理学原理进行活动的生物学力量。情绪被忽略会产生负面结果——这也是导致全球范围内焦虑和抑郁日益严重的原因。我们的文化和教育体系未能成功地为我们提供理解和处理情绪的相关教育、资源和技能，我们的社会也缺乏对情绪的生物学功能的基本理解，但我们的文化却很好地教会了我们如何消除和回避情绪。变化三角模型是对这种文化规范的挑战。

回避情绪的代价是多方面的。情绪告诉我们，我们想要什么、需要什么、什么对我们不好。当我们不使用自己的情绪时，就像在没有声波定位仪甚至没有指南针的情况下，航行于波涛汹涌的大海之中。情绪也使我们与自己真实的自我相联结，并让我们感到与他人关系紧密。当我们与情绪脱离时，我们会感到孤独，因为我们与自己、与我们关心的其他人之间的情感联系得到加强是通过共情而达到的。我们通过体验七种普遍的、与生俱来的核心情感而与我们最真实的自我建立更深层的联系，这七种核心情感是：悲伤、快乐、愤怒、恐惧、厌恶、兴奋和性兴奋。从我们出生的那一天开始，直至死亡的那一刻结束，这些核心情感一直都在帮助我们有效地驾驭生活。

情绪是深植大脑的生存密码，不受意识控制。面对有关身体安全的威胁会引发恐惧。假设一只野狗正在追你，恐惧会使你立即逃走；愤怒通过迫使我们自卫来保护自己；悲伤是我们在遭受丧失时（如脱发、失去珍爱的物品、失去挚爱的人）等所感受到的核心情感；当我们成功时，获得与他人的深入联结时，喜悦和兴奋等情绪会推动我们更进一步，这使得人类得到成长、拓展和进化。情绪是对当前环境的即时反应。情绪与智力形成了鲜明对比——智力脑给予我们时间去思考如何反应，而情绪脑仅仅是做出反应。

尽管我们确实需要情绪来帮助我们有效地生活，但情绪也会给我们带来麻烦。这是一个多么根本性的冲突啊！从生物学的角度来说，我们需要情绪，但情绪也会伤害我们。人类大脑已经进化出一种不可思议的能力，让我们可以忽略情绪生活下去。事实上，这种能力可以帮助我们完成任务。我们需要工作、养家、获得安身之所，并满足其他基本需求。我们使用各种防御方式，以便生活能够继续下去。但研究人员现在已经了解到，阻断情绪会损害身心健康，导致抑郁、焦虑，以及由长期压力引起的其他多种心理症状。此外，慢性情绪压力通过增加身体内的应激激素（即皮质类固醇）来改变身体健康状况。情绪压力与心脏病、胃痛、头痛、失眠、自身免疫性疾病等疾病相关。

此外，现代生活的挑战——例如，成功的压力、适应的压力、对“不落后”的渴望、“错失恐惧症”（fear of missing out，FOMO），以及对良好人际关系和满意工作的渴望，常常激发我们产生相互冲突的情绪。例如，弗兰克买不起他真正想要的车，这种挫败感会激发弗兰克产生包括悲伤、愤怒、羞耻和焦虑的复合情绪。如果不调动防御方式，那么所有这些混在一起的感觉就难以处理或承受。生活的挑战和冲突会产生复杂的混合情绪，其中可能包括焦虑、内疚和羞耻等其他情感。

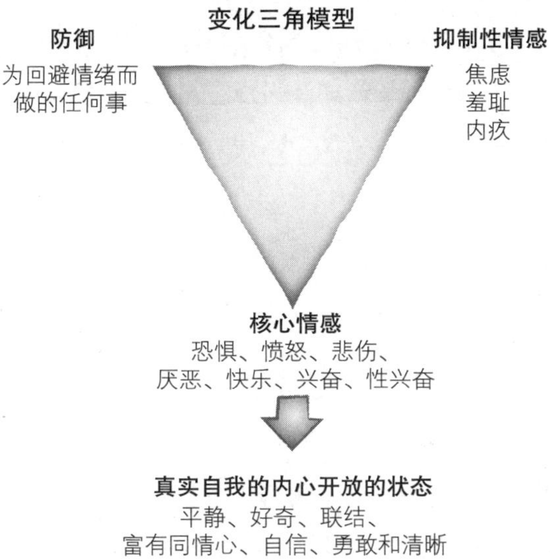

我们在儿时面对的挫折的数量和类型直接影响着我们今天的感受，尽管我们并不能意识到这种联系。此外，我们的父母和照顾者如何对我们的情绪做出回应，也会直接影响我们的感受，以及当前如何处理自己和他人的情绪。

有些人会为了应对挑战，与自身的情绪失去联结。在这种情况下，人们可能会断开与情绪的联系，关闭情绪通道，变得麻木。最终，人们的头脑里仅剩下思维和智力引导自己，并与之一起生活。就这样，失去了自身的情绪指南针。还有些人不能切断与情绪的联结，而是变得容易被情绪淹没，这就使人变得不知所措，并需要花费大量精力来管理自己的感受，这会令人筋疲力尽。这样的人可能会发现自己很容易发怒或哭泣，或是发现自己常常感到害怕，即使明知实际上没有什么可怕的事情。还有些人会由于个人微不足道的误解，很容易感到被别人伤害或侮辱，因此和身边的人的相处变得很吃力。当我们的情绪如此强烈、如此易于触发时，我们有时会做出一些反应，但在后来又会感到后悔，这使我们感觉生活更加艰难。

理想的情况是，我们能够在情绪和思维之间建立平衡。我们需要感受我们的感觉，但这些感受又不会压倒我们，损害我们的机能和做事的能力。我们需要思维，但不能思考太多以至于忽略我们深刻和丰富的情感生活，没了活力。

变化三角模型是一张指引我们如何摆脱防御的导图，让我们重新与核心情感建立联结。当我们与核心情感联系起来，能够感受到它们，并到达彼岸时，我们会感到轻松，不再感到焦虑和抑郁。当我们与核心情感联结时，我们的活力、信心和心灵的宁静感就会得到增强。在生物学上，我们的神经系统得到了更优的重新设置。

变化三角模型的相关工作使大脑更加灵活，所以我们对自己的感受、想法和行为有更多的控制和力量。一旦人们了解了变化三角模型，并知晓情绪如何运作时，他们就会发生转化。

虽然我是在一场专业会议上第一次了解到变化三角模型的，但其实所有人都可以轻松学习并立即开始使用这张导图。在本书的最后，你会以一种新的方式理解你自己以及你的亲人、朋友和同事，并且能够应用这种理解。因为在涉及情绪如何运作时，每个人都是一样的，所以变化三角模型对每个人都有意义。你将更加了解如何改善你与自己、他人的关系。你会感觉更好，你的生活也会变得更加顺畅。

我的故事

我出生在一个弗洛伊德精神分析学的信徒之家，“精神重于物质”是我们家庭文化的真言。我的母亲曾担任过指导顾问，我的父亲是精神科医生。他们相信我能够也应该用智慧的洞察来控制我自己的感受。在我们家里，我们很少讨论情绪，即使是讨论起了情绪，讨论的目标也是掌握或者“修正”它们。

小学四年级时，我开始感觉到自我意识，大概也是从那个时候起我开始有了清晰的记忆。我的母亲总是告诉我，我很漂亮、很聪明，但我没有感觉到。我觉得自己是愚蠢和丑陋的。当我看着镜子时，我觉得自己很矮。我没有受到欺负，并且对那些酷酷的孩子很友善，但我总是感到被隔离和不安全。以如今成年后自己的视角回顾，我意识到那时我所感觉到的是焦虑。

中学时，我学业表现优异。随着每次获得优异的成绩和备受瞩目的荣誉，我也变得更加自信。我形成了这样的信念：只要我努力，我就会成功并得到认可。在一次次的成功和被认可后，我从不安全感中解脱了出来。

大约在那个时候，我七年级的英语老师让我们阅读弗洛伊德的著作，我开始痴迷于精神分析。现在回想起来，这在当时一定帮助我以一种有控制感的方式来理解我自己。我对精神分析的热情在高中继续增长，直到我的朋友们恳求我停止分析每个人。于是，我遏制了自己提供免费的、不受欢迎的精神分析的兴趣，取而代之的是如饥似渴地阅读有关这个主题的内容。

那时候，我决定成为像我父亲一样的医生。我喜欢并且擅长科学，我这个决定也得到了大量的积极关注。直到大学三年级，我都从未质疑过我的道路，不过我也从未真正考虑过医生的日常生活。

在大学期间，我报名学习了一门名为“当代精神分析学”的课程。很让我懊恼的是，我发现这事实上是一门反弗洛伊德的女权主义课程。在学期的前半段，我在小型研讨会上正襟危坐，义形于色，反对 10 位激进的女权主义者。我对自己的立场充满信心，热烈地争论着弗洛伊德为何光辉灿烂，其理论又是如何有效。经过大约五节课后，我意识到我的论点根本没有人听。事实上，我的同学们提出了一些坚实的反驳和研究证据，而且我发现这些证据非常有说服力。我不禁想到，如果我不是忙于争辩，也许可以学习一些东西。

到课程结束时，我开始质疑一切，包括我的父母、我的社会，以及我的文化中的价值观和信念。我开始思考为什么我决定当一名医生。当时承认这些让我感到很难为情，因为我意识到我成为一名医生的梦想与实现某种生活方式有关，而与想要治疗疾病没有任何关系。当我想象自己治疗有严重疾病的人，并且不得不为他们的亲人送去可怕的诊断结果时，我发现这些场景对于我来说太艰难了——这激起了我太多的焦虑。我对必须承担的责任耿耿于怀。我不想在日常生活中处理丧失和死亡这么沉重的问题——这也是我们家一直回避的话题。

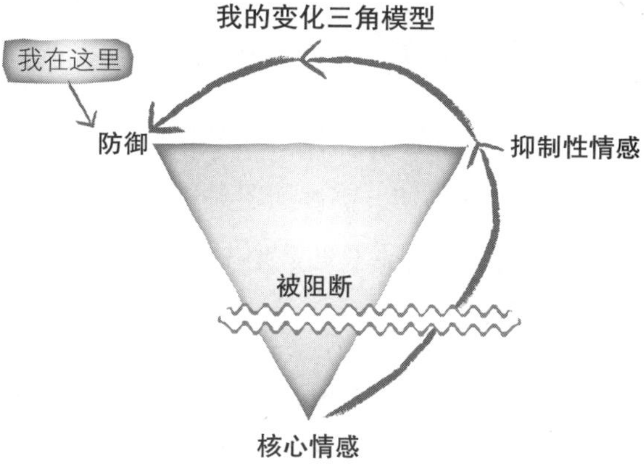

我太过恐惧，无法放弃自己在医学道路上的发展路径，我需要马上有一个相近的计划，否则我就会感到失去控制，迷失自我。从童年到现在，我一直希望尽量减少自己的焦虑。我正在做出大大小小的决定，希望能为我的生活制订一个长期计划，以确保我能快乐地生活。我相信，只要我在职业道路上坚持下去直至有好的事业发展，并且找到一个好丈夫，我就能够躲开那些处于我内心深处的不断恶化的恐惧。于是……我决定成为一名牙医。

在牙科学校，我遇到了我的第一任丈夫，我认为一切都很完美：我有一个了不起的合作伙伴，我准备开始创建一个家庭，而我那收入丰厚的职业生涯正在顺利进展。然而接下来，所有这一切逐渐分崩离析。我成了一名牙医，但我讨厌它，于是在毕业后一年，我离开了这个领域。我的决定让我的丈夫、我的姻亲们和我的父亲非常恼火——我失去了他们的认可和尊重。结婚六年后，我和我丈夫无法处理我们之间产生的冲突。我感到迷惘、孤独和恐惧，婚姻治疗也没能帮助我们。我们无法解决我们之间的问题，婚姻结束了。

我再次成为单身，带着两个小孩，没有了自己的事业。我认为自己所知晓并且确信的一切，都被证明是错的。我爱我的女儿们，但我感到迷失，没有方向。在我的人生中，这是第一次离开既定的轨迹，没有任何计划。

为了养活自己，我做了一些没什么成就感的工作。我在美宝莲化妆品公司一直做到管理层，在纽约时装区工作过，做过基于家庭的销售维生素的业务，并领导过一家医疗软件公司的销售队伍。我对所有这些的感觉都不对，没有哪个角色让我感觉像我自己。

那时候，我为我的恬淡寡欲和坚韧，以及我的“精神重于物质”的态度感到自豪和高兴。当事情不顺利时，我做出了改变。我相信我控制了自己的感受。我自豪地将恐惧、渴望和任何其他我认为毫无用处或适得其反的情绪推到一边。然后，我的前夫宣布他再婚了。虽然我为他感到高兴，但我却产生了强烈的情绪，让我猝不及防。我陷入了抑郁，被生活压倒了。突然之间，我前夫的婚姻象征着我在这世界上所有的孤独，也封住了它们。我很害怕，同时我也为自己的害怕感到羞耻。害怕带来了羞耻和焦虑，接下来又导致抑郁症。

我从来没有想到，推动自己、发展事业、抚养孩子、寻找新伴侣会让我彻底崩溃。我以为我会好好的——毕竟，我一直都是这样。但是我的情感头脑有另一套发展计划。我不知所措，关掉了自己。我整日昏睡，无法离开我的床。我在表面之下找到了避难所，躺在黑暗中躲开周围的人们，以及我日常生活里对自己的要求。这是唯一能让我感到安全的地方。

我的妹妹阿曼达建议我去找精神科医生来治疗我的抑郁症。我对自己的状况非常关注，从来没有想过自己会患抑郁症，但我妹妹一提出这个问题，我就知道她是对的。

我的精神科医生建议我服用百忧解。她对我的诊断是焦虑性抑郁症，即一种伴随很多焦虑的抑郁症。她解释说，压力使大脑内的一种化学物质——血清素（即 5- 羟色胺）的制造量降低。当血清素的水平过低时，就会引发抑郁症状。当压力减轻时，血清素的制造量提高到原来的水平，抑郁症状就会消失。

我服药四周后康复了，恢复了以前的机能。不过，我也被这次的经历永远地改变了。这是我第一次理解和尊重我的情绪能量。我知道我必须关注自己的感受，认真倾听它们想要告诉我的，并根据我的感受采取行动。尽管如此，我并不确定如何倾听自己的感受，如何采取适当的行动，或者如何理解它们。我开始了精神分析心理治疗，并且在六个月后停药。有这样的一个机会，能让我可以谈论自己以及自己的生活，这对我的确很有帮助。

我决定改变我的优先级。我不再根据薪酬的高低选择工作，而是专注于自己感兴趣的职业生涯，而我的兴趣一直将我引向心理学。在我获得社会工作专业的硕士学位之后，参加了为期四年的研究生课程，学习精神分析治疗。

我的幸运：遇见 AEDP

在我开始分析训练之前不久，一位朋友建议我参加一个会议，听一位情绪聚焦疗法心理学家的发言。戴安娜·弗霞博士研发了一种名为“加速的体验性动力学心理治疗”（AEDP）的新方法。AEDP 是一种治愈取向（healing-oriented），而非洞察取向（insight-oriented）的治疗方法。洞察取向的疗法，如精神分析或认知行为疗法（cognitive behavioral therapy，CBT），是希望通过获得洞察力，使症状得以改善。AEDP 这种治愈取向的治疗方法意味着，治疗旨在改变大脑和目标症状，也就是说，并非管理症状，而是让症状消失。在我看来，AEDP 比精神分析更具指导性；其方法论是具体化的，并产生可预测的积极结果。

与心理治疗有关的“治愈”一词让我感到震撼。这听起来像是会让我父母嘲笑的一个新时代的想法。不过，我之所以想要进入心理治疗领域，是因为我希望能够尽可能快地改变人们的生活。人们感到痛苦，我不能掉以轻心。AEDP 吸引我的地方在于，它融入了最新的神经科学研究成果和心理治疗临床理论，告诉我们人们如何能从抑郁、焦虑、创伤等情况中发生转化和治愈。

随着我继续接受心理分析训练，我深入研究了情绪、神经可塑性、创伤、依恋和转化的原理和理论。这是一条改变的道路，并不需要我抛开和停止感受，我认为感受是成为一名优秀分析师所需的工具。通过 AEDP，我有了更多的方式来帮助人们减轻痛苦。

AEDP 允许我真切的和外显的关怀，不仅关注患者做错了什么（或是他们出了什么问题），还关注他们做得正确的事情。这是一个完全不同的世界，其中包括真正的联结、治愈和转化。这是一种方法论，在这种方法论中，情绪［即与困难相关的情绪或与治愈相关的情绪（AEDP 的特长）］占据中心地位，非常重要。我学习得越多，就越了解情绪取向的实践并不是当下的一种奇怪的潮流，其前沿的科学根基使得它将成为未来心理治疗实践的浪潮。

当我离开那个会议时，我学会了以一种新的方式了解自己。情绪理论帮助我理解了人们为什么会陷入焦虑和抑郁，而变化三角模型给了我摆脱那些低落和痛苦状态的具体方法。我不仅对自己学到的东西充满热情，还想立即将它们付诸实践——我希望我的患者能够使用这个简单的、可以给生活带来改变的工具。

变化三角模型的基础

变化三角模型是一个有关心智的指示图，能将你从痛苦的状态带到平静和清晰的状态。

无论是什么让你心烦意乱，你承受着什么样的压力相关症状，你有着什么令人讨厌的行为，或者你想改变你的人格的哪些方面，变化三角模型都提供了一种符合逻辑的、以科学为基础的改善和恢复路径。与使头脑麻木的应对方式（如毒品、酒精或其他防御手段）破坏我们的真实性和活力不同的是，变化三角模型为我们提供了一种积极的应对挑战的途径，并帮助我们理解是什么让我们感到痛苦。

变化三角模型的三个角分别是核心情感、抑制性情感和防御。核心情感是我们生而有之并具有生存意义的情感，核心情感会告诉我们：我们想要什么、需要什么、喜欢什么、不喜欢什么。抑制性情感（如焦虑、羞耻和内疚）会阻断核心情感。抑制性情感使我们保持文明和教养，因此我们可以和自己喜爱和需要的群体和谐相处。抑制性情感还有另外一个功能：它们是一种权宜之计或防故障机制，可防止核心情感淹没我们。防御是心智保护我们免受痛苦和被情感淹没的方式。

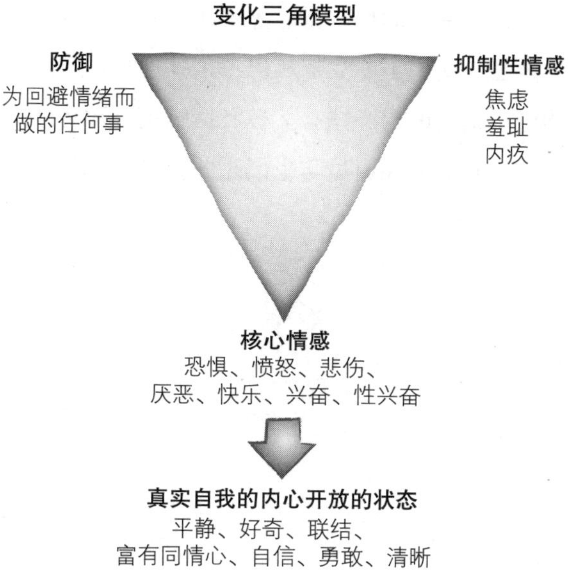

什么是核心情感

核心情感是具有生存意义的情感。每种核心情感都有其特定的程序。面对眼前的情境，这些程序会引发身体变化，唤醒行为冲动，帮助我们生存或发展。核心情感是为了让我们知晓自己所处的环境，这样我们就可以尽最大可能地进行适应性的生活。*我是安全的还是处于危险之中？我需要/想要什么？我不想要什么？我悲伤吗？我受到伤害了吗？是什么让我高兴？是什么让我恶心？是什么让我兴奋？*因为核心情感是固有的，所以并不受意识的控制。核心情感及其驱动力是自动化运作的，推动我们立即采取行动。我们的本性特意设置为，只有我们在接到核心情感的“通知”后，才会思考它。这就是核心情感的反应比思想更快，并且不能被有意识地忽略的原因。这也是我们不能仅依赖思考来处理核心情感的原因，它的处理必须经由真切的内心体验。核心情感是非常精妙的：如果我们脱离了轨迹，它们就会通过与生俱来的程序告诉我们该如何适应性地生活。

核心情感包括：

- 恐惧；
- 愤怒；
- 悲伤；
- 厌恶；
- 快乐；
- 兴奋；
- 性兴奋。

核心情感的确是一堆生理感觉。随着我们的成长，并在照顾者的帮助下，我们学会识别并命名自己所感受到的情感："我很伤心 / 害怕 / 快乐。"但是当我们感到难过时，体验到的是胸口重压、被淹没窒息的感觉，或是眼睛产生特定感觉（如感到压迫和想流泪）。

核心情感还包含身体的冲动，这些冲动会引发即时的和适应性的行动。你有没有过伸手从冰箱里拿出一瓶牛奶，没有检查日期就倒了一杯灌入嘴巴的经历？一口因变质而酸掉的牛奶会即刻引发反应——你把这口牛奶吐了出来。我们的味蕾在受到有害物质的威胁时，就会向我们的情绪大脑（边缘系统）发出信号，引发恶心。这种厌恶也是核心情感之一，导致恶心这种身体反应。

厌恶会激发行为冲动，影响许多肌肉：舌头缩回，嘴周围的肌肉扭曲。厌恶会影响胃肠道的肌肉，使我们呕吐。人类在寻找食物的过程中会进化出厌恶的感觉，帮助人们减轻有毒物质的影响。当人类个体之间的互动是有害的时候，也会引起厌恶的感觉。被虐待的结果之一就是，施虐者会引发厌恶。这是天生的智慧，让大家知道什么对我们有好处，什么对我们有坏处。每种核心情感都有其特定的功能，帮助我们在当下生存或发展。

什么是抑制性情感

抑制性情感是一组阻隔核心情感的特殊情感。我们阻隔核心情感有时是为了与他人相处，有时是因为它们淹没了我们。

抑制性情感有以下几类：

- 焦虑；
- 内疚；
- 羞耻。

抑制性情感使我们与外界保持联结，一开始是和我们的父母以及主要照顾者保持联结，然后是和我们的同龄群体、学校、合作伙伴 / 配偶、社区、宗教、同事、朋友乃至整个世界保持联结。人类被预设与外界保持联结——相互关心是我们赖以生存的必要条件。因此，与父母或其他照顾者保持联结对儿童的身心发展至关重要。

如果我的母亲每次离开房间时我都觉得痛苦，那么我最终将学会不要表现出这种痛苦，以免我被抛弃。如果我的愤怒使我的父亲愤怒并变得很暴力，我就会学会隐藏我的愤怒。抑制性情感通过压抑核心情感的表达来保持联系。

随着成长，我们逐渐了解了哪些核心情感能被我们周围的人所接受，哪些不能。根据定义，“不被接纳”的情绪会引发负面反应。例如，如果当一个男孩表现出悲伤时，他的父亲告诉他“要有男人的样子”，这个男孩就会认为这是一种否定的回应，因为他的父亲拒绝了这种核心情感。如果一个小女孩感到兴奋，但是她的母亲告诉她“要冷静”，这个女孩就会学会抑制兴奋。以后这个女孩的兴奋将会受到压抑或至少会产生冲突。当一个孩子告诉她的祖母她害怕蜘蛛，而她的祖母却回答说“别傻了”时，那么这个孩子听到的很可能是“分享恐惧是不好的”。将来当她感到害怕时，她可能会自己处理，而不是认为自己可以在他人那里寻求安慰和舒适。

任何核心情感都会唤醒负面的、不想要的，以及被我们的父母所禁止的东西。父母可能会以愤怒、悲伤或漠不关心的态度来回应孩子的核心情感。这些消极的反应对我们所有人来说都是难以处理的。在表达情绪时，人们的基本需要是获得积极的回应。当我们表达情绪时，遇到除了兴趣和关心以外的任何反应时，都会向大脑发出信号——有不愉快或危险的事情正在发生。语气、面部表情、身体姿势和语言都可以表明，我们的照顾者不喜欢我们的情绪表达。当遇到消极的回应时，我们将尝试在未来减少这些情绪。如何做到这一点呢？我们的大脑会使用抑制性情感（即一种情绪性的停止信号）来停止进一步的情绪表达。

不许生气！

当大脑感觉到我们以前学会的核心情感不受欢迎时，抑制性情感就会上升，阻止核心情感能量的流动，引起肌肉紧张和呼吸抑制。其效果就像同时踩下汽车的油门和刹车一样。核心情感让人情绪高涨、想要表达，而抑制性情感则让人情绪低落、不想去表达。情绪能量受到阻滞会给我们的身体带来压力，而且这种压力有时是创伤性的。

一旦我们学会，哪怕是无意识地学会了，认为核心情感是不被接纳的，那么这种阻止核心情感的模式就会在我们的成年生活中持续下去，除非我们积极努力地改变这种动力。

除了帮助我们在社会中正常发挥功能外，抑制性情感还会在情绪过度强烈时关闭核心情感。愤怒、悲悼（悲伤这种核心情感的极端形式）和恐惧等情绪可能会是淹没性的。有时我们无法处理它们。我们的大脑使用抑制性情感作为安全保障机制，关闭核心情感以保护我们避免被情绪压倒。

什么是防御

防御是大脑巧妙的和创造性的策略，使我们免受情绪可能带来的痛苦和淹没感。防御是我们为了回避感受到核心情感或抑制性情感所做的任何事情。换句话说，防御是对情绪的保护。

我们有无数种方法保护自己免受感觉的伤害。防御分为健康的和破坏性的。一些防御方式是有用的、适应性的，比如当需要从有压力的事情中喘息片刻时，我们选择观看有趣的电影；或者当我们努力集中精力时，会通过想一些积极的事情来阻止愤怒或悲伤。然而，当我们与我们的感受过于脱离时，防御会变得具有破坏性，我们的身体和心灵会受到不利的影响。

你是否意识到了你对抗情绪、矛盾和冲突的方式？根据定义，防御就是我们的任何思想、行动或策略，能让我们避免陷入不适。常见的防御方式如下：

- 开玩笑；
- 讽刺；
- 微笑；
- 大笑；
- 担忧；
- 沉浸；
- 含糊；
- 改变主题；
- 避免目光接触；
- 转动眼睛；
- 自言自语；
- 不说话；
- 说话太多；
- 不听；
- 白日梦；
- 疲倦；
- 批评；
- 完美主义；

- 拖延；
- 出神；
- 易怒；
- 消极思维；
- 评判他人；
- 评判自己；
- 偏见；
- 种族主义；
- 傲慢；
- 女性贬抑；
- 迁怒（如，因老板生气，但冲着同事发火）；
- 过度工作；
- 麻木；
- 无助；
- 过度运动；
- 暴饮暴食；
- 饮食过少；
- 保守秘密；
- 尖酸刻薄；
- 强迫；
- 成瘾；
- 自杀意念。

你可以向这个防御方式列表中添加一些你自己常用的防御方式吗？

√ ______________________________

√ ______________________________

√ ______________________________

你可以向这个防御方式列表中添加一些你发现其他人使用过的防御方式吗？

√ ______________________________

√ ______________________________

√ ______________________________

当情绪的能量转移到防御时，对于我们的幸福生活来说，需要付出大量成本。防御需要能量；防御通过消耗我们的能量使我们失去活力，这些能量可用于人际关系、工作和指向于外部的兴趣。防御让我们真实的自我被隐藏和压抑。当大多数人长期处于隐藏真实自我的状态时，感觉并不好。防御也使我们更加僵化，导致我们失去思想和行动的灵活性。例如，一位已婚妇女无法容忍其继子的到访，因为这打乱了她生活的“常规”。她的僵化对她产生了负面影响，使她与继子的关系紧张，并使她感到有压力。继子的出现引发了她潜在的情绪，她需要通过控制环境来保护自己。如果她能面对因继子的到访而引发的情绪，她就会变得更加灵活和宽容。她可能仍然会选择设置相同的限制和边界来保障她的日常生活安排，但她不会感觉那么紧张和生气。她和她的人际关系都会因此受益。防御会让我们觉得被困住，受到限制，无法发挥潜力。防御迫使我们生活在非黑即白、非好即坏的极端中，生活缺乏细腻性。太多的防御机制使得我们很难全心全意地投入到生活中。

此外，防御会使我们发生转变，走向以自我破坏的方式去行动的极端。由于防御阻碍我们进入重要的核心情感，例如恐惧，而恐惧又能使我们保持小心，因此过度依赖防御，体验到恐惧的能力受到抑制，则会导致我们参与危险性行为（如刺激寻求、无保护的性行为，以及危险的社交行为）。一个“我不在乎”的防御让我们无法得知我们对一些人或事物非常珍视。当我们无法意识到自己关心的是什么及我们为什么关心时，我们就失去了创造自己想要的生活的能力，也失去了无论在怎样的生活情况下，都能获得最好的感觉的能力。例如，一个年轻人认为男性只关心和女性的性关系，当他独处时，就会过度饮酒直到入睡。他并不快乐，他说服自己不在乎这些。人类个体和他人具有情感联结时总是会更好。这个年轻人的“我不在乎”的防御保护了他，使他忽略自己潜在的情感和对亲密关系的需要，但是他付出了巨大的代价，那就是他的满意和快乐。

如果有人在与工作相关的会议中伤害了我，那么“不要哭泣”可能是对我最有利的。防御（例如，想想有趣的东西）可以阻止眼泪掉落。当我们需要从情绪中离开片刻时，防御方式很有用。从情绪中离开片刻的确可以帮助我们平静下来，恢复活力，并为一些情绪带来的痛苦或不适感提供暂时的缓解。然而，重要的是要回到我们的内在体验，并在某个时刻“检查”一下，看看我们是否感受到任何需要确认或关注的情绪。在理想情况下，我们只有在需要时才会采用防御方式，而不是习惯性地采用，更不是在所有时间里都采用。

变化三角模型的运作

当我们知道自己的感受时，我们会感觉更好。充分接触其核心情感的人有更多生活的能量和活力，因为通过允许情绪产生，他们正在精简大脑整合和能量运作的神经生物学流程。当思维大脑、情绪大脑和身体都按照自然倾向一起工作时，大脑就得到了整合。当我们能够自然地在生活中进行思考、感受和处理时，我们的生活和人际关系会更好。处理情绪能使我们恢复到一种生物平衡状态，被称为内稳态（homeostasis），这是身心健康的关键因素之一。

变化三角模型是一种工具，可以帮助我们了解自己的情绪并加以处理，但学习并能完美地使用它需要时间。幸运的是，即使我们还不能完全处理我们的情绪，变化三角模型也能起作用。只要我们开始使用变化三角模型，它就会：

- 拉开与痛苦的距离，提供有关痛苦的远景；
- 让我们产生关于大脑工作方式的意识；
- 帮助我们弄清楚自己是否处于防御状态，是否经历抑制性情感或核心情感；
- 帮助我们找到并命名我们的核心情感；
- 为我们提供方向，向我们展示下一步该做些什么，以获得更好的感觉和功能。

虽然我用我临床实践中的故事来说明我是如何指导患者使用变化三角模型的，但你并不是必须接受治疗才可以使用此方法。变化三角模型可以单独使用，也可以与其他治疗方法一起使用。你可以偶尔使用它来帮助自己理解你在日常生活中非常关注的问题，让自己感觉更好，并按照自己想要的方式生活。你可以独自使用变化三角模型，或者与你值得信赖的朋友、同伴支持团体、专业咨询师或你的伴侣一起使用。你可能会发现，与持有相似目标的伙伴一起了解自己的情绪和真实自我是非常有益的。

在恰当的时候，当你问自己“现在我处于转变三角上的哪个位置”时，你会确认一个具体的位置：或在左上角，那里代表回避情绪的防御位置；或在右上角，那里代表你正在经历焦虑、羞耻或内疚；或在底部，那里代表你与七个核心情感中的一个相联结。

经常使用变化三角模型意味着你将花更多的时间，处于一种内心开放的状态——也就是你的真实自我状态。在这种内心开放的状态中，我们拥有深入而踏实的安宁感，以及我们因觉得可以应对自己的生活而不断增长的信心。我们感觉与自己的身体保持和谐，并对所有的情绪保持开放。我们感到无拘无束。

我们如何发现自己在什么时候处于内心开放的状态？内在家庭系统理论（IFS）的提出者理查德·施瓦茨（Richard Schwartz）用 7C 对此状态进行描述：

- 平静（calm）；
- 好奇（curious）；
- 联结（connected）；
- 富有同情心（compassionate）；
- 自信（confident）；
- 勇敢（courageous）；
- 清晰（clear）。

无论何时，我们都可以通过与自己的核心情感联结，获得内心开放的状态，而不是让焦虑、羞耻和内疚阻止它们。反复使用变化三角模型进行工作，可以使我们的焦虑和抑郁变得越来越少，同时感到自己越来越重要，越来越有信心面对生活，并处于内心开放的状态。

有些人非常幸运，他们不需要付出太多努力就能让自己大部分时间都处于内心开放的状态。也许是由于他们与主要照顾者保持安全的联结，童年时期的逆境较少，或是经历较少的创伤，抑或是他们本身就拥有某种天生的平静基因，无论怎样，他们是幸运的少数派。而其他人则不得不努力多做一些（甚至更多），以达到那种平静的状态。变化三角模型可以帮助我们抵达那里。

一个关于我使用变化三角模型进行工作的实例

当我的前夫再婚时，我变得抑郁。抑郁并非一种核心情感，而是一种防御。我感到情绪低落，精力丧失，我甚至想爬进一个洞里去。当我抑郁时，我也很焦虑。我感到自己内心深处的焦虑是一种持续的惶惶不安的可怕感觉。那么，当时我处于变化三角模型上的哪个位置呢？在防御和焦虑的那个角。

如果我曾想过问问自己，到底是生活中的什么导致我出现了这些感受，我可能就会意识到，前夫的再婚使我感到害怕（核心情感：恐惧），因为直到那个时候，我还总觉得他会在那里等我。虽然我在理智上认识到，我们作为夫妻的关系已经结束，但关于他再婚的事情仍会使我感到彻底的孤独。自从我 15 岁以后，一直都会有一个伴侣（男朋友或丈夫）在我身边。

现在回想起来，保持处在一段关系当中也是我的一种防御，我用它来对抗那些正悄悄地进入我的意识的可怕的孤独感。我被这种恐惧压倒，这给我的心理和身体造成了无法应对的压力。这就是我开始出现抑郁症状的原因。

我在30多岁处于抑郁状态时的变化三角模型

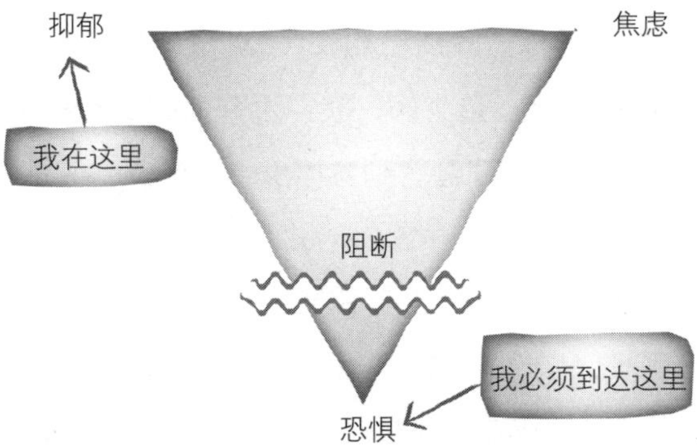

这看起来可能有些违反直觉，但对于我抑郁症的解药要求我体验恐惧，并与之和解，将其充分地带入意识。要以安全的方式去理解和探索它，最重要的是，将它分享给那些能够提供理解，能够提供安抚和一些办法，使得这个情感变得容易应对一些（即使不是容易很多）。

虽然抑郁症对我来说是一个低谷（我需要大量的支持才能克服），但借助变化三角模型也可以度过一些没那么悲惨的时期。

一旦我打算开始写一篇学术文章，并为此感到焦虑，我就会使用两种防御方式阻止这些焦虑的表现。我会有消极的思维，这是一种非常普遍的防御。我会对自己说类似这样的话："也许我无论如何也完成不了这篇文章。"我也会觉得必须在手机上玩纸牌游戏，这是技巧性回避的防御。我无意识地自动地从焦虑转移到防御。我的防御让我远离焦虑所带来的身体和情绪不适，并把我送到了一个能够逃离我真正感受的地方。

我处在变化三角模型的哪个位置？防御的那个角。

一旦我意识到自己的消极想法（“我做不到！”）是真正的防御，我就会使用变化三角工作，获得更好的感觉。我开始问自己：我身体里发生了什么？我注意到身体出现了焦虑症状，那就是我的胸口和胃部产生了熟悉的发慌的感觉。我又问自己：“此刻是什么核心情感正在激发我的焦虑？”我慢下来，将七个核心情感中的每一个都过了一遍，我问自己：“我难过吗？我兴奋吗？我生气吗？我害怕吗？”是的！我意识到我很害怕。当我为自己的恐惧命名时，我已经感到有所缓解。

恐惧感与焦虑感相似，但你可以从恐惧中获得有用的信息。焦虑只是抑制性的，其唯一的工作就是阻断核心情感。焦虑倾向于让我们无法行动而不是告知信息。但是恐惧呢？实际上，我们能够处理恐惧！

我想象着与恐惧这种身体感觉交谈：“你害怕什么？”然后我开始倾听。我对自己的恐惧充满耐心，给它足够的时间来回答——这就是“慢下来”是这个过程的关键之处的原因。我的恐惧终于回答说：“我害怕让自己尴尬，害怕让读者失望。”

啊哈……现在我正在某个地方。恐惧与其他核心情感一样，包括预设的适应性冲动。恐惧告诉我们赶快逃跑，就好像我们处于被一头狮子突袭的危险之中。你会不会说这非常具有适应性呢？

为了管理这些冲动，我问自己：“我是否想对我的恐惧进行反应并逃跑，还是我想忍受恐惧，选择勇气，并试着写这篇文章？”我提醒自己，即使我的恐惧变成真的，我也肯定能活下去。这里最重要的是，一旦我注意到情绪和原因，我就可以选择如何处理困境。

那么，我在使用变化三角模型工作后感觉如何呢？

我变得更好。为我的恐惧命名减少了我的焦虑。从生理学角度讲，对体验进行言语化能够使大脑平静下来。这是神经科学的说法。我感到更加平静，因为我更清楚是什么让我感到不安。我选择了超越恐惧的勇气，并且写了这篇文章。

下面是关于上述例子中，使用变化三角模型的图示。

使用变化三角模型工作，从防御到核心情感

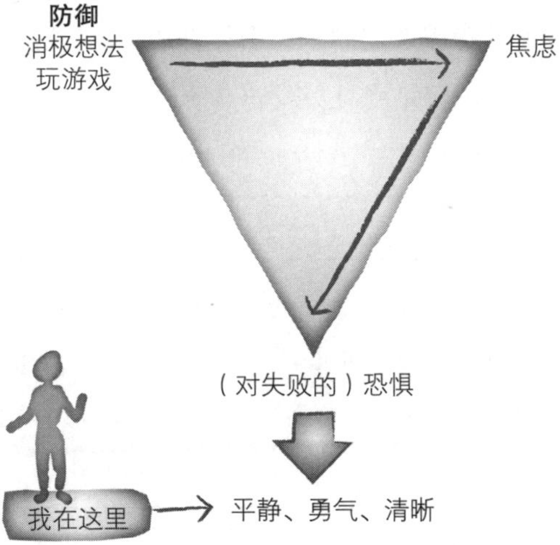

我们的情绪是生活的指南针。任何人都可以过上与其核心情感

保持联结的生活，减少焦虑、羞耻、内疚、抑郁、成瘾、强迫，以及其他症状。那我们该怎么做呢？通过了解深层的核心情感，并学习如何与它们合作，变化三角模型将成为我们的指南。

和情绪在一起，你的舒适度如何

当你学习并尝试使用变化三角模型时，你会发现你的情感的成长会提高，直至高原期。此时，你会发现更深入地了解自己或其他人的另一个阻碍。因为你的焦虑感和羞耻感会增高，所以你会感觉到障碍。或者是因为你进入了防御模式，你可能会注意到这样的回避性思维："这东西真愚蠢，或者我会晚点儿做。"此时，你有机会将自己对防御（焦虑、内疚或羞耻）的自我理解提高到一个新的水平。情感的探索过程就像剥洋葱：当你剥离一层，还会出现新的一层。获得对情绪的理解是终身实践的事情。

测验

这个测验能帮助你衡量你对情绪的容忍度。我希望你马上做一次，等到读完这本书之后，再做一次。当你再次做这个测试时，我希望你的分数会提高，这表明当你面对那些正常和自然的体验时，变得更加舒适了。

指导语：依据你的舒适度为每个问题评分。

按照从 1 至 10 的等级来评定你的舒适度，其中 1 代表“完全不舒适”，10 代表“完全舒适”。根据你的直觉，不要过度思考，快速圈出符合你的感受的数字。

1 > > > 5 > > > > 10

（1= 完全不舒适；5= 介于中间；10= 完全舒适）

你的舒适度如何

1. 当你在乎的人出现愤怒或悲伤这类强烈的情绪，并指向你的时候，你的舒适度如何？

1 2 3 4 5 6 7 8 9 10

2. 当你在乎的人在你面前表现出愤怒和悲伤之类的强烈情绪，却没有指向你的时候，你的舒适度如何？

1 2 3 4 5 6 7 8 9 10

3. 当你生气的时候，你的舒适度如何？

1 2 3 4 5 6 7 8 9 10

4. 当你伤心的时候，你的舒适度如何？

1 2 3 4 5 6 7 8 9 10

5. 当你快乐的时候，你的舒适度如何？

1 2 3 4 5 6 7 8 9 10

6. 停留在此时此刻，与你产生的想法或感受在一起的时候，你的舒适度如何？

1 2 3 4 5 6 7 8 9 10

7. 只是在一旁听一个人表达情绪，并不试图帮助他去“修复”的时候，你的舒适度如何？

1 2 3 4 5 6 7 8 9 10

总得分：

无论你的分数如何，当你继续阅读、体验并通过变化三角模型调整自己的情绪时，你的情绪容忍度都将得到增强。只要你想，随时都可以回到这个测验，看看你的答案随着时间的推移会发生什么样的变化。

IT´S NOT ALWAYS DEPRESSION

第2章

学会释放核心情感

一旦学会了让核心情感流动，我们每天因情绪被阻断而产生的痛苦就能得到改善。

弗兰的惊恐、焦虑和悲伤

弗兰因为感到日益孤独而寻求心理治疗。弗兰是单身，不想结婚或生小孩，从事广告工作，并专注于事业。她形容自己是“嫁给了工作”，但出乎意料的是，她开始产生了一种孤独感。

在第一次会面时，她告诉我，她的父母在她 16 岁的时候死于一场事故，从此她就和慈爱的叔叔婶婶生活在一起，他们一直是很好的照料者。她说她并没有为她的父母伤心，但她却越来越多地感觉到他们的缺席。在我们的第一次会谈中，她承认她与她的母亲或父亲并没有特别亲密的关系。她把他们形容为“典型的盎格鲁 – 撒克逊族裔的白人新教徒——严肃而无情”。她能感受到他们对她的爱，但她却很难描述他们向她表达爱的方式。

在我们的第二次会谈期间，弗兰在谈到她无力维持亲密关系时开始流泪。我问她是否愿意花一点时间来确认即将到来的情绪。她茫然地看着我，然后毫不犹豫地说："我最近开始学编织，因为我觉得有一个新的爱好会很好……当我不工作的时候可以用一些事来填补我的时间。我想减少在 Facebook 上花费的时间。"嗯？我错过了什么？弗兰在面对悲伤这种核心情感时，抛出了一个防御——改变话题。

人们对情感的防御往往是无意识的，这会成为我们社会性人格的一部分。在弗兰改变话题之前的那一瞬间，我看到了她的情绪。她的眼睛里充满了泪水，她的嘴巴变得紧蹙。情绪具有传染性，那是一种被称为镜像神经元的特殊的脑细胞的副产品。移情作用导致我的身体对她的情绪状态做出反应。我感到胸部被重压。我认识到，弗兰已经涉及了她悲伤的核心情感体验，并且几乎立刻通过改变话题而远离这种情绪。

回顾弗兰在变化三角模型上的位置

弗兰的防御：她一感觉到悲伤就改变了话题。

防御的目的：保护她不被父母死亡而形成的极度焦虑和潜在的悲伤所影响。那时还不清楚她为什么需要这种保护，但据推测，在他们去世的时候，弗兰的情绪对她来说太过强烈——或许是因为他们去世的时候她还太小，或许是因为她感到很孤独。

行动策略：我认为需要让弗兰意识到她的防御，这样她就能注意到焦虑如何阻碍了她的悲伤。最终焦虑和悲伤会得到处理。我希望这能让弗兰与她的核心情感体验重新建立联结，感觉更好一些，并能容许更多的亲密。

人们发展防御方式是为了起到保护作用。这些通常是在我们年少的时候形成的，目的是将我们自己从无法抗拒的感觉中拯救出来。弗兰的创伤主要是她父母的早逝。但是因为她把父母描述为冷漠的，所以我怀疑她的情绪疆域受到了限制。在我们第一次的会谈中，我问她，在她童年的时候，什么样的情绪在家里是被“允许的”，什么样的情绪需要关闭，以及以什么样的方式。有些家长会在无意中贬低孩子表现出的某些情绪。他们对此不屑一顾，不回应，或者立即进入“修复”模式来停止情绪。值得一提的是，父母通常并不是想要对孩子造成伤害。只是那些情绪让父母产生焦虑（在我们文化中，思想高于物质的想法造成了这些），于是他们的防御方式就是帮助孩子中断与这些情绪的联结。不幸的是，如果一个孩子得知这种情绪是人们不想要的，他就会竖起情绪防御的屏障。当父母不欢迎孩子的情绪时，孩子与照顾者之间的联结就会产生短暂中断或破裂。这种破裂是痛苦的，所以孩子们设置防御方式进行保护，避免未来出现情感破裂。

父母不仅可以成为避免和关闭情感模式的榜样，还可以塑造“正确”的模式。弗兰告诉我，她家餐桌上讨论的是关于事实的内容，而不是关于感觉的。也就是说，所讨论的事件是清楚的，但没有人讨论人们对这些事件的感受。例如，她回忆起了她的家人们关于克林顿总统与莫妮卡·莱温斯基的暧昧关系的讨论，桌上没有人对总统的背叛表示愤怒，也没有人表达虽然他具有性格上的缺陷，但仍然喜欢他。她的父母表达情感的方式，即什么情绪是被允许的或可被鼓励的，以及什么情绪是要被关闭的，塑造了弗兰的情绪疆域，就像所有的孩子一样。

我认为弗兰很难独自或在我面前感受到悲伤。了解到现在的情绪往往会触发过去的情绪，我还假定，她对关亲密关系的悲伤可能会触发过去更强烈的悲伤，比如她失去父母的悲悼。在我们头脑中，当前的经历更容易与过去有相似情感体验的经历联系在一起。丧失与先前的丧失联系在一起，这种联系是通过存储过去记忆、情绪、身体感觉和信念的大脑细胞网络完成的。一秒钟内，我们就可以从感觉自己是有能力的成年人，变成感觉自己是一个再次经历丧失的孩子。主观感觉上，我们觉得创伤性事件再次发生，即使这仅仅是记忆。

在那一刹那，当弗兰所经历的悲伤从她的头脑中降落下来，进入她的身体，到达情绪所在之地，如果她能深深地体验她的悲伤，即使只有几秒钟，她也会感到缓解。然后，突如其来地，通过改变话题，弗兰摆脱了她的情感和我—— 一个欢迎她的悲伤的人。弗兰对悲伤产生防御是很自然的。

因为这是我们在一起工作的早期阶段，我们仍然需要彼此了解，所以我小心翼翼地行事。我希望弗兰注意到她远离了自己的情绪——仅此而已。

在她谈论编织时，我认真倾听。她说："我加入了一个初级编织小组。每周一次，我们一群人聚在我公寓附近的一家咖啡馆里，我们在一起编织并分享各自的小窍门。"

“这听起来很不错，”我说，“我还想多知道一些，但首先，我想知道你是否注意到你刚才有很多感受？”

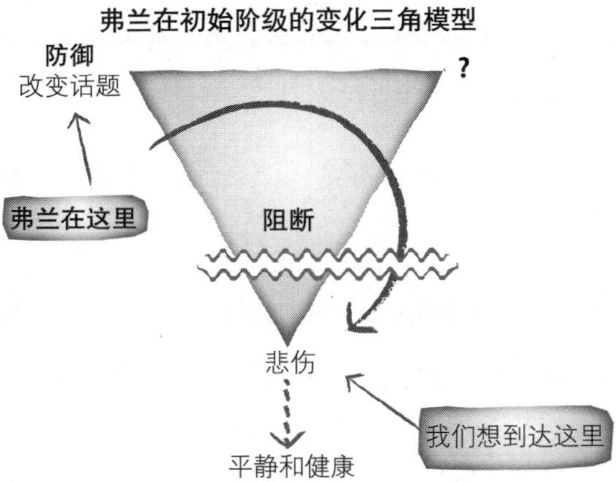

“真的吗？我没有注意到。”

“嗯，我想我看到了什么，但我可能是错的，”我说，“如果我们稍微倒回一点，你分享了你如何确定永远不会找到伴侣，然后你的眼睛涌出泪水，看起来充满了感情。你注意到那些了吗？”

她花了一点时间来审视自己，这是一个很好的迹象，表明她愿意注意自己的内心体验。我为她愿意参与而感到自豪。

“是的，我想我确实注意到了。”她说，情绪立刻回来了。她的脸上再次露出了悲伤，泪水涌了出来，我第二次感觉到了转变。

“你知道在这一刻，你和我在一起时，你的情绪体验是什么样的吗？”我问。

情绪能从被命名和被确认中获益。有些人比其他人更容易识别它们，这很好，我想帮助她，对她进行引导。同时，我想让她知道她并不孤单——我也能感受到她的悲伤。我希望我们保持联结。我的意图是给她一种新的、更亲密的方式来与他人建立联结，从我们在治疗中的关系开始。

“不，不太知道，但编织真的很棒，我想继续告诉你那些，如果可以的话。”

“当然可以。”我很高兴她注意到她有一个感觉。我可以用这个时刻作为未来会谈的参照点。随着时间的推移，我还会教她识别和命名她所有的核心情感。但首先我要说：“在我们回到编织之前，我只想让你知道你愿意注意到那些感觉有多棒。我知道这需要勇气。我注意到这些，对你来说有什么影响吗？”

“还好。”

“也许从现在开始，我们可以一起关注这些，当情绪出现时，仅仅注意到就可以了，”我补充道，“然后我们就可以决定我们是否停留在它那里，或者离开它，这取决于对你来说什么样的感觉最合适。”我希望她的潜意识会知道我们将以不同的方式处理情绪。不管弗兰是否意识到这一点，感受被看到都会给大脑带来好的感觉。

在弗兰的治疗过程中，我们的工作进展得相当顺利。六个月后，她开始注意到她每次的情绪防御，甚至在我注意到这些之前。当她改变话题时，她会首先宣布：“我知道我正在改变话题，但我并不是真的想去那里……”她的意识以及她对此的承认，是一个巨大的里程碑。

一个美丽的夏日，弗兰和我安排了定期的会谈。到了她预约的时间，我觉得弗兰已经在候诊室了，就像她每个星期二中午那样。所以当我打开候诊室的门却发现她不在时，我感到很惊讶。

最后，她迟到了10分钟。她的脸有些肿胀并且绯红，好像一直在哭。“对不起，我迟到了。”她深表歉意，但我挥手示意没关系。

“你还好吗？”我问，“你看起来像是一直在哭。”我以前从未见过她如此情绪化。

“这真太令人震惊了，”她说，“我刚看到一条狗被自行车撞到了。我迟到是因为我想帮忙。那是一个十几岁小姑娘的狗。那辆自行车不知是从哪里冒出来的，撞到了狗的身上。那条狗躺在那里呜咽着，胸部被压碎了，它的主人一直在那里尖叫。一位警察过来帮忙。我想我离开的时候狗已经死了。”

“太可怕了！”我说。

“我为那个孩子感到非常难过。听了她的尖叫和哭泣，我也哭了起来。我花了一段时间才恢复。我真的被吓坏了。”

“当然了。这听起来的确让人很难过。”

弗兰又哭了起来。

“我感到特别难过，主要是因为那个孩子，她眼睁睁地看着自己突然失去了她的狗。我现在仍然感觉自己能听到她的尖叫。太可怕了。”

“太可怕了。”我回应道。

“够了。”她说着就擦掉了眼泪。

“什么够了？”

“我的自我放纵——这又不是我的狗。”她郑重地说。

她抬起头看着我的眼睛，她看起来很伤心。突然之间，她在我眼里显得那么幼小。

“我知道，”我说，“但是不管是谁的狗，都与你的感觉无关，你只是感到难过……不需要证明你的感觉合理，”我停顿了一下继续说道，“我在你的眼睛里看到了这种感觉。我能感到你试图压抑这种感觉。但这些眼泪很重要，你还有更多的眼泪想流出来吧。”

认识到这一点，她又哭了起来，而且哭得更厉害，她看起来很害怕。她开始来回摇摆，呼吸变得很浅，她的眼睛睁得大大的。她看起来像是惊恐发作。

我换了一种更积极、更有指导性的方法，这样我就能帮助她克服焦虑性惊恐。我努力保持镇静，因为一旦我表现出心烦意乱，就只会加重她的焦虑。

“你现在觉得我和你在一起吗？”我问。她点头表示同意，我把椅子挪得更近了些。“我会帮你感觉好些。你能告诉我你体内发生了什么吗？请注意你的心率。”

“心跳真的很快。”她气喘吁吁地说。

我平静而温和地说：“这是一次小小的惊恐发作。”我用“小”这个词来消减她的恐惧。我最不想做的事就是更多地惊吓她。我的目标是尽快使她的心理和神经系统平静下来。

“你会没事的，”我解释道，“有些东西让你感到害怕，肾上腺素就涌到你的身体系统里了，一旦它们消失，你就会感觉好些，但这需要几分钟的时间。让我们看看能不能让你更舒服些。看着我。”

我们的目光交织在一起。“好！现在想象你的脚牢牢地放在地板上，让我们一起做一些深入的腹式呼吸。吸气，一、二、三、四、五、六。好！呼吸越来越深，深入你的腹部。让我们保持一个节奏，然后慢慢呼气，就像你在热汤上吹气，让它变凉。你做得很好。我就在这里和你在一起。这很快就会停止。”

随着时间的推移，她的呼吸变得更加规律，她能够进行更深的呼吸。“你现在的心率怎么样？”

“它正在慢下来。”她说。

“好的。就这样，让我们保持呼吸。”

弗兰之所以惊慌失措，是因为看到狗死亡的悲悼与她过去对父母去世的悲悼有关。对她来说，情感的洪流太过猛烈，这使她感到害怕，引发了肾上腺素的释放，导致惊恐发作。

关于惊恐发作的知识

- 肾上腺素会释放到血液中。
- 由于肾上腺素的作用，心脏跳动加快，呼吸变得浅而困难。
- 这是一种可怕的经历，所以如果一个人不知道发生了什么，就可能会担心自己这是心脏病发作并会死去。
- 惊恐发作并不是心脏病发作。
- 惊恐发作不会让人致死。
- 肾上腺素被代谢后身体将恢复正常状态，需要几分钟的时间。
- 最坏的情况是晕厥，然后再次开始正常呼吸。

她恢复过来后，我问道："你以前发生过这种情况吗？"

"我十几岁的时候曾经有过惊恐发作。"

"你还记得你第一次发作时的年龄吗？"

"不太记得。我只记得我在学校，因为某些原因我在课堂上哭了。接下来我记得的事情就是，我最后被送到了护士室。那护士人很好，"她停顿了一下后说，"我那时应该是 16 岁左右，因为我当时在佛罗里达州的一所新学校上学——那是在我父母去世后。"

"那肯定是一段非常艰难的时间。"

"很多人失去了父母。"她说。

弗兰在治疗中期的变化三角模型

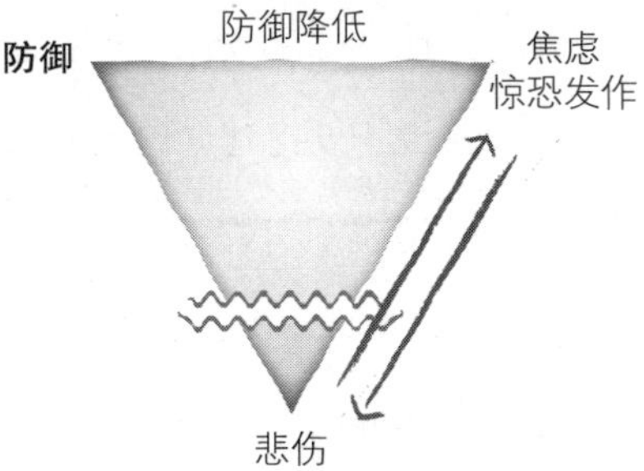

弗兰对于自己所经历的悲伤存在无意识的冲突。由于害怕悲伤提高她的焦虑，因此弗兰觉得自己必须回避所有可能与她的悲伤存在联结的东西。

“是的，我想这对你来说太残酷了，”我感觉她在为某件事挣扎，“我可能错了，但我觉得这里面有一些冲突，承认这些很困难。”

她点点头。

“我们能给这个冲突中的每个部分命名吗？”

部分

我使用“部分”这个词来代表个人经验中分离的方面。

- “部分”可以指冲突中的每一方：“我的一部分感受到了这些，我的另一部分想到了那些。”
- “部分”可以指大脑中存在的有关童年经历的记忆或创伤：“我的这一部分感觉是10岁的时候。”
- “部分”可以是一种情感、信念、意象或思想：“我的一部分感到悲伤。”

弗兰想了一会儿，然后说："我想我的一部分喜欢被你同情和鼓励，允许我沉浸在自己经历的痛苦之中，但承认这些痛苦让我感到有些尴尬。我的另一部分说不要沉迷，这没什么大不了的，我应该继续前进。"

"这很有道理。我听到至少三个不同的部分。你的一部分需要我的同情，一部分则感到有些尴尬，而另一部分想忽略你对自己的经历所感受到的任何悲伤并继续前进。那个部分不喜欢我的同情，它说，'没有那么艰难，没什么大不了的。'"

弗兰点点头，表情明亮起来。"是的。"她说。

"说出你冲突的各个部分感觉怎么样呢？"我问道。

"感觉很好，很真实。"她说。

"'真实'的感觉像什么？在身体上？"

"感觉很平静。"

作为一名治疗师，或一个探索防御和情绪根源的人，从来都不会只有一种正确的干预方式。就在此刻，我意识到我有几个选择。所有的处理方式都包含这一点——通过平息弗兰的抑制性情感，帮助她在变化三角模型中下移。在这个个案中，抑制性情感是焦虑，要朝向经历悲悼这种核心情感移动。我可以让她回到惊恐发作之前的那个时刻；或者可以让她回到 16 岁的那个新学校里；或者仅仅是停留在当下。每一个时刻都充满了情感，每个时刻都会带给我们一个做重要工作的机会。无论我们是在遥远的过去，还是最近的过去，抑或是现在，我们的目标都是一样的：了解我们在变化三角模型中的位置，并努力去深入探索，了解我们所具有的核心情感。对于弗兰，在这种情况下，我选择了关注当下。

“你的内在经历着什么，让你知道有些东西是真实的？”我问她。

“我不太清楚你的意思。我想我什么都没注意到。”

“这种感觉可能很小很微妙，几乎不可能察觉到。把你的注意力转移到你的心脏、腹部、四肢、背部和头部。慢慢地、慢慢地、非常缓慢地扫描你的整个身体，看看你是否能注意到并说出你正在经历的一些感受。”

“嗯，我不觉得焦虑。”

“你能加上一些积极的语言吗？既然你不觉得焦虑，那么你身体内的感觉是什么？”

“我想我感觉平静了。”

“太好了！还有什么？”

“有一点轻松。”

“你在哪里注意到了这种轻松？”

“从这里开始，”她指了指她的胃，“然后散发出来。”

如果你观察自己15秒左右，就会产生许多感觉。你注意得越多，就会越多地继续注意。情绪观察与冥想练习有相似的目的。观察者的目的是不加判断地关注事物本身。唯一的目标是开放和意识到身体的体验。这个技巧对于心理健康是至关重要的，我们所有人都可以通过实践来进行学习。

我知道弗兰和我正在奠定基础，使她能够处理父母去世时无法解决的创伤——即使我不知道我们将如何到达那里。通过目睹弗兰的惊恐发作并帮助她度过（不进行判断），我帮助她知道我可以处理她的强烈情绪，并且在那儿陪着她。

接下来的一周，弗兰告诉我，她对我们上次的会面有很多思考，她遭受的痛苦不仅是因为失去了父母，还有不得不搬家、换学校、交新的朋友。她承认那些极端的变化并没有留给她足够的时间或精力去悲伤。

“弗兰，现在你和我一起分享这些，你的感觉是什么？”我请她给自己的情感体验命名，她第一次接受了我的邀请。

“我感到很难过，仅仅是说出这句话，我的心就开始加速跳动了。”

“所以，让我们慢下来，然后在这里停下来。你能把你所有的注意力转向你的心脏吗？”悲伤再次提高了她的焦虑，并使她的心跳加快，呼吸变浅。

当一种抑制性情感（如焦虑）出现时，我们的目标是立即降低它。最终，弗兰的大脑会被永久性地重新设置，停止在悲伤时引发焦虑和惊恐发作。弗兰体验她的悲伤时，需要有安全感。我告诉她："把你所有的注意力都放在你身体里的焦虑感上。让我和你在一起。深呼吸……你现在注意到什么了？"

"正在平静下来。"她回答。只要注意到身体的焦虑感，就可以使它们平静下来。

"太好了。如果用 1 到 10 来表示你的焦虑程度，10 代表最严重，1 代表最平静的状态，那么你认为你现在的焦虑程度在什么位置？"

"我想是 3。"

"已经很低了，但我们可以看看能不能再低一点。只要与焦虑待在一起的时间更长一些，呼吸就会变得顺畅而轻松。同时，你还能想起一个你曾经去过的、让你感觉最平静和安宁的地方吗？"

"我喜欢我的床，这是让我觉得安全的地方。"

"太好了。想象一下躺在你的床上，你的皮肤触碰床单的感觉。看看你周围的房间。现在你注意了什么？"

她深深地呼了口气："我已经平静下来了。"

现在，弗兰已经准备好去面对她的悲悼了。

第一次会谈中，弗兰位于防御的位置——通过改变话题进行防御，这时弗兰位于变化三角模型的左上角，现在弗兰转移到了变化三角模型的右上角——处理焦虑。六个月来，弗兰和我一直致力于教会她的身体不要惊恐，这样她就可以在我们的会谈中与她自然出现的核心情感待在一起。我们的目标是让弗兰在她的身体和情感层面上感受悲伤，而不是纯粹的理智层面。我的一些患者告诉我，他们“知道”他们是悲伤的，但是当我问他们“你怎么知道你是悲伤的呢”，或者“身体里发生了什么事情让你知道你很悲伤”，他们就回答不上来了。体验式工作能帮助人们拥有此时此地的情感体验。与仅仅谈论和反思先前的情感体验相比，这种练习具有更为强大的力量，而只是谈论和反思则会距情感更遥远，且更为理性。只有经历悲伤，我们才能走出悲伤。以这种方式充分体验情绪，会使我们越来越相信，我们能够容纳自己的核心情感。

当核心情感（悲伤、愤怒、喜悦等）被压抑性情感（焦虑、羞耻、内疚）压倒时，我们会发展防御行为，从改变话题到避免亲密，以此来避免情绪不适和情绪冲突。但是回避情绪是有代价的。维持防御行为需要能量，否则这些能量可以用于其他重要行为。在弗兰的例子中，保持她的自我防御让她失去在生活中创建亲密关系的能量。

当我们的防御行为变得更具破坏性而非帮助性时，我们可以选择去感受我们的情绪。为什么我们需要亲身体验我们的核心情感？把注意力集中在一种感觉上可以激发神经细胞，促进情绪的流动。一旦学会了让核心情感流动，我们每天因情绪被阻断而产生的痛苦就能得到改善。我们会觉得更平静、更平衡，勇气和自信也会随之增长。

在我们会谈了大约一年之后，弗兰在会谈开始时发布了一个重要声明："周日是我父母去世的纪念日。"

"这非常重要。"我说。

周年纪念会唤醒记忆，其中有些可能是完全无意识的。记忆是我们大脑所存储的身体感觉、声音、气味、思想、图像，甚至冲动。

"我以前从未对任何人提起过，尽管我认为在某种程度上，我总是能意识到它什么时候会到来。"

"当你听到自己大声说这是他们去世的纪念日时，你有什么感觉？"

"这实际上是一种解脱，但也是令人悲伤的。我很难过。"她的话在空气中飘荡。她的眼睛和嘴巴都垂了下来。

"弗兰，我听说你感到既轻松又悲伤，这两者都很重要。我们应该先来探索哪些体验？"当两种或两种以上的情感同时出现时，最好注意当前处于中心的是哪种情感，我们应该由此开始。

"我感到悲伤。就像是一个压在我胸口的重物，又像是一个洞。"当她专注于身体的感觉时，我看见她的眼中充满泪水。

"你能忍受这种悲伤，让那些要发生的发生吗？我会和你在一起。"她点点头。我有一个自发的想象，我们的心被一根长长的绳子连在一起。我保持安静。我看到她眉头紧锁，嘴唇颤抖起来，眼中又充满了泪水。

弗兰用双手捂着脸，弯着腰趴在膝盖上，身体颤抖地抽泣着。她的悲悼终于自由了。

“嗯，能让这种悲伤出来非常好。”我说，想让她知道她并不孤单。

她倾倒自己的悲伤，她的身体因悲伤而扭曲。当她哭泣时，我解释说，这种悲伤是她对父母的爱和与父母之间联系的一种形式。

“就是这样……不要把它放回去，让它出来吧。”我低声说。

当她的哭声平息下来时，弗兰挺直了身子。她看着我，我直接回视着她，在那一刻，我尽可能地表现出我对她的爱和关怀。她深吸了一口气。一阵痛苦滑过她的脸庞，我感觉到了一股新的悲伤的浪潮。

“还有更多，”我说，“没关系，让它来吧。”

说完，她又哭了起来，捂住了脸，但这次她还是挺直着身体。大约两分钟后，这一波悲悼结束了。弗兰再一次注视着我的眼睛，确定我还在那里。我仍然不做任何评判。我一直是那样。房间里的氛围变得轻松了。

弗兰深吸了一口气，抬头凝视着，慢慢地呼出来。

她把目光重新聚焦在我身上，我们沉默了一会儿。她又长长地呼了一口气。最后，她说：“我感觉好多了。”我笑了笑。“我感觉非常大的重压消散了。”她说。

“告诉我，”我说，“它是什么样的？”

在随后的时刻，弗兰在我们完整体验了核心情感的起伏之后，进入了先天的生物学上的修复过程。弗兰通过与她的身体感觉保持一致，并让它们流动直到自然停止，从而进入了愈合的过程。在深度释放了核心情感之后，紧随其后的通常是黄金般珍贵的部分。弗兰和我要去“采矿”了。

“哇！那很激烈，但我现在感觉很好，更轻松了。”弗兰说道。

“你能继续和这种‘轻松’的体验在一起，并了解它吗？”我放松地坐回椅子上，让她知道她不用着急。我希望她给自己足够的时间，去注意她经历的所有细微的感觉。

她回答道：“我意识到这么长时间以来，我都需要这么做。我一直都知道这一点，但同时我也不知道。”

“领悟到这些，你的内心是什么感觉？”我问。

“这像是一个惊喜。我简直不敢相信我终于把它发泄出来了，我感觉很好。我感觉更轻松，我感觉能够呼吸了。”

我为弗兰勇敢的做法感到骄傲，并再次要求她去除另一层自我认知的外衣。“在你的身体里感觉如何？这非常重要。”

她慢慢地、平静地回答说：“我感到轻松，我感到平静，我感到累了，但还有别的东西。我觉得自己有点颤抖，脖子后面的刺痛一直延伸到头部。”

当两个人慢下来，在一起时，我们可以观察到很多身体和心理活动。人们有各种各样有意义的身体感觉，但因为我们太忙于活动和思考，使得我们从来没有注意过这些。然而，这些感觉就是改变的标志。慢下来为改变和转化奠定了基础，因为这样就能够允许这些感觉流动。在核心情感被加工和治愈的过程中，呼呼的响声、眩晕感、震颤感、轻微刺痛的感觉都是常见的身体表现。这些都是疗愈性的情感！它们引导我们进入开放的状态，在那里我们可以接触到 7C：平静、好奇、联结、富有同情心、自信、勇敢和清晰。

“我们能一起忍受这些刺痛吗？”我问道，并希望她能安全地探索这些新奇的感觉。我想让她靠近它们，跟随它们。

弗兰专注于自己的内在。大约 30 秒后，她说它们正在消退。我让她注意它们留下了什么。“我感到平静。”她说。

“让我们待在平静之中。它是什么样子的？我并不是在寻找什么特别的东西，但是让我们注意到我们所能做的一切。”

90% 的时间，当我问“它像什么”或“你还注意到什么”时，我的患者会注意到更多的情绪，更多的感受，带来更多的领悟。我们注意得越多，就越能了解我们情感体验的细微差别，也越有信心独自重复这个过程。健康是我们容纳内心体验的能力的副产品。

弗兰很安静。她在认真地关注自己的内在体验。她抬起头看着我，再一次泪流满面，但这些眼泪是非常不同的眼泪。她的脸平静而柔和。“谢谢你。”她温柔地低声说道。

“跟我说说这个‘谢谢你’，弗兰。”

感恩是一种疗愈性情感。和所有的其他情感一样，了解它感觉起来像什么，并深入地感受它是很有帮助的。它以一种非常积极的方式把人们联系在一起。我会鼓励她向我表达感激之情，这似乎很奇怪，但每一种情感都是弗兰进行体验和了解的机会。然后，当她在未来感受到那种情感时，她就会更容易意识到这种情感。

“从来没有人像你这样和我在一起。我感到安全，感到被关心。非常感谢。”

“你让我很感动，弗兰，”我分享说，然后我问她，“你可以用一个词来形容你感觉到的情绪吗？”

她想了一会儿，说：“我感激不尽。”

“我们能继续在感恩这种感觉中多待一会儿吗？你今天很努力，我相信你很累了，而且这一点也很重要。我真的想问你，今天是否足够了，所以请随时告诉我。”

“我们可以待在这种感觉里。我很好。”

“太好了。那么，感恩时，你的身体感觉像什么样呢？从头到脚扫描你的身体，让我们注意你所能注意到的所有东西。”

她再次开始觉察。“我感觉平静。（停顿）我这里（她指着她的心脏）感到温暖。我觉得很踏实，好像我变得更高了，坐得更直了。”

“很棒的注意，”我肯定道，“在这种感觉之中待一会儿……真正地去了解它……这就是你这么努力想要得到的珍宝。”

过了一会儿，她抬头看着我，分享了她更多新的洞察。“我父母去世后，我把自己深深地藏起来。我表现得和以前一样，但实际上我不是这样的。我意识到这些年我一直在保护自己不受伤害。我害怕任何我爱的人会死去。生活是有风险的，但你得冒着风险去生活。”她深深地叹了一口气。

弗兰开始治疗时的变化三角模型

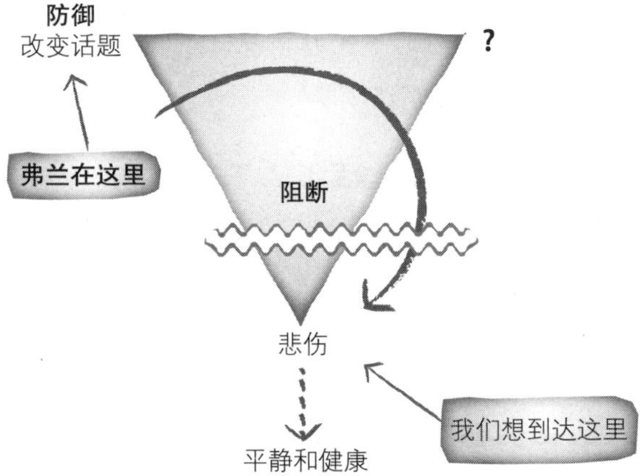

“哇！我对你肃然起敬！你刚刚发出了一声叹息，如果你注意到那一声长叹，那它告诉我们什么？”

“我可以呼吸。我没事。”弗兰向我们保证。

弗兰处于她真实自我的开放状态。

在这次治疗取得突破进展之后的几个月里，弗兰开始约会。这是她有生以来第一次想要坠入爱河并建立亲密关系。她利用我们的会谈来谈论约会引发的各种情绪，包括她最大的恐惧——爱上一个人，只会让他死去。

坏事确实会发生在好人身上，正如弗兰亲身经历的那样，但我们努力帮助她容忍爱的风险和开放内心去迎接生活的风险。我帮助她更深入地了解她的恐惧。一段时间之后，她会在自己和自己的恐惧与担忧之间，得到一段可以用于反思的距离。弗兰从更深的层面上了解到，虽然损失非常痛苦，但她能并且已经承受着这样的痛苦。

你在任何年龄都可以做出改变：神经科学和神经可塑性

> 心理疗法的工作原理是深入大脑及其神经元，通过开放正确的基因来改变它们的结构。精神科医生苏珊·沃恩（Susan Vaughan）博士认为，谈话疗法是通过“与神经元交谈”来起作用的，而一位有效的心理治疗师或精神分析师是“心灵的显微外科专家”，能帮助患者对神经网络进行必要的改变。
>
> ——**诺尔曼·道伊奇**（Norman Doidge）

弗兰刚开始接受治疗时，她的情绪完全被阻断。她与他人建立亲密关系的能力也受到限制。在治疗结束时，她实现了转化。如果脑细胞没有移动和增长，这一切都不可能实现。事实上，所有的心理疗法都是基于这样一个事实：在某种可控的情况下，大脑中的细胞（即神经元）有能力以可预测的方式移动并相互连接，形成新的联系。如果没有脑细胞的重构，学习和大脑改变就将是不可能的。

当大脑通过体验，暴露在新的信息中时，脑细胞就会被激发，形成新的联系。例如，我在小学学到了 2+2=4。参与学习的脑细胞以这样的方式排列，当我再次看到 2+2 时，我可以很容易地计算出结果为 4。如果没有发生这样的学习，那么每次要求我计算 2+2 时，我都会觉得我是第一次学习。

我们的身体可以像我们的大脑一样学习。当我们从事运动或学习乐器时，大脑会告诉肌肉以特定的方式移动我们的身体。身体的肌肉活动得到训练，表现得更好。这是一个从大脑到肌肉再到大脑的反馈循环。

我们练习得越多，大脑细胞联系就越有效，这使得肌肉能够运动更快、更精确。相反，如果我们很多天都没有练习，就可能会丢掉前一周学会的东西。脑细胞的共同激活被停止，它们就会失去联结，分离开来。

情绪的学习与之相类似。说到学习，一般的原则是大脑的细胞一起被激活，联结起来。当我们经历某种体验时，信息通过五种感官（视觉、听觉、嗅觉、味觉和触觉）中的一种或多种进入大脑，刺激脑细胞。这些受到刺激的脑细胞开始活跃起来，并相互连接。

这种体验中的不同元素将汇合在一起形成记忆。你是否曾听到过一首歌，会把你带到一个特定的时间和地点？我们所听到的歌曲与我们所看到的画面是联系在一起的。

所有人都可以被记忆送回到某个时空：拜访老邻居、和家人产生分歧、听到一首老歌、一直在等待、有人离开去旅行、得了流感……任何事情都能让我们回到童年的状态。在这些时刻，我们从神经科学的角度来看，过去和现在的融合，是因为新旧脑细胞网络被同时激活。

我们每天都有很多经历，但那些塑造持久记忆的经历往往具有很大的情感成分。情绪向大脑发出信号，表明生存中不可或缺的东西正在发生，所以大脑将它存档，以备日后参考。

体验所唤醒的情绪越强烈，这些相关的脑细胞之间的联系就越牢固。某种体验出现得越频繁，这种联系也会越牢固。相似体验之间间隔的时间越短，这种联系也会越牢固。在儿童时期建立的模式重复出现并得到强化，这就是为什么过去会对我们产生如此大的影响，为什么我们需要更长的时间来改变我们在童年时获得的感受和信念——童年的经历在多年的生活中不断得到强化，形成了非常强大的脑细胞网络。

当我的患者对某件事情有强烈的反应时，我就会怀疑它可能与早期的经验有关。当我让我的患者回想他们第一次有类似感觉的时候，这个时间往往发生在他们的童年时期。童年的经历通常会持续下去。大脑被设定要记住痛苦或危险的事件，所以我们在未来会避免它们。从进化的角度来看，这有助于生存，也解释了为什么我们在孩童时期就能深刻地学习和记忆。

我们不能改变过去，但可以改变对过去的感觉

每一个重要的记忆都有四个组成部分，如下：

1. 我们感受到的情绪；
2. 身体内被唤醒的感觉；
3. 通过捕捉记忆，我们在脑海中看到的景象或图片；
4. 体验留给我们的关于自己的信念——这是我们的核心自我意识。

当弗兰发现她的父母已经去世时，她的头脑里形成了一张快照。她所感受到的情感是悲悼和害怕。她看到的是她自己孤独和悲伤的画面。身体的感觉是地板从她下面塌陷。当时形成的信念（她有意识地或无意识地学到的）是，我在这个世界上独自一人，我需要的人会离开我。这些习得的信念塑造了我们未来的互动。

当童年时期形成的神经网络与当前的经验相关联时，我们很容易再次体验到那些与过去记忆同样强烈的感受。当弗兰目睹一只被自行车撞到的狗时，它触发了她与过去创伤有关的神经网络，也就是她父母被车撞到时的创伤。尽管自行车和小汽车并不一样，但是对于弗兰的大脑来说，这两种体验是相似的。

记忆和创伤性记忆的区别是什么

当我们回想一段记忆时，很清楚这件事已经过去了。但当我们回忆起创伤性记忆时，过去和现在将会变得难以区分。创伤性记忆会让我们觉得这件事又发生了一次，导致我们感受到同样的情绪和身体感觉，看到同样的画面，对自己持有相同的信念。我们的目标是把创伤性记忆变成普通的记忆。我们不想被触发情绪感受或身体感觉，看到图像（闪回），或者持有由创伤引发的有关自我的糟糕信念。

我的患者玛丽，因每当她打碎东西（如一个盘子）时，她的父亲就会暴怒而形成创伤。玛丽现在 36 岁了，她和一个永远不会吼她的善良男人在一起，但如果遇到相似的事情，她的反应还是像当初她在父亲面前做出的反应那样。玛丽知道她感到害怕的这种反应是“古怪的”，但她不能停止。一个打碎的盘子通过相关的脑细胞，将她带回到 7 岁时的创伤性记忆中。她建立了 29 年的神经网络仍然被激活，导致她无意识地以为自己即将点燃父亲（或伴侣）的怒火。

玛丽的经验包含以下四个组成部分：

1. 情绪：恐惧；
2. 感觉：她的身体和手臂在颤抖；
3. 图像：她父亲瞪大的眼睛和脸上暴起的血管；
4. 信念：“我不安全。”

大多数人对以下充满情感的事件都会做出强烈的反应：当我们所爱的人离开时，当我们犯错时，当我们失去一些东西时，当我们受到批评时，当我们需要寻求帮助时。这些经历塑造了我们，尤其是在童年时期，当时的我们缺乏理性的应对技巧来理解情境或照顾者的情绪状态，并且无法抚慰自己。通常每一种经历都会唤醒强烈的反应和情绪。当前，这些旧的神经网络依然会被经常触发。这可能会导致对当前的情况过度反应，因为我们忘记了作为成年人的自己，已经掌握了应对和解决问题的技能，以及与生活中的其他人谈论我们感受的所有技能。

有些人由于父母的性格特点或家庭环境，在童年时期经常遭受痛苦。童年期常见的创伤性教训或削弱性的信念包括：我不能指望有人来安慰我；我会受到伤害；没有人关心我；我的感觉无关紧要；我不安全；我很糟糕；我很丑陋；我很讨厌；我很愚蠢；我很孤独。

我姐姐结婚时，她答应公婆，每年感恩节都会和他们一起度过。在那之前，我和她一起度过了我出生后的每一个感恩节。感恩节对我来说意义重大。她结婚后，每年感恩节来临的时候，她都说要去孟菲斯，我也有同样的充满着愤怒、嫉妒和悲伤的“我真可怜”的感觉。我相信在那一刻，我的感觉并不重要。我会反应过度。我受到伤害的部分想让她为感恩节离开我而感到内疚。我能听到我说话的语气如何改变，所以她会知道我很难过。尽管我的内心有点生气，但我不想那样做。我爱我的姐姐，我希望她快乐，可我就是无法摆脱自己的痛苦。

我很清楚，在那些时候，我觉得自己又回到了六岁。我的头脑中会显现出年幼的我独自穿着漂亮的睡衣的情景。这并不是说我甚至能够把我姐姐“抛弃”我的经历与任何其他被遗弃的特殊记忆联系起来。这只是我的一种感觉。一旦我弄明白了这一切，就可以通过想象拥抱和安慰，将同情和理解给予六岁时的那部分的我。当我安慰年幼时的我时，我感觉得到了缓解。我不再有同样的情绪转变，尽管事实上，我姐姐继续与丈夫共度感恩节，而远离我。这是一个与神经网络交流的例子（六岁的我和成年的我），大脑重构/整合，以及大脑变化的结果。

这就是为什么心理治疗师总是喋喋不休地谈论过去——因为我们的童年经历如此强大，尤其是那些充满负面情绪的经历。儿童的神经网络是强大和紧密的，但是我们可以通过释放被压抑的情绪来改变我们的反应方式（比如弗兰的悲悼或者玛丽对打破东西的恐惧）并且重新组织神经网络。相反，如果我们从不处理自己被阻塞的情绪，受到创伤的神经网络就会保持根深蒂固。

为什么四个组成要素（情绪、身体感觉、图像和信念）会对大脑的变化产生重要影响？理想的情况是，通过减少我们在儿童时期所产生的古老而无益的情绪反应，以降低目前的痛苦水平。我们可以使用变化三角模型，从过去的记忆中释放隐藏的情感，并改变创伤性记忆网络的组成部分。

为了改变大脑，我们必须在其中创建一条新的路径或新的神经网络。想象一下，你正穿过茂密的灌木丛，在丛林中寻找水源，这时你遇到了一条小溪，距离你居住的小屋约 15 米。因为这条小溪是你所能找到的最近的饮用水源，所以你每天都会去那里，并且去好几次。随着时间的推移，一条平滑的、没有灌木的路径被开辟出来，进入这条路就变得很容易。一年里你每天都走同样的路，很快就形成了一条清晰的路，穿过它根本不需要做任何额外努力。

每当我们想要改变大脑中先前的习惯性反应时，必须再一次拿起弯刀，穿过灌木丛，开辟新的道路。然后我们重复着同样的路径，直到一条新的清晰的道路被开辟出来，这需要几周、几个月，甚至几年的时间，取决于我们在新的道路上的努力程度。

弗兰和我创建了一条全新的、不受阻碍的道路，去体验她的悲伤，而不像过去那样让她带着焦虑摆脱悲伤。我们一遍又一遍地重复着这样的过程：当悲伤出现时，她一直坚持着。她全神贯注地专注于悲伤的身体和情绪体验。她一旦注意到焦虑，比如肌肉紧张或心率加快，我们就停下正在做的事情，用一些技巧来平息她的焦虑。和焦虑交织在一起的悲伤导致了弗兰神经系统失调。想象一下两个缠绕在一起的管道清洗器：一个是焦虑，一个是悲伤。我们需要帮助弗兰解开她大脑中的管道清洗器，这样她就可以自由地表达悲伤，不受焦虑的困扰。一旦我们降低了焦虑唤醒，就会激发悲伤，为它腾出空间。每次我们这样做的时候，都在教她的神经系统进一步容忍悲伤的体验，并将其与焦虑分开。

弗兰一遍又一遍地这么做：保持她的悲伤，平静任何焦虑，保持悲伤，平静焦虑。随着时间的推移，她的身体重新认识到悲伤并不等同于危险。在她取得突破的会谈中，我们之前所做的所有工作都得到了回报，弗兰在她的悲悼到来和离开时都处在一种受调谐的状态。弗兰的大脑发生了改变。她的身体超越了悲伤导致失调的状态，变得可以调谐。她可以感受悲伤，保持平静。变化三角模型可作为这项工作的指南。

如何判断你是否失调

“失调”是一个用来形容心烦意乱非常好的词语，因为它让我们想起“心烦意乱”是一种生理状态。我们知道我们被扰乱是因为我们感觉到它了。当我们感到心烦意乱/失调时，神经系统正运转不畅，使我们不能平静。我们不是处于内心开放的状态，我们的身体受到了物理的、化学的和生物学的损害。一些遭受了巨大创伤的人永远都不知道被调节良好是什么样子的。他们从来没有感受到过平静。相反，他们的身体和头脑总是处于对危险保持警觉的状态。

我的患者哈里的父母都忙于自己的生活，因而哈里不断地经历父母的拒绝。哈里在童年时就形成了一个围绕着拒绝的神经网络。当他十几岁开始约会的时候，被一个女孩拒绝会让他陷入一种黑暗的情绪中，他被消极的想法困扰：*我不够好，我是个失败者，我永远都找不到女朋友。*他十几岁的约会经历与他童年时期和父母经历有关。在哈里长大后，每当他约请女孩的时候，他都会被触发出同样的感觉。

哈里现在已经 30 岁了，他在一次聚会上遇到了一个女人，他向她要联系方式。她解释说，她刚刚结束了一段认真的恋情，还没有准备好约会，但她希望几个月后能一起喝杯咖啡。哈里所经历的这一刻，让他感觉又是一次拒绝，尽管这个女人的拒绝跟哈里没有任何关系，或者她只是把他作为一名追求者加以拒绝。拒绝哈里当下的请求是基于她自己的生活。为了帮助哈里，我们需要重新联结他大脑中有关拒绝的神经细胞网络。然后，他就能根据当前的环境进行适当的感觉和行动。

变化三角模型是通过处理创伤经历的情绪要素来改变大脑细胞网络的一种有效途径。释放被困的情绪能量会导致神经网络重新联结，并促使我们过去的伤口愈合。由此产生的新的神经网络会被更新以适应我们现在的生活，这样我们就可以停止对事情做出像过去那样的反应。

练习 1：慢下来

如果你不能先慢下来，就无法注意自己的情绪和身体状态，更不用说通过变化三角模型来处理它们了。慢下来会让你放松——如果不是一开始就能做到，那就多加练习。

腹式呼吸

腹式呼吸是我教给每个一起工作的人的一项技能。它是我们拥有的最伟大的镇定工具之一。当你开始尝试慢下来的时候，你可以意识到发生在自己内部的事情。当你经历一些新的或不舒服的事情的时候，保持呼吸是非常重要的。

呼吸会刺激体内的迷走神经，从而让它向心脏和肺发出慢下来的信号，这是平静和舒缓焦虑的一种既可靠又有力的方式。下面是具体做法。

通过你的鼻孔，慢慢地深深地吸气，吸到你的腹部下方，感觉你的肚子鼓起来了。你应该努力让肚子尽可能地向外鼓出，看起来像佛陀的肚子。把手放在腹部，确保吸气时膨胀会有所帮助。这往往需要练习几周才能很好地掌握。我们大多数人都是通过胸部（专业上来说是肺的上部）呼吸，因此我们需要重新训练从胸式呼吸转换为腹式呼吸。

在你吸入的空气完全占满你的腹部后，屏住呼吸，停顿一下。现在，噘起的嘴唇呼出所有的气体，就像在吹一勺热汤。噘起嘴唇可以帮助你控制呼出的气流，这样能够让你获得最大的放松。呼气的时候可以调整你的身体，这样就可以把呼气的速度调整到让内在感觉最放松的状态。呼气的时间应该是吸气的两倍。呼吸时，想象你的整个身体变得松弛无力。将这样的呼吸过程重复五次。

你能说出你在练习腹式呼吸后注意到的两件事吗？只要进入你的内在世界，注意到你的情绪状态或身体感觉的细微变化，就可以试着在你注意到的任何变化上加上文字（可以使用本书最后的感觉和情绪词汇表中的词语，帮助你找到合适的语言来形容你的体验）。最重要的是，记住，没有什么答案是错误的。在这种呼吸状况下，你会产生独特的情绪和身体反应，这些尝试是为了注意和命名这些独特的反应。

1. ____________________

2. ____________________

学习和使用适当的呼吸技术，是给身体和情绪健康带来短期和长期益处的最有价值的事情之一。腹式呼吸有助于放松神经系统，减轻压力和紧张情绪，降低血压，平静心灵。练习腹式呼吸还能按摩和调节内脏，特别是消化系统。

回到呼吸本身并不困难，但确实需要练习。我建议你设置一个提醒，每天至少做两次腹式呼吸。你可以在准备睡觉但还清醒的时候做，你可能会发现它有助于你晚上进入睡眠。

无论何时，当你感觉到焦虑并感受到核心情感的时候，就使用这种呼吸。进行这种深长美好的腹式呼吸，伴随着情绪的波动，直至情绪达到顶峰，最终获得平静并放松下来。

有意识地向外看

你只需要两分钟，就可以练习有意识地向外看。留出安静的时间在家里练习。或者，当你堵车时，在超市排队等候时，或者步行去找你的车的路上，你都可以做这些。注意，你所看到、听到和闻到的东西都有助于你进入这一时刻。当你在应用变化三角模型时，尝试命名你所遇到的感受、情绪和身体感觉时，也会带来极大的帮助。

向外看，看这个世界。注意你看到的色彩，并命名你此刻看到的三种颜色：

1. ____________________
2. ____________________
3. ____________________

注意环境中事物的质地，说出你现在看到的三种质地：

1. ____________________
2. ____________________
3. ____________________

注意你周围的声音，命名你现在听到的三种声音：

1. ____________________
2. ____________________
3. ____________________

做这些对你来说像是什么？记录你的内在世界，注意你的情绪状态或你的身体感觉出现的任何变化，无论这个变化有多么细小或微妙。通过做这个练习所带来的状态的变化，你能说出你现在注意到的两个变化吗？试着找出有关你注意到的任何变化的词语，并把它们写在下面。

____

____

做这些尝试的目的是让你更多地融入当下。你可能会感觉更清醒，可能会感到更不安，可能会觉得更贴近当下，也可能会发觉什么都没有改变。不管你注意到什么，都很好。这是一个没有正确答案的观察练习。唯一的目标只是注意我们内心反应的细微差别，并试图找到最适合描述这些感受的词语。你可以使用这本书后面的感觉和情绪词汇表，它们将有助于你找到恰当的语言来描述你所注意到的东西。

如果这些尝试中有任何一个让你感到不安或不舒服，那就休息一下。用一种让你平静的方式呼吸。或者试试以下介绍的接地练习，这个练习通常能使人平静下来。

接地练习

站着或坐着都可以，双脚着地。用脚底感受地板。持续感受你脚下的地板大约 30 秒。就是这么简单。

当你静静地站着或坐着，把所有的注意力都放在脚底的时候，你能说出你内心注意到的两件事吗？只要检查你的内在世界，注意你的情绪状态或你的身体感觉出现的任何变化，无论有多么细小或微妙。试着用文字记录下来。

1. ____
2. ____

现在，把接地练习和呼吸练习结合起来。将意识关注于踩在地板上的脚上，同时做四到五次深呼吸。尽量持续一秒、两秒、三秒、四秒或更长时间，吸入尽可能多的空气。保持呼吸节奏。现在，通过噘起的嘴唇慢慢地呼气（就像你在热汤上吹一样），直到一次呼吸结束，可能持续八到十二秒。慢慢来。

再一次把注意力全部转向脚底。感受你脚下的地面。你现在注意到了什么？

你能注意到你的内部状态所产生的变化中的两个吗？只需从头到脚扫描你的整个身体，注意任何有关你的情绪状态或身体感觉出现的变化，无论多么细小或微妙，试着用文字记录下来。

1. ______________________________
2. ______________________________

每次你慢下来，注意到你的外在或内在世界，你都正在创造和促进大脑产生积极的变化。你在照顾自己。无论你在这些练习中经历了什么，你都能很快地把它们反映到变化三角模型上，这将告诉你，你需要什么才能让自己感觉更好。

想象一个能带来平静的场所

一旦你创建一个能带来平静的地方，你就可以随时使用它。当你需要从压力性的体验中获得休息时，你可以去这个场所。如果你正使用变化三角模型处理问题，你的焦虑情绪上升，那么你可以休息片刻，想象一下能给你带来平静的场所。如果你正在处理你的内疚或羞愧的部分，一旦感到很不舒服，你可以去；当你在工作中或在人际关系中对某件事感到不安，想平静下来时，你也可以去。可以把能给你带来平静感的场所都添加到你现有的平静策略工具箱中。

再次慢下来，保持平静，感觉踩在地板上的脚，做四到五次腹式呼吸。

现在，想着一个地方，无论是真实的还是想象的，在那里你会感到安宁和平静。可以是海滩、高山、你的床，或者是电影或书中的一个场所，任何地方都可以。试着想象一些能给你带来安宁和平静的不同场景。一定要慢慢来，找到最能让你放松的意象，想象你就在那里。你可以添加人、宠物和你喜爱的东西，还可以添上门和锁来阻止那些让你心烦的人，或者任何你想要的东西，能增强这个想象里的平静感的东西。

如果你进行视觉方面的想象有困难，那么可以想象一首能让你放松或让你回到快乐时光的歌曲。你甚至可以想象一种令人感到安慰的气味，比如你祖母做饭的味道或者爱人的香水味。

当你想象自己正在那个能给你带来平静的场所、声音或气味中时，请注意你的内在感受。

你能用几个词来形容一下这段经历吗？

1. ______________________________________
2. ______________________________________
3. ______________________________________

如果你感觉自己无法想象一个能带来平静的场所，那也没关系。的确会发生这种情况。我们都有被阻碍的时候。不要进行评判。

如果你愿意坚持一下，做更多的尝试，可以看看你能不能想象到你寻找一个平静的场所过程中所遇到的需要攻克的障碍。幻想的美妙之处在于，我们不受现实的限制。你可以想象任何你想要的东西，没有限制。例如，假设你对自己身处一个平静的场所感到内疚，因为你爱的人正在遭受疾病的痛苦或者正在苦苦挣扎，你觉得如果别人无法得到平静，你就不能得到平静，那么你可以想象一个法官或上帝给予你临时许可。如果你无法阻止你的大脑沉浸在自己的问题中，那么也许你可以想象把所有这些问题放在一个盒子里一两分钟，然后看看这是否有助于你想象一个平静之所在。如果你发现这仍然是不可能的，只要注意不要做出任何评判，那么你仍然可以对你的体验如何随着尝试发生改变而保持好奇和开放。

IT´S NOT
ALWAYS
DEPRESSION

第3章

创伤：确认它，治愈它

创伤会唤醒强烈的情绪。痛苦的经历是生活的一部分，大多数人都会度过这个阶段，不会留下伤痕。

萨拉的抑郁和冲突化解

人们与他们的情感体验分离，害怕被情感的力量淹没、羞辱，或暴露出不足，随后往往会付出抑郁、孤独和焦虑的代价。

——戴安娜·弗霞

我和患者的关系，以及患者与他们治疗之外的世界的关系，这二者是一种平行的关系。事实上，我鼓励我的患者使用我们的关系作为模板，帮助他们理解他们对于别人的感受，以及与别人的关系。在治疗的会谈中，我们可以用更安全的方式尝试新的、更令人满意的关系。大多数人在处理冲突方面存在困难，但是我们可以学习很多技巧，以便更好地应对人际冲突。

我们会以多种方式处理与他人的冲突。我们会告诉对手，我们被激怒了；我们会回避问题，酝酿和策划报复行动；我们会压抑愤怒情绪并变得抑郁，或是担心我们的需求超出了伴侣所能承受的范围，反之亦然。当我们想要的或需要的东西与我们的朋友、家人或伴侣的愿望相反时，许多人会难以提出这些要求。对我们所有人来说，这些都是进退两难的困境。好消息是，一旦处理那些对我们接受真相、分享真相、为我们自己谋求幸福的行为产生阻碍的潜藏感受，一切就会变得更容易。

我与萨拉一起工作了五年，我们对彼此很了解。多年的感情折磨留下的累累伤痕使她饱受抑郁和焦虑的折磨。熬过一天就已经耗费了她大部分精力，所以她几乎没有精力去享受生活中简单的快乐，比如和朋友在一起。

从萨拉还是个蹒跚学步、牙牙学语的孩子起，就有人不停地冲着她大吼"不"：如果萨拉不喜欢她母亲做的一顿饭，她母亲就会吼她；如果萨拉生病了，她母亲也会吼她；如果她用"错误"的表情看着她的母亲，她母亲也会吼她。事实上，萨拉经常因为一个特殊的表现而被质问几个小时。"你想什么呢？"萨拉的母亲会问，"你为什么要这么做？你恨我吗？"每到那时，萨拉就会在角落里缩成一团，祈求她的母亲快点筋疲力尽，好结束长篇大论。随着萨拉年龄的增长，她强迫性地对自己的所作所为保持高度警觉，以防止母亲发怒，以及一旦母亲怒火燃起，她该如何阻止。她的大脑的最终解决方案是关闭她自己的所有想法和感觉，镜映她母亲的想法和感觉，以取悦母亲并保持与她的联结。

这贯穿于她的童年时期。萨拉的父亲很慈爱，但很大程度上是缺席的。当他目睹这些长篇大论的指责时，他无力提供帮助。为了生存，萨拉必须阻断自己的核心情感，所以，她发展出各种症状，包括焦虑、强迫、完美主义、自伤、撞头、低自尊和抑郁等。

我第一次见到萨拉时，她 30 岁。看到她所忍受的痛苦，我感到很心碎。帮助她，让她和我待在一起感到安全和安心，就能够给所有有关情感和创伤的工作打下基础。在我们一起工作的第一年里，她的神经系统处于高度警觉状态，和我在一起，她如履薄冰。她因担心触怒我而感到恐惧，就像害怕会惹她母亲生气一样。如果我表现出她看不懂的表情，她就会以为触怒了我，并觉得被拒绝。她会陷入无言的恐慌之中。她会在我面前弯下身子，并"关闭自己"——把头伏在膝盖上，闭上眼睛。从生物学上讲，我从她身上看到了我们所有人都有的"战斗、逃跑或冻僵反应系统"（fight, flight, or freeze system）的部分。

当萨拉从冻僵反应中缓过来，能够再次沟通时，她说她感到既极度渴望我能够安慰她，同时又害怕得要命，怕我在她关闭自己之前就发怒。毫无疑问，对萨拉来说，治疗并不容易，但是她非常希望自己能康复。随着时间的推移，我们建立了信任。在她看来，我是可以预测的、平静的，这有助于她的大脑容纳一种可能性，即和我在一起很安全。于是，我们的工作便可以深入进行下去。

第二年，我们的工作就是花时间去了解和处理萨拉内心许多受到创伤的部分。我们每个人都有很多部分。了解这些部分是很有帮助的，就好像它们是独立的，是有着自己的信仰和感觉的不同的人。理解我们是由许多部分组成的，有助于我们理解自身的冲突，以及为什么我们的感觉会变得复杂和不一致。一旦我们把自己的头脑看成过去和现在的部分，以及孩子和成人的部分的混合体，我们思维的神秘方式就会变得更容易理解。

当萨拉烦恼时，我鼓励她说出自己烦恼的部分。萨拉经常说“我感觉自己两岁了”“我感觉自己五岁了”，或者“我感觉自己像个十几岁的孩子”。每一个都是不同的部分。我们开始了解和照顾萨拉头脑中许多年轻的部分。

在第三和第四年的治疗中，我们研究了自我关照和自我同情，这些是她从一开始就为之努力的概念。对萨拉来说，要给自己同情和关怀——或者，就像我所说的，要成为她自己的好母亲，意味着她不得不放弃别人会拯救她的幻想。萨拉不想成为那个给予她自己年幼的部分关爱和同情的人。她一再解释说，她年轻的部分想要我，而不是她。但只有当上自己的好父母，她才能发展出自我依赖，才能够持续地（而不仅仅是和我在一起的时候）给予自己平静和安抚。

因为萨拉在自我关照和同情上有困难，所以我们一起照顾她幼小的部分，直到她自己准备好扮演这个角色。一个被剥夺的人很容易接受同情和关心，这似乎是很自然的。但是被虐待的人很难接受照顾。他们觉得不能再冒让自己失望的风险。如果萨拉打开心扉，放松警惕，她就会担心预期的毁灭太过巨大，自己会被击垮。此外，得到一直渴望的保护和安全，会激起那些忍受了太多的被忽视个体的深深的悲哀。接受同情往往是一个痛苦且充满忧虑的过程。

在我们一起工作的第五年，萨拉与我建立起了非常安全的依恋关系。她辨认出了她年轻的、受创伤的部分，并能与它们自如地交流。同时，萨拉也发展出了一种坚持自己立场的能力。她可以直接告诉我她做了什么，但是并不想讨论这些。她并不那么害怕我的愤怒。她甚至站在自己的立场上，引发了一些冲突。她同意尝试借助药物治疗她的强迫症和侵入性思维，这是她以前不愿意做的。这是一种进步，因为这表明她越来越想要感觉更好，而且她正在形成一种她值得拥有更好的感觉的信念。

萨拉的变化三角模型是很复杂的，最初看起来是以下的样子。

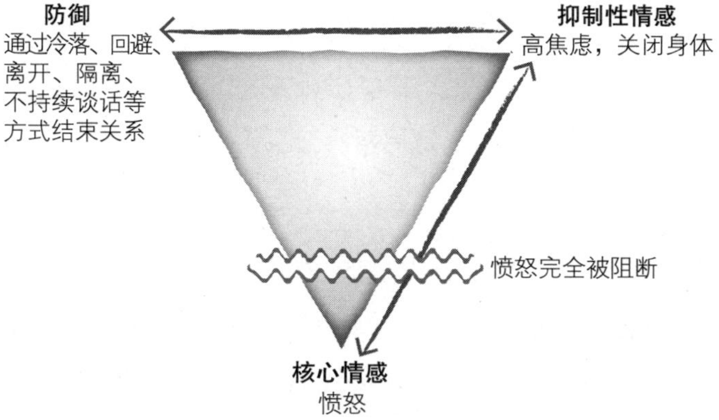

萨拉用恐惧 / 惊恐 / 焦虑 / 羞愧来抑制她的愤怒。她通过逃离以停止这些痛苦的感觉。不过，这让她付出了牺牲关系的代价，因为她需要避开别人，以便那些不好的感觉不再出现。

我们已经围绕萨拉的变化三角模型走了几百次，目标是提高她待在当下的能力，减少羞耻和焦虑等毒害性的感受，为她的愤怒、悲伤和恐惧等核心情感腾出空间。有一次，由于萨拉在前一天错过了会谈，因此我们在我度假的前一天晚上见了面。在近几个月中，萨拉经常出现会谈缺席的情况。

我欢迎她进来，她满脸笑容地向我打招呼。

“关于昨天的事我很抱歉。你会因为我没来会谈而生气吗？”她紧张地问道，同时抬起手来抚摸头发，这是一种无意识的自我安慰。

我们每周见面两次。萨拉经常错过早上的会谈，因为她不能或者不想起床。然而，她喜欢有这样一个选择，那就是如果她愿意或需要来，就可以来。

“没关系，我不生气，”我安慰她说，“但是我一直很想谈谈我们的会谈。”我为她付了每周两次会谈的费用但只来一次而感到不安。

我注意到萨拉咬着下唇，呼吸变得很浅而且明显有些吃力。她开始在沙发上扭来扭去。我不想让萨拉带着烦恼离开这次会谈。如果是这样，我担心我会在假期中感到内疚，并且会担心她。我不想让她等到两个星期后我再回来时，才能够平静下来。但是，既然萨拉做出了这种决定，我就同意了，我相信我们已经建立了足够牢固的关系来完成这次谈话。

“我知道你喜欢一周有两次会谈，但是这段时间你每周只来一次。”我小心翼翼地用正确的方式说正确的话，以免激起她更多的焦虑。

她紧张地笑了笑，小声说道：“我知道。”她的表情让我看到了她的痛苦。

“你可能不想每周付两次钱，”我说，“所以，也许等我回来的时候，我们可以谈谈整件事，看看怎么做会最好。”

“不过，如果我仍然想保持每周两次，可以吗？”萨拉问道。我知道这对她来说很难，因为尽管她的恐惧已经减弱了，但萨拉仍然有一种深深的恐惧，那就是有一天我会拒绝她，就像她母亲一再重复的那样。

“是的，你可以每周保持两次会谈。我只是对你感到好奇，既然你想要第二次会谈，为什么又不来？我要百分之百地向你明确一点，那就是我一点也不生气。我只想做对你来说正确的事，探索一下你花钱买你不使用的东西意味着什么。这是一个能让我更多地了解你的机会。”

“好吧，听起来不错。”萨拉说。

“另外，鉴于我们的治疗已经有几年了，我将在9月提高你的费用，这也可能会影响你是否想一周保持两次会谈的决定。”我补充道。我想我最好趁现在把所有的消息都告诉她，这样我们就不必进行两次艰难的讨论了。

她问了我有关新费用的问题，我解释说费用受每周见面的次数和每次会谈时长等因素的影响。我们目前进行的会谈时长55分钟，但是自从我开始和萨拉一起工作以来，我已经逐步取消了55分钟的会谈。会谈或是45分钟，或是60分钟，取决于每位患者的需要。

“我肯定喜欢55分钟。”她告诉我。我很骄傲她能坚持自己的意见。

对生活来说，坚持自己的需求是适应性的。对萨拉来说，坚定的要求勾起了她很多回忆，那些无论什么时候她有任何需要，她的母亲都会感到愤怒的往事。旧的记忆网络被激活，并带给她小时候经历过的相似的感觉。内疚、焦虑和羞耻等情感强烈抵制着萨拉的愿望——想要坚持55分钟的会谈，将她猛然推回到变化三角模型的抑制极。

帮助萨拉意味着将她从羞耻、内疚和焦虑的状态转移到位于下面的核心情感。了解并确认她的核心情感会告诉她自己需要什么。

萨拉的变化三角模型

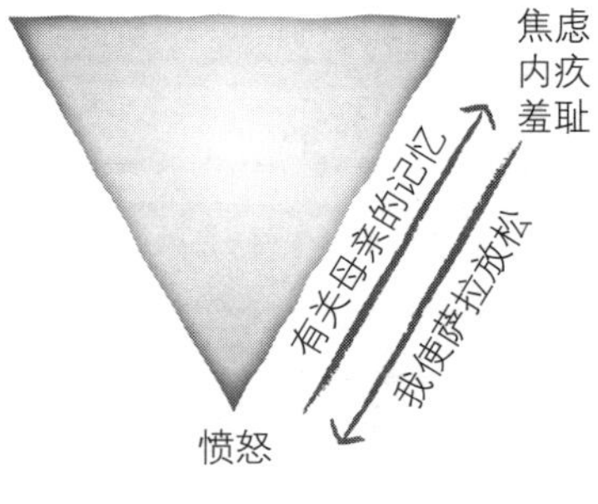

“听到你的决定我很高兴，”我说，“合作的意义在于让人感觉

更好——更多的联系，更少的孤独。俗话说‘三个臭皮匠，顶个诸葛亮’，我觉得，谈论这些内容所带来的感觉是值得忍受的。在这个世界上，你希望能够与其他人交流问题，这很好。我相信我们能做到这一点！”保证和肯定是两种重要的人际交往方式，能够提高舒适性和安全性，降低焦虑。“你能不能分享一下谈论这些会让你的内心产生什么想法？我这么做，仅仅是为了让你确认那些正在出现的情绪。”

我觉得她有很多的情绪，她充满恐惧地屏着呼吸，闭着眼睛以免和我对视，她的身体看起来呆板且僵硬。当萨拉感到焦虑时，她苍白的皮肤通常会变成灰色。

“嗯……”她紧张地说。

我尽量不去假设我知道别人的感受，所以我通过提供一系列可能的反应，鼓励她并欢迎她说出自己各种可能存在的体验。“你感到自己很不重要吗？你害怕吗？你注意到自己愤怒吗？你焦虑吗？只关注你的身体，不做任何评判，给你的所有感觉留出足够的空间，因为我不知道你发生了什么。不过，我很想知道，这样我才能帮上忙。”

她停顿了大概15秒，说道：“我不知道。很多，很多乱七八糟的东西。”

“很多，”我确认道，“如果我们深吸一口气，一起慢……下……来，感受我们之间的联系，也许会有所帮助。当我们一起做这件事的时候，你能让自己和我保持紧密的联系吗？”

“好吧。”她犹豫不决地说。

“如果我们确认你注意到的每一种情感，也许会感觉更好。我们不需要深入进去，只是确认你正在经历的感受。”

“我想我有点心烦，也许有点生气。”

“太好了！我很高兴你能告诉我。我听到你说你有点心烦，也许有点生气。你还有什么要分享的吗？”

通常情况下，她会退回到焦虑和羞耻的痛苦状态，然后需要恢复几分钟才能说出自己的情感。而现在她以一种新的方式处理这种压力，以更快的速度恢复与我和她自己的联结，我为她感到激动。

“也许还有困惑。”她说。

“你能将困惑暂时抛开一会儿，真正地去确认和尊重你的真实感受吗？试着从愤怒或心烦的地方说起。记住，我不是你的母亲，我是希拉里，我们已经合作一段时间了，我们一起解决了你的一些个人问题，而且你总是因此而感觉很好。还记得吗？你的愤怒不会吓到我，也不会威胁到我。我很喜欢你能告诉我你的感受，这样我就不需要猜测了，然后我们可以谈论它，让事情好转。萨拉，能让你的愤怒发声吗？告诉我，‘我生气是因为……’”

她抬起头，脸上带着微笑说道：“哦，我不知道。”

“你有权利感受到任何感觉。”

“但我真的不知道我为什么生气。”她说。萨拉通常想知道她为什么会产生一些感觉。询问为什么我们会产生某些感觉，常常没有什么用处。相反，我告诉人们感觉就是感觉，它们的存在不需要理由。更好的方法是，完完全全地接受我们注意到的情绪，并通过体验来学习情绪正在告诉我们什么：是什么唤醒了它？它在身体里的感觉是什么样的？产生了什么冲动？

为了在那一刻帮助她，我建议我们关注她身体的感觉。身体永远是可以获得更深的情感认知的地方。我想看看我们可以了解到什么。

“是什么告诉你内心有愤怒？”我问。

“我并不感觉和你的联结很紧密，就像我所想要的那样……”她闭上眼睛，向后靠在我沙发的垫子上，紧闭着嘴巴，这改变了她的呼吸，阻止了她的情绪流动。萨拉一直努力保持停留在当下，不要被糟糕的情绪吞噬。她关于愤怒的忏悔再次引起了焦虑。

“萨拉，你想要做什么？如果你不刻意压制的话，你的意象是什么？”我们对自己的冲动了解得越多，对它们感到越舒适，我们就越不会害怕它们，也就越不需要去阻断它们。

她畏缩了。我坚定而亲切地说：“萨拉，跟我待在一起！一切都会好起来的。”

她需要一次又一次，反复地体验如何表达愤怒才能让她感觉更好，而不是更糟，这样她的大脑才能形成新的更健康的联结。她需要到变化三角模型的底部，但是她却在防御和焦虑之间来回跳动。

我继续问："愤怒想要做什么？"

她仍然沉默着。

我又问："一切都很好。愤怒想对我做什么？让我们为你做这个！"

"它想要冷落你或者别的什么，比如不跟你说话。"她说道。

"太好了！"我说。她点头同意，眼睛仍然闭着，害怕看到我的反应。她无意识的大脑仍然搞不清楚，我是否会像她母亲那样愤怒地回应她，还是像我一贯的那样，以友善和慈爱回应她。

"冷落我是你回避愤怒的一种方式，如果你不冷落我，那么愤怒现在想对我说什么或者做什么呢？在你的意象里，让愤怒的冲动冲着我出来吧。"

知道我们的愤怒冲动想要对伤害和激怒我们的人做什么或者说什么，然后用想象在意象中表达愤怒，是释放被压抑的情绪的一种主要方式，也是处理愤怒的健康方式。

她努力想去分享什么，所以我说："我知道，即使你向我表达愤怒，你也会深切地关心我，希望我不抛弃你。即使你感觉到并向我展示你的愤怒，我仍然想与你保持联结。所以我们可以一起向这重要的愤怒表达我们的敬意。"

这有助于增强她分享的信心。"好的。我想也许它想起身离开。"

她在努力，我为她感到骄傲。然而，这是她聪明的潜意识避免直接处理她的愤怒的另一种方式。离开是她对愤怒的另一种防御。

“是的！但离开是一种避免愤怒或者说不去应对愤怒的方式。”我解释道。

萨拉内部的愤怒是如此之大。当她的创伤形成时，她还很幼小，所以我想象萨拉的愤怒源于她婴儿的或幼儿的那一部分。如果你曾见过一个愤怒的婴儿或幼儿，你可能会回想起她那副可怜的愤怒表情，以及整个身体扭曲的样子。对一个婴儿或幼儿来说，愤怒是巨大的和淹没性的，特别是当他们需要独自面对这些愤怒时。

这就是萨拉的愤怒感觉起来的样子，让她害怕。萨拉感觉到她婴儿部分的愤怒，加上从那以后她一直阻止的愤怒——这种感觉和能量让人感到难以忍受。所以，当萨拉纠结于是否相信她的愤怒不会毁掉我们两人时，她的焦虑上升了。变化三角模型预测：如果停止使用保护机制，你就会感到更脆弱，并且可以预测，你的焦虑会上升。然后，当没有什么坏事情发生，而是你有一种新的积极体验的时候，大脑就会重新建立起一个新的、更贴近现实的程序，特别是当这样的体验一次次重复时。

当萨拉的焦虑上升时，我用各种技巧帮助她平静下来，从呼吸到谈论电视。一般来说，通过和一个安全、可以对之把自己的感受和盘托出的人保持联结，可以使焦虑平静下来。

如何降低与他人发生冲突时的焦虑情绪

1. 休息一下，承诺在一方或双方重新平静下来，并建立更多的联结后再完成谈话。

2. 一起练习腹式呼吸。

3. 谈论一些不同的、轻松愉快的事情。

4. 拥抱彼此，提醒自己你们曾拥有过的美好的时光，你们会渡过难关的。

自己处理焦虑的方法

1. 把你所有的注意力都放在脚底上，这样你的头脑就会清醒过来。感受脚下的土地。

2. 练习腹式呼吸。

3. 去外面散步，观察外部的景象。命名三种颜色、三种声音、三种事物的质地。

4. 提醒自己，你现在很焦虑，因此，在你平静之前，现在不是对未来下结论的好时机。

5. 提醒自己，你很焦虑，但焦虑感只是暂时的。

6. 专注于焦虑的身体感受，带着同情和好奇，不加评判，直到它们消退。当你集中注意力的时候，记得深呼吸。

7. 想象一个平静的地方或者一个让你感到自信的时刻。

8. 想象一些能够抚慰人的事情，比如美妙的音乐、温热的阳光照在你的皮肤上，或是被拥抱。

9. 做一些运动，比如慢跑或瑜伽，或者去健身房。

“别忘了呼吸，”我说，“你能让自己感受到愤怒，看看它想要做什么吗？”

“我猜它可能会对你大吼大叫。”她最后说。

万岁！我对自己喊道，她明白了！她和我待在一起，表达了她的愤怒。这对萨拉的心理健康来说是一个重要的里程碑。

“它想喊什么？用你感受到的全部力量想象它。你可以想象它的内部，或者和我大声分享，无论怎样都行，只要能让你感觉更好就行。”我想让萨拉意识到她的愤怒(原始的情绪，而不是理性的自我)想要对我做什么，这将有助于她适应自己的自然冲动。谈论我们的冲动不会伤害别人，分享她的愤怒想对我做什么也不会伤害我，只有带着冲动草率行事才会造成伤害。

“我想它会说，‘我很生气你今天提出这件事，因为你要离开，并且……’”她停了下来。

如果你还记得，实际上是萨拉在会谈开始的时候提出了这个话题：“关于昨天的事我很抱歉。你会因为我没来会谈而生气吗？”这是一个很好的例子，说明我们内在的部分并不一定会彼此交流。我们希望在我们大脑的不同部分之间培养觉察和沟通，这样大脑才能发挥最佳的功能。在那一刻，我选择不让萨拉注意到这件事。

“和我待在一起，萨拉。你做得很好！还有什么？还有什么？很好！”我带着活力和热情说道，以支持她的愤怒。“我今天提起这件事你一定很生气，因为我要走了。”我重复道。

她现在笑了，而且笑容满面。这是治疗过程中的转化。一些伤害性的东西现在可以被消化，甚至还会是有趣的。

“还有什么？”我问道。

“啊，没什么。”她说，同时往她的右下方看，从这个动作中，我共情到了她的尴尬。

我等着她更多地分享。

“我猜……我不知道。我指的是提高费用的事……你知道，我通常会忘记这种事，但你提醒了我，我为此付钱给你。我有点生气，因为这个提醒是不愉快的。”

“是的。还有什么？你做得很好，我知道这很难。我很高兴你告诉我这让你很生气。”她点头表示同意。“还有吗？我真的想给你一个机会来让你表达所有的愤怒。”

“这可能是愤怒的原因。但我也担心你告诉我，我不应该再来这里了。你知道的，就像你在尝试摆脱我？”她努力想把这些表达出来。我注意到她的眼睛又闭上了，呼吸变得费力，而且很浅。每次她谈到她的担忧时，我都能看到她的恐惧。

“听起来你好像有个问题要问我。你可以直接问我吗？”我想让她练习直接、果断。

“你是想摆脱我，让我不再来了吗？”她直截了当，大胆地问。

“你要我直接回答吗？”我请求她允许，好让她有勇气和意愿知道我的真实想法。

“是的。”萨拉说。

“我绝对不会中断你的治疗，”我保证道，“我喜欢见到你，萨拉，无论怎样，我都不想把你赶出去。”

“你有想让我一周只进行一次会谈的想法吗？”很好，她在没有任何推动的情况下，又提出了一个直接的问题。

“不，”我说，“但是，我真的很想讨论一下你来参加一次会谈而付两次费这件事。”

她听了笑了笑，放松了一点。

“好吧，我想我能处理了。”她笑了。

当“消极”的情感被处理时，“好”的感觉往往更容易出现。她现在看到的是我，她可以推断出我的真实意图。在那一刻，我不再是她的母亲了。往日的场景不见了。

“现在我又担心了。”她说。她靠在沙发上，双手捂住脸。

伴随着核心情感的感受，她碰触了变化三角模型的底边，这让她又跳回了变化三角模型的焦虑点。坦诚的分享触发了她旧的神经网络，因此她的焦虑再次上升，以回应预期中她母亲的形象的闪回——一个住在她头脑中的母亲。

我说：“等等！等等！发生什么事情了？不要走开。一切都很好。发生了什么事？我们能不能倒回去，回到刚才，你再次感到不知所措之前，注意一下发生了什么吗？”我想让她意识到，迄今为止她所有的无意识的触发因素。一旦她能够意识到，她的神经系统就可以通过告诉她的大脑“过去的已经结束，现在的她是安全的”，从而使她得到放松。

我问：“你有没有注意到，你想和我分享，这样的想法和感觉让你有多么害怕？你的想法和感觉不会威胁到我。只要我们可以谈论它们，我就可以澄清和分享我的想法和感觉。这就是健康的人际关系的样子。”

她直视我，我们的目光交织在一起。“你太好了。”她告诉我。

“我只是没那么糟糕。”我说。我那滑稽、自嘲的语气引起了她的笑声。她侧着身子躺在沙发上，两脚还在地板上。她依偎在我沙发上的软枕上，像她经常做的那样。

她时而精神抖擞地坐起来，时而像婴儿一样瘫在那儿，时而依偎在沙发软枕上以确保安全。每次她从消沉中恢复过来，坐起身来，她都微笑着，看上去更有活力、更平静。在表达完核心情感之后的短暂时刻，她都处于一种平静安宁的内心开放状态。然后，其他一些事情会触发她，她会回到变化三角模型中的焦虑或防御的位置。但每当我们上上下下地回旋时，她的大脑都会活跃起来，从而建立新的联结。

萨拉经常认为我是世界上唯一有能力理解她或善待她的人。我要提醒她，世界上有千百万善良、善解人意的人可以和她成为朋友。不过，她必须花时间和精力去了解潜在的朋友，看看他们是否友善和通情达理。如果她遇到对她不好的人，她就再也不用联系那个人了。许多人，尤其是那些不觉得有资格设定界限的人，忘记了他们有力量拒绝对他们不利的事情。

现在她感到更加放松，并处于当下，我想让我们一起反思一下，在她挣扎着留在当下的时候，她的内心发生了什么。

“当你如此害怕时会发生什么？”

“所有的一切都变得乱七八糟，令人困惑。我认为这是一种被拒绝的感觉，尽管不是你真的拒绝了我，但感觉就是这样的。”她说。

“你感觉到被拒绝的那个部分从我这里听到了什么？我们可不可以确认它？”

萨拉解释说：“我什么也没听到。这完全是恐慌，我刚刚关闭了自己。”

当人们感到愤怒时，防御性地关闭自己是很常见的。这种关闭的反应可以保护他们的内在不被淹没性的情感压倒，也不会让无法处理他们愤怒情感的照顾者心烦意乱。我的理解是，对于萨拉来说，关闭是一种极端的羞耻、内疚和焦虑的情感表达，这些极端情感是由于母亲对萨拉非常不好而引发的。她的愤怒、恐惧和悲伤这些核心情感被这些抑制性情感掩盖，既保护萨拉免于面对她母亲的愤怒，又通过取悦母亲使她们之间的联结最大化。

“你认为你年幼的那部分对我发火了，这吓坏了你的其他部分，是吗？可能是这样的吗？”

“是的，这完全可能。”她微笑着点头表示同意，这表明我走对了方向。

对于萨拉和所有遭受童年创伤的人来说，我们希望大脑在没有危险的时候停止发出危险信号。这将使身体保持冷静和开放，而且这种状态也会带来适应性的益处，比如清晰的思维。

“有没有什么方法可以让你进入你年幼的部分，使你能感觉到她的年龄以及她现在的体验？”

她向内聚焦了几秒钟。“她三岁了，很生气，想把你推开，但又非常需要你，需要你需要得要命。”

与她的愤怒联结，就像是真有一个三岁孩子从过去走来，让现在的成年萨拉听到她三岁时的声音，安慰三岁的萨拉，和她说话，也许最重要的是，给她同情。相反，当年幼的部分压倒现在的我们时，他们会吓到我们，让我们感到失控。

利用精神的力量，一个人可以努力将他自己孩子的部分分离出来，并确实能看到他们，识别他们的年龄和衣着，以及他们在哪里等。所想象出的部分使得这个部分与此时此刻的开放自我进行交流。当我们年幼的部分与我们当下的自我相互吞没时，通往内心开放状态的途径就会被它们掩盖。

如果自我和年轻的、受创伤的部分不能分离，自我就失去了与之交谈的能力，也失去了帮助这部分平静下来的能力。在治疗过程中，我通常能分辨出这样的部分何时显露了出来，因为我的患者在外表上、行为举止上或听起来更年幼。她可能会改变姿势，玩弄头发，或者用年幼的声音说话。有些人喜欢待在自己孩子的部分，与这部分分离总会使他们觉得不对劲。但是最好的办法是，把你年幼的部分和当下的自我分开，以便帮助你变得更自信、更有韧性，并拥有更健康的人际关系。

在我们的谈话中，我确认了萨拉三岁时的角色，并坚持说她可以按她所希望的尽可能地推开我，而且我不会离去。

“好吧！”萨拉微笑着点了点头。然后她闭上眼睛和她三岁的部分交流，这是她在我们的会谈中多次练习过的。

“三岁的萨拉完全有理由生气。”我说。

通过这个练习，她获得了更多的洞察和证据，表明她从孩提时代就开始接触过去的感受。她觉得此时此刻更安全了，因为很明显，这场冲突与我无关——在她头脑里，这是一个三岁的孩子，与母亲有关。多年来，这个孩子的部分一直通过避免冲突来控制她的生活。与三岁大的她分开，并让她说话，将权力转移给了她的成年自我。她了解自己能够应付冲突。我们大多数人都看不到这样一个事实：我们正无意识地被童年时期的恐惧、愤怒、悲伤、焦虑和羞耻的状态劫持，而在当前，这些状态正控制着我们，产生负面的感觉和行为。

我们可以在另一个变化三角模型中画出这个图，呈现出孩子的部分与她自己的核心情感、抑制性情感和防御。

当萨拉与她的孩子的部分离得远一些，能从更远的视角去观察时，她就能放松下来，并且有更多的机会接触到她当下的内心开放的自我，这个内心开放的自我的特点是：平静、好奇、联结、富有同情心、自信、勇敢和清晰。

她继续说："但是这个孩子也想被抱起来。"

"那么你能找到一种方式去想象这样吗？"我想让萨拉用幻想来治愈她过去的创伤，"现在，当你看着自己三岁的那部分时，能想象自己是一个慈爱的母亲吗？看看你是否能感觉到什么对那个年幼的部分是对的，同时对当下的你来说也是对的。"

她闭上眼睛，专注于内在片刻，然后说："我告诉她，对希拉里生气是可以的，你爱她并且不会抛弃她。"

我问她："她能接受吗？还是这些话对她来说太成熟了？"

萨拉点头表示同意。"她懂一点儿。这很难。她不想被人抱着，"萨拉又趴在我的沙发上，依偎着我的软枕说，"我很高兴你能理解。"

"我真的能理解。"我回答。

随着我们工作的推进，萨拉年幼的部分变得越来越平静。她们的恐惧和令人绝望的渴求减退了。因此，萨拉在跟我的会谈中更加自由地维护自己的主张。她不再处于冻僵状态。她让我知道她喜欢什么，不喜欢什么。在日常生活中，萨拉开始在朋友和同事面前表现得更加坚定，对自己的生活也有了更多的掌控。

我们都有创伤

告诉我你害怕什么，我会告诉你发生了什么。

——D. W. 温尼科特（D.W.Winnicott）

弗兰的故事说明了强烈的情绪和孤独感如何导致创伤。出于许多原因，弗兰没有足够的内部或外部资源让她的悲悼慢慢过去。相反，弗兰的大脑阻断了它——她的悲伤在当时对她来说太巨大了。她父母的突然死亡是一个巨大的创伤（我们称之为“大 T 创伤”），这意味着她经历了一个重大的灾难性事件，影响了她几十年。

其他大 T 创伤包括，强奸、战争、意外事故、自然灾害、身体和性虐待，以及目击或成为犯罪的受害者。还有另一种类型的创伤，被专业助人者称为小 t 创伤。它是由反复出现的、有时看似无关紧要的事件造成的，这些事件随着时间的推移逐渐积累，最终导致患者出现创伤后应激症状。我们都有一定程度的小 t 创伤，也都有能力从小 t 创伤中恢复。

萨拉的故事围绕着小 t 创伤展开。在我见到她之前，萨拉认为她的成长经历很正常，也相信她的母亲吼她实际上对她有好处。萨拉认为，如果不是有人吼她，她就不能成为一个好人。这是一个很好的例子，说明了创伤是如何导致对自己的错误信念的，以及无论多么微小的虐待和情感忽视是如何导致羞耻的。萨拉持续在情感上打击自己，这基本上是她母亲对待她的方式的延续，当我建议她不要这样做时，她对我这个建议不予理会，因为她担心如果不坚持那些苛刻的标准，她就会变成一个糟糕的人。

小 t 创伤

许多事件可以导致小 t 创伤，包括：

- 情感缺乏；
- 眼神交流不足；
- 缺乏情绪理解；
- 情感虐待，如被大吼、被骂、被操纵、被利用、被威胁要被抛弃等；
- 被父母、兄弟姐妹、同龄人或其他人欺负；
- 被忽略；
- 父母专横；
- 被过度关注（被干扰），过度刺激；
- 在学校失败；
- 失去工作；
- 感觉自己无法达到父母的标准或无法比肩兄弟姐妹的成就，如成绩不好、不擅长运动、不够外向、不擅长社交；
- 因任何原因而感到“不同”或孤独，包括但不限于性别、精神或身体残疾、精神或身体疾病、性取向、学习障碍、体型、体重、社会经济地位、文化问题等；
- 搬家；
- 离婚；
- 父母再婚；

- 混合家庭[①]；
- 不忠实；
- 收养孩子或生育孩子；
- 被领养；
- 与家人发生冲突或疏远；
- 法律纠纷；
- 身体或精神疾病；
- 身体伤害；
- 父母、兄弟姐妹或家人生病或有家庭成员死亡；
- 父母中有人因为犯罪而被监禁；
- 被监禁；
- 家庭成员中有人有毒瘾；
- 父母中有人抑郁；
- 父母有精神创伤、精神疾病或人格障碍（如自恋型人格障碍或边缘型人格障碍）；
- 贫困；
- 压迫；
- 种族主义；
- 歧视女性；
- 成为遭到偏见或被评判的目标；
- 移民；
- 无法满足社会期望（宗教的、社区的）；
- 以上未被提及的关于你自己的小t创伤：______________。

① 指有继父或继母的家庭。——译者注

由于每个人的生活经历不同，大多数人都在某种尺度上形成了小 t 创伤。小 t 创伤通常在表面正常的生活之下，被隐藏或未被确认。小 t 创伤是由情感虐待引起的，也可能是由于疏忽而引起的——既微妙又明显。当家里有新的孩子出生时，之前出生的孩子可能会被忽视。如果家庭中有一个患有残疾或疾病、需要额外关注的孩子，那么家庭里其他“容易型”的孩子也可能会被忽视。小 t 创伤通常是由于我们没有被充分地照料、回应、看到、关心、保护或拯救，而出现的更细微的伤害。换句话说，小 t 创伤源于一种主观的痛苦感和伤害感。即便你的父母、兄弟姐妹、亲戚、老师等人都是善意的，或者你看上去得到了关心和爱，这些都无关紧要。

婴儿和儿童特别容易受到小 t 创伤。他们的大脑还不成熟，还不够理性。婴儿抚慰自己和让自己平静的能力非常有限，很容易被情绪淹没。年幼的大脑对伤害和不适反应强烈。例如，如果婴儿的一个照料者让他长时间坐在脏尿布里，这个婴儿就会感到不舒服和不安。婴儿哭着要引起别人的注意。如果没有人来，婴儿的情绪就会增强，需要防御来应对。婴儿在变化三角模型中向上移动，而不是向下移动，从核心情感到达焦虑极，通过焦虑极之后发展防御。如果没有人来抚慰婴儿，婴儿就会形成一种类似分裂的防御方式，以应对压倒性的情绪。然而，如果照顾者安抚了婴儿的哭喊，婴儿就会回到平静的状态，不会产生防御。

的确，有些婴儿和儿童无法被安抚。尽管有能够提供情感支持的父母，但由于存在性格和遗传方面的因素，孩子也可能是无法被安慰的或经常发脾气的。有关这种没有所谓“正确”答案的事情，对所有人来说都是痛苦和挑战性的环境。

如果你是一位家长，阅读本书会让你发现自己的处境和我在上述内容中描述的相同，那么我既想鼓励你不要陷入自责或责怪别人的境地，又不希望让你感到内疚。我最想让你认同你自己的童年和你可能经历过的小 t 创伤。作为父母，我们都在我们自己的境况之中尽了最大努力。我希望你能够利用这些信息获得希望，治愈旧的创伤，并在你和孩子的生活中预防新的创伤。

小 t 创伤经历和大 T 创伤一样，也会留下印记，因为它们会唤醒一些难以控制的强烈情绪，尤其是在我们年幼和脆弱的时候。萨拉一想到她会使我不高兴，就会陷入惊恐的冻僵状态。当我让我的患者尝试用语言表达他们在治疗过程中出现的情感和身体体验时，他们描述的现象包括：像一个黑洞；一片空白；进入被改变的状态；头晕目眩；感觉麻木；从身体里出来；还有其他令人不安的感觉。这些奇怪的感觉都是早期或大或小的创伤留下的疤痕。他们可以通过变化三角模型获得治愈：移除防御；平静焦虑、羞耻和内疚；处理核心情感，以使身体恢复到自然的稳定放松（平衡）状态。

我的患者马丁出生于一个富裕的家庭，他的父母都是精力充沛的律师。他们爱他，但对他缺少兴趣。马丁需要更多的关注，比他们所给他的还要多。情感上的疏忽使马丁发展出羞愧以及“肯定是自己有什么不对”的信念。羞耻之下是愤怒和悲伤的核心情感。

斯蒂芬妮在儿时，常被哥哥和姐姐欺负，因此她曾多次被恐惧和愤怒淹没。这种恐惧和愤怒最终隐藏在焦虑和这样一种信念之下——家不可能是一个安全的地方。

布鲁斯的母亲是个瞧不起别人的女人，她让布鲁斯觉得自己毁了她的一生。布鲁斯觉得母亲恨他。为了使他感觉更好，他需要体验自己被羞耻和焦虑所防御的厌恶、愤怒和悲伤。

玛丽亚上二年级时的老师非常刻薄。她公开指出学生们的失败，并随意地给予他们严厉的惩罚。玛丽亚害怕上学。当没有人认真对待她的恐惧时，她用分离的方式掩盖她的恐惧。

康尼是同性恋者和变性人，使用中立性别代词如他们 / 他们的[①]。多年来，康尼一直在暗中割伤自己。割伤既是症状，也是防御。他们觉得自己的性别及认同混乱，与身边的人不一样，这种感觉带来了巨大的羞耻、焦虑、愤怒和恐惧，他们通过割伤自己来回避这种淹没性的混合情绪。

迈克尔是家里三个孩子中最小的一个，患有轻微的抽动秽语综合征（tourette syndrome）。他记得在童年的大部分时间里，他都感到害怕和孤独；他觉得自己和他的兄弟姐妹，以及与班上的其他孩子都是隔离的。从青少年期起，他就开始使用药物来“治疗”或麻痹他的恐惧。

玛丽的父亲曾因为她和她的姐妹犯了像打破盘子这样的小过错而羞辱她们，她有小 t 创伤的症状。现在玛丽和她的男朋友住在

① 在英文词语中，they、them、theirs 没有性别之分。——译者注

一起，如果她犯了一些小错误，比如忘记做一件事，或者更糟糕的是，如果她打碎了一个玻璃杯之类的东西——甚至哪怕只是一想到这些，她就会害怕受到严重的羞辱，并感到恐慌。玛丽的男朋友不明白玛丽为什么这么紧张，甚至不跟他说话，因为他根本不在乎盘子会不会碎。玛丽在那些时刻不能说话，因为她害怕得僵住了。

那些因为过去的创伤和童年的不幸而遭受痛苦的人没有过错，也不应该受到责备。创伤的症状并不是软弱的表现，而是一种对我们的人性和生物性的提醒。

觉察是治愈所有创伤的先决条件

如果把我们经历的各个方面分割开来（就像弗兰分离有关她父母去世的悲伤和萨拉掩盖愤怒的方式一样），我们就会发现，最初的情绪常常被遗忘，然而神经网络仍然像一根带电的电线一样起着作用，那时的情绪能量仍然停留在大脑中。当大脑中被分离的网络看到环境中熟悉的东西时，代表创伤部分的神经网络就会被激活。过去发生的事情感觉起来就像再次发生在当下。这些被遗忘的时刻可能会继续影响你的生活，但是没有必要为了治愈而去挖掘丢失很久的记忆。必要的是，了解其留下的情绪印象，并用变化三角模型来处理这些情绪。

我们经常听到退伍军人遭受创伤后应激障碍（PTSD）的闪回。一辆汽车的回火声会触发恐惧的部分，让老兵们感觉好像听到了枪声。老兵会觉得自己处于危险之中，尽管实际上他是安全的。创伤治疗的目标之一是，帮助一个人在安全的时候感到安全。

如果我们要从创伤、抑郁、焦虑和其他心理症状中痊愈，就必须学会觉察情绪和身体的反应。

通过冥想或简单地把脚放在地板上来进行深呼吸，留出时间与自己在一起，有助于培养平静和觉察。通过这些时间，你会有如下体验：

- 从注意思想过渡到注意感觉和感受；
- 从思考过去、担心/预测未来转变为活在当下；
- 转换到完全活在当下并与你的身体相联结；
- 转换到慢下来的觉察状态。

所有这些转换都有助于你更容易地监控你的内在世界，并使你能够处理变化三角模型。随着时间的推移和练习，你只需要更少的准备就能更好地注意到你的内在世界。

觉察有两种方式。一种是对你自己状态的整体认识。如果你问自己"我怎么样"，就会倾向于注意你的一般状态："我很好"或者"我筋疲力尽"。另一种是更加专注的觉察。专注的觉察是，你把所有的注意力都集中在某种特殊的感觉上，并观察这种感觉。它要求你对自己以及你所注意到的一切，都保留一种根本的同情和好奇——没有评判。集中注意需要安静、平静、耐心，以及不预设即将发生什么的意愿。因此，你需要勇气和信心去观察一种感觉，让它自然地显现出来。记住，这只是一种感觉——它不会杀了我们，尽管它可能会让我们非常不舒服。如果你没有这样的信心，那就让一个值得信赖的伙伴陪在你身边，让这些感觉显现出来。当有什么发生时，你可以谈论和分享你所观察到的。熟悉情绪的表现方式既可以去神秘化，又可以帮助我们减少恐惧，从而让我们开启新的情绪体验。

创伤与变化三角模型之间的关系

创伤会唤醒强烈的情绪。痛苦的经历是生活的一部分，大多数人都会度过这个阶段，不会留下伤痕。然而，当我们缺乏必要的资源，比如一个平静、有安全感的人来安慰和支持我们时，大脑就会采用防御来应对。我们可能会受创伤性症状的折磨，如抑郁、广泛性焦虑、低自尊等。

在一些情况下，例如我们重复一些错误，总是做出糟糕的选择，使用自我破坏性的方式行动，不能与他人相处，或无法发挥自己的潜能时，小t创伤能为我们的困境或强迫性重复的行为提供一个可能的解释：旧的神经网络可能会为我们的选择和行动带来无意识的消极影响。

当你发现自己正在使用一种防御，或者你感觉到内心的某些东西让你退缩，或阻碍了你的蓬勃发展时，你可以借助变化三角模型去发现并治愈这些情况背后的原初的创伤。

依恋：与生俱来的联结

无论出于什么原因，幼小的孩子被剥夺了母亲或母亲替代者的持续关怀和照顾，不仅会短期受困于这种剥夺，而且在某些情况下还可能遭受持续的长期影响。

——约翰·鲍尔比（John Bowlby）

尽管我一再保证，为什么萨拉还是难以相信她和我在一起是安全的？我们在童年时受到的对待，是影响我们与其他人建立安全联结能力的主要因素。这种联系模式是在婴儿早期和整个童年时期建立起来的。记住，那些被一起激活的神经元连接在一起。我们先前与他人在一起的经验，告诉了我们未来可以对他人持有什么样的期望。我们对他人的期望，我们认为他人能够和不能够提供的东西，对我们在当前的成人关系中如何思考和行为有着巨大的影响。大脑中的所有联系都是无意识的；我们甚至没有意识到我们的过去正在影响着我们。我们将我们的假设视为现实，但它们并不是现实。我们只是透过自己独一无二的眼睛来看待生活。

由于萨拉的母亲经常吼她，因此萨拉的大脑现在会预期所有人都会吼她。她的母亲期望萨拉满足她的情感需求，所以现在萨拉认为在所有的关系中，预期和满足情感需求都是她的任务。尽管从理智上讲，萨拉可能明白这是完全不合理的预期，但她的大脑告诉她，她必须把别人放在第一位，否则糟糕的事情就会发生——因为，和她的母亲在一起时确实如此！尽管她的意识可能会有不同的想法，但她的大脑是与她的过去相联系的。

人类天生就是社会性的，我们需要其他人以维持生存。我们被驱动去寻找和靠近那些关心我们的人。在理想的情况下，我们的照顾者是容易接近的，当我们感到痛苦时，他们能够接近并安慰我们。当照顾者能够分享他们的喜悦和兴奋时，婴儿和儿童表现得很好。当婴儿表达核心情感时，照顾者通常会以确认的方式做出反应，情感就会流动，精神健康也会得到加强。相反，当一个孩子表达一种核心情感，却被照顾者拒绝时，抑制性情感和防御就会被激活，因为孩子会阻止他的情感表达以取悦他的照顾者。

依恋理论是由约翰·鲍尔比在20世纪50年代提出的，解释了我们最紧密的环境和早期的关系是如何培养或破坏我们处于发展中的能力的——与他人建立联系、依恋和感到安全的能力。当照顾者能够合理地满足我们对食物、身体舒适和情感联系的需求时，我们就会感到安全。当周围的人善良、敏感、鼓励、同情和值得信赖时，婴儿和儿童会感到安全和可靠。当婴儿/儿童感到安全和可靠时，他们会努力，承担风险，自信地探索他们周围的世界。有了一个可返回的安全基地，孩子们可以在他们不可阻挡的能量和激情的推动下，自由地投入生活。

有安全感的孩子将成长为有安全感的成年人，他们能够与他人形成满意的依恋关系。相反地，当照顾者不能满足孩子的需要时，这个孩子就会知道自己不能依赖他人来寻求安慰和帮助，从而产生如恐惧、愤怒、悲伤和厌恶等核心情感。更糟糕的是，当孩子经历这些情感时，他们需要照顾者的安慰和抚慰。当照顾者不能提供抚慰时，孩子就只能独自应对，焦虑和羞耻随之产生，代表危险、孤独和无价值。核心情感和抑制性情感的结合对孩子来说太沉重了。大脑必须控制这种感觉，避免被淹没，于是就把它分隔到意识之外，以保护大脑和自己与照顾者之间的联系。这为小t创伤的产生以及创伤部分的出现奠定了基础。当我见到萨拉时，她感觉不到自己的愤怒。她的愤怒与她的自我完全分离。她所知道的只是焦虑和对自己感觉不好。

没有照顾者抚慰的孩子可以独自适应，用防御方式来帮助自己应对，但他们无法茁壮成长。孩子的大脑处理孤独和压倒性情感的方式会导致防御和小t创伤。

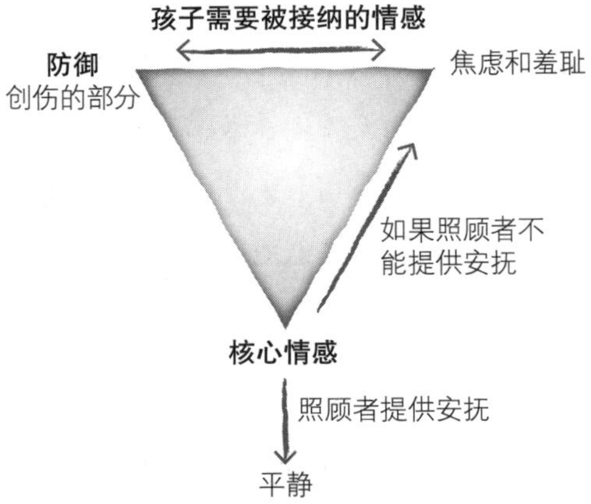

从变化三角模型的视角来看，由于缺乏关爱，孩子会感到焦虑和羞耻，这使得他们无法处理核心情感。

原本用于探索世界的能量现在必须转向内部。孩子存活了下来，但付出了代价。像萨拉这样由不可靠的照顾者照顾的孩子们，在他们成年后，大脑会告诉他们不要依赖和信任别人。和萨拉一样，这些成年人倾向于在亲密关系中感到痛苦，出现问题，更不用说他们更高水平的焦虑和抑郁了。

研究人员玛丽·梅恩（Mary Main）通过实验，观察了父母将孩子们留在一个模拟的游戏室里一段时间后再返回时这些孩子们的反应。这项名为“陌生情境测验”（strange situation protocol）的研究表明，儿童和成人有两种主要的依恋类型：安全型和不安全型。梅恩又将不安全型分为三个子类别：黏附型（clinging）、回避型（avoidant）和混乱型（disorganized，黏附型和回避型的组合）。这些习得的应对模式在孩子成长过程中一直存留，并影响了他与别人的交往。

这些不同类型的人会以特定的方式描述他们的人际关系经历。

> **安全型**：我不需要依靠别人，但我也很享受亲密。我想要相互依赖的关系。我通常都能感到被爱和被接受。表达自己的情绪，或者为需要的人提供安慰，这些都让我感到舒服。

因为安全感能促进探索和拓展，所以安全型依恋的人在工作和爱情中都能表现得很好，在不可避免的逆境中也能表现得很坚强。

> **黏附型**：我过于依赖。我想要非常亲密。我依附于关系。我经常发现，即使是违背自己的愿望和需要，我也会不惜一切

代价避免被抛弃。我沉浸于我的关系中。

那些黏附的人不惜一切代价避免被抛弃，以至于他们常常不分青红皂白地选择伴侣。这就像他们无法平静下来，客观地评估他们伴侣的行为是不是真的对他们友善和健康一样。处于这种依恋类别的人在这个过程中往往会失去自我意识。他们有关系，但没有得到满足。他们的工作和爱情生活都很痛苦，因为他们的主要目标是取悦别人。他们往往难以确认自己的需求。

回避型：我对亲密感到不舒服。我宁愿撤回到自身和自己的兴趣中。我善于筑起围墙，保护自己不受他人伤害。我过于独立，远离任何人；我不需要别人。我经常显得有距离感。分享感受让我觉得不舒服。

这种风格与黏附型相反。回避型的人会在生理上感到焦躁不安，即使他们看起来很平静。当我第一次见到弗兰时，她的依恋风格是回避型的。这些人在人际关系中不依赖他人。他们不指望其他人提供舒适和照顾。他们的爱情生活缺乏深度，但他们往往在工作中表现优秀——感觉这是一个可以倾注精力的安全场所。

混乱型：我陷入了孤独和绝望的可怕状态。我迷失了自我。我有时不知道自己是谁，感觉自己正在消失。我想避开别人，当我靠近他们的时候，他们会吓到我。我不值得拥有一种充满爱和关心的关系。有时我想伤害别人或自己。我感到受伤和破碎。虽然我渴望亲近，但我害怕被别人伤害。

最后一种类型与严重的创伤性症状最为相关。当一个孩子极度害怕其父母时，就会遭遇我们可以想象得到的最糟糕的困境，这时就会形成这种依恋风格。

你可能想知道，一个孩子怎么能同时做到既黏附又回避？梅恩描述了一些奇怪的行为，比如一个孩子向父母走去。想象孩子第一次回到父母身边的画面；它深刻而生动地展示了这个孩子既想要又害怕父母的两难处境。这些人在工作和恋爱中挣扎，因为他们在社交场合经历了严重的焦虑。我第一次见到萨拉时，她最符合这种风格。

孩子需要在情感上感到安全，才能成长和蓬勃发展，成人也是这样！我在伴侣面前感到安全，是因为我相信他会善待我。我相信当我需要时，他会让我得到益处。我相信我的伴侣会在我需要的时候陪伴着我。为了感到安全，我需要始终如一的爱（在合理的范围内），我需要相信我的伴侣认为我有价值，当我需要的时候，他会是我的支持者。我必须相信我的伴侣不会故意抛弃我或伤害我。

可悲的是，许多人没有这种关系。缺乏安全感会产生许多方面的后果。别人对我们的爱和接受程度与我们对自己的爱和接受程度直接相关。如果我们在感觉不好的时候很少或没有得到同情，我们就会对自己内心的痛苦很少或没有同情。如果我们因为照顾者不尊重我们身体或情感的界限，或者他们要求与我们太亲近或太遥远，而不得不把他们阻断在我们的内心之外，那么反过来，我们也很难让别人走进我们的内心，因为我们害怕这种情况再次发生。

童年时期的安全程度会影响神经系统的发育。部分原因是，当

婴儿 / 儿童经历着孤独的时候，他们的大脑在不安全的环境中会变得更容易受到创伤。

下面的内容可以帮助你了解哪个类别是安全的或不安全的，并确定你适合哪个类别。

1. 你是否充分使用了人类的人际关系所能提供的一切？如果没有，又有什么产生了妨碍呢？是你，还是别人？

2. 你觉得在别人面前有多封闭或多开放？是什么影响了你让别人介入你的程度，或者你被别人影响的程度？有什么行为可以帮助你敞开心扉，又有什么行为会让你关闭自己？

你如何回答这些问题可以帮助你了解，为了在你的内部和人际关系中创造更多的安全感，你需要什么。我和许多人一起工作，刚开始接受治疗时他们是不安全依恋型，但在我们工作结束时，他们成为获得性安全依恋 (earned secure) 型，即过去是不安全依恋类型，但成年后能够改变并成为安全依恋的依恋类型。

例如，在我和玛莎一起工作的第一年，她提醒我她想要最短的治疗。她对“像伍迪·艾伦（Woody Allen）那样在治疗中度过余生没有兴趣”。她需要我保证，只要她愿意，她可以随时停止治疗。她以前的治疗师会让她因为想停止治疗而感到内疚。玛莎被她的内疚感所困，不想再被我困住。而且，她先发制人地告诉我，不要和她分享任何有关我自己生活的事情。当我表现出对她的共情或任何积极的情绪时，她似乎有些畏缩。

在我们一起工作的最初，我的处理方式非常轻柔，我会确定并询问她所做的一些回避性的动作，但我从来没有过分地逼迫她，因为这只会激活她的防御。她需要和我保持距离才能感到安全。在那些感受到我们有更多联结的时刻，我问她感觉如何。她的回答总是矛盾的。她喜欢它，但又担心如果我们靠得太近，她会觉得有义务照顾我。我问她“靠近”对她意味着什么。玛莎说，她若是被我侵入就很危险。她需要在我们之间保持某种屏障。我问她是怎么做到的，她回答说：“的确就像是我们之间有一道墙，这让我觉得很舒服。”我们越是深入地谈论她和我在一起的经历，就越能清楚地看出，她做了多少工作来保护自己不被一些假定的侵入所伤害。当我问她是谁第一次闯入她的舒适区时，她毫不犹豫地回答：“我的母亲！”当有人不尊重我们的个人边界时，就会出现心理上的侵入，比如不接受否定的回答，或者有人不理解什么是健康的边界，因为他们从来没有经历过。

渐渐地，无论是筑起屏障还是打开屏障都可以更清楚地看到，我和玛莎都觉得更安全了。她需要看到什么？我明确表示不想侵入她。如果她说“不”，我就会顺从。如果我无意中走得太近，她会让我知道。她开始相信我能尊重她的界限。她注意到，我要求她也同样尊重我自己的界限作为回报。我们讨论了被人尊重的感觉，用语言来表达感到被尊重的身体体验——放松她的核心部分。我们处理了她对母亲的愤怒，因为她年少的部分没有得到尊重。然后，她开始相信其他人也可以尊重她的界限。她更加轻松地要求别人尊重她的界限。玛莎从回避型依恋转向了安全型依恋，现在属于获得性安全依恋。

为了变得安全，我们必须相信我们能够做到以下几点：

- 设置和执行界限；
- 要求我们想要或需要的；
- 处理所有关系所带来的意料之中的起伏。

每个人都可以学习新的技巧，以提高有效管理人际关系的能力。比如，在做出反应之前停顿一下的技巧，对我们被触发的情绪起源充满好奇，通过呼吸和接地练习使我们的情绪和反应平静下来，使用变化三角模型进行工作，学习其他方式来平静自己，这样我们可以仔细思考我们的关系是如何帮助或伤害我们的。最终目标是，自信和有效地沟通传达我们的愿望、需求、恐惧和界限。

我试着让萨拉在痛苦的时刻慢下来，当她被我们之间的冲突触发时，我教她集中注意。一旦她知道自己从小就被情绪强行控制，她就有了可以帮助自己的工具。她能通过调整呼吸使自己平静下来。她可以慢下来，识别出被触发的部分。她可以根据和我实际在一起的经历来提醒自己，有关我们关系的本质。她能理智地判断她在此刻的现实中是安全的，而不是像过去那样处于危险之中。她可以和她年轻的部分交谈，让她们知道她们是安全的，并且让她们平静下来。她越来越能保持她成年后的内心开放状态，在那里她可以同时看到我和她的年轻部分，让自己平静下来。对我们所有人来说都是如此：当我们被触发时，我们可以用情绪技巧使自己平静下来。我们越冷静，思考就会越理性，并深深扎根于当下的现实。我们可以区分过去和现在，并根据当前情境恰当地解决问题。

两个人既独立又相互依赖，是一种安全关系的标志。在人际关系中，相互依赖的人是平等的。彼此相互依存、相互独立地发挥作用。拥有相互依赖关系的人既认识到了自己的需要，也认识到了对方的需要，并努力使两者达到平衡。

如果你找到了一个你认为值得信赖的，并且在情感上可以依靠的人，你就会拥有一个机会。然而，你必须想要改变和成长。当你全身的每一根骨头——在过去的糟糕经历中做足了准备——都在警告你不要相信时，相信是需要勇气的。但你必须抓住机会才能成长。一个可靠的伴侣、朋友或治疗师就在那里，愿意与你谈论问题和冲突，并建立起沟通的桥梁。有安全感的人愿意修复他们所造成的任何伤害。在一段关系中，通过反复修补小的破裂和伤害，我们学会了越来越信任别人。在解决问题过程中出现小裂痕是正常的，但经受住它们的考验也是困难的。在我们的治疗过程中，萨拉和我的关系出现过很多裂痕。每次出现破裂，我都确保我们修补好了。我明确地让她知道，不管我怎样做，我的意图都是理解她，并与她保持联结。我运用任何人都可以在困难对话中使用的技巧。尽管这可能让人感觉不自然，但养成不断地修补因沟通不畅和信任失效而产生的小裂痕的习惯，最终会带来更多的信任和更强的亲密感。

练习 2：给予自己同情

正如依恋研究和理论告诉我们的那样，也正如我们的直觉所知，我们都需要被无条件地接受和爱，才能发挥最好的功能。我们必须学会以同样的方式与我们的痛苦建立联系：接受、安抚和善待自己，尤其是当我们受伤的时候。需要说明的是，我们不仅在悲伤或恐惧时感到受伤，在愤怒、厌恶或不安时也会感到受伤。即使我们在感到快乐、兴奋和为自己骄傲时，如果它也带来了焦虑或羞耻，那么有些人也会感到自己受到了伤害。

自我同情对大多数人来说并不容易。然而，那些同情和接纳自己的人会感觉更好。试想一下：当你感到心烦意乱的时候，你得到什么样的对待会感觉好一些呢？是理解、接纳和同情，还是苛责和评判？当我们感到安全、被看见和被接受时，大脑就会平静下来。

想想最近发生的，会让你产生强烈的情感的一件事或一段回忆，并把它写下来：______________________________

____

问问你自己，如果一个和你很要好的朋友经历了与你同样的事情，也和你有同样的感受，你会说些什么或做些什么来安抚他？在下面写下来。

____

____

一旦你获得了你想象中给予他人的同情，就试着将这种同情转向你自己内部，最近正在遭受痛苦的那部分。试着把你以上写的安慰的话告诉你受伤的那部分，让自己接受那种带着同情的无条件的许可。

深呼吸。运用想象力，吸入同情，呼出所有痛苦。注意你的身体和思想对此的反应。如果你觉得这个练习很有挑战性，那很好。这意味着你真的在做。自我同情是非常困难的！

写下两个词来描述你对这个尝试的反应（你的想法、感觉或任何你注意到的身体感觉）。许多人在接受自我同情时会感到温暖或更加放松。

1. ______________________________

2. ______________________________

练习3：自我安抚

我们必须不断练习处理自己的情绪，以接纳和爱的姿态去面对我们在内心发现的东西。

想象一下，安全而平静的父母安慰不安的孩子。母亲抱着孩子的方式可以让孩子安心地感受自己的情绪，并最终感觉更好一些。这些照顾者拥有孩子所缺乏的基本知识：

- 情绪是暂时的；
- 情绪不会杀死我们；
- 一个平静和可靠的照顾者可以帮助孩子缓解情绪反应。

你还记得你小时候，有人伤害了你的感情，或者让你把自己关闭起来，从而让你感到受伤或羞耻吗？发挥你的想象力，看看现在你的成年自我接近你的年幼自我，注意他的痛苦，以任何你觉得对的方式待在那里。也许你年轻的部分需要一个拥抱或者一些鼓励的话。认真倾听你年轻的部分。

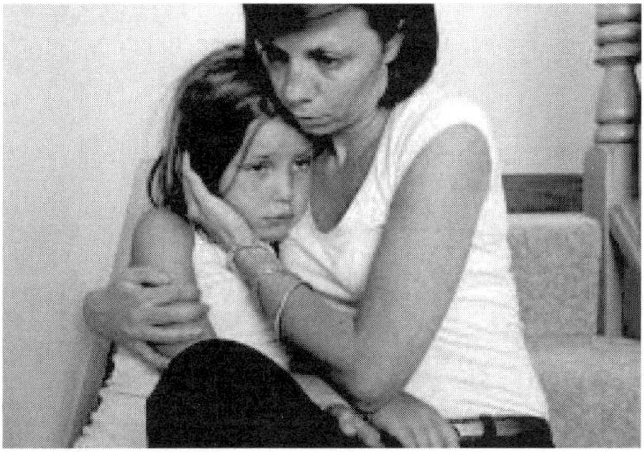

你不是在试图改变过去。过去的都已经过去了，你已经被伤害了。你不是在预防小 t 创伤，而是在治愈它。作为一个成年人，在经历了过去的苦难之后幸存下来，你可以为你的这一部分提供安慰和同情。你现在有了关于情绪的基本知识。我们的目标是利用你的想象力，给那些情绪痛苦的时刻带去同情和安全，无论它发生在多久以前。你正尝试与你被伤害的部分建立安全的联结，用你需要的方式对你被伤害的部分进行父母式的关爱。

以下几种方法可以让你给予自己的某些部分安抚：

- 交流；
- 言语的安慰；
- 拥抱；
- 用毯子包裹住自己；
- 进行眼神交流；
- 拍拍背部或肩膀；
- 喝一杯水或吃一些东西（如饼干和牛奶等）。

你能想出另外两种提供安慰的方法吗？

1. ____________________

2. ____________________

这个练习对你来说感觉怎么样？你能写下现在你注意到的关于自己内部的两件事吗？可以是思想、情绪或身体上的感觉。

1. ____________________

2. ____________________

IT´S NOT
ALWAYS
DEPRESSION

第4章

处理核心情感

核心情感是通向真实自我的内心开放状态的大门。

邦妮的愤怒

我收到了邦妮的语音邮件。邦妮是一位新患者，她解释说她想过来谈谈关于她父母离婚的一些事情。当我们在电话里交谈时，她告诉我她是一名25岁的研究生，在她读大学时，已经接受过两年的“定期”治疗了。她父母离婚的消息令她觉得非常意外。与此同时，邦妮还感到非常抑郁——她之前并不知道她的父母不快乐。她在中上层阶级家庭中以传统的方式被养大。她是家里唯一的孩子，在纽约郊区长大，她将自己描述为一个害羞的、不喜欢冲突的孩子。在我们的第一次通话中，她告诉我，她童年时会时不时地陷入抑郁，但这并未有损她在学校的正常生活。不过，她有时会出现社交退缩。

通话一周后，我们见了面。邦妮举止文雅。我和她打招呼时，她向我微笑，跟着我进了办公室。她环视了一下房间，看了看沙发，又看了看扶手椅，然后选了椅子——那是在我的办公室里可以坐着的、离我最远的椅子。我注意到了这一点，但并不清楚保持距离对她来说意味着什么。我注意到，她的姿势很“端庄得体”——她绷紧背部和腿部肌肉，坐得直直的。多年来我一直都坐那张椅子，我知道邦妮没有让自己放松。

在第一次见面时，患者感到紧张是很正常的。在不进行评判的情况下，我会从他们身上寻找焦虑的迹象并进行处理，从一开始就帮助我的患者感到更舒适。

意识到自己的身体在空间中的情况，有助于阐明有关我们的欲望、需求、创伤和关系的故事。例如，想想那些自我感觉良好的人的典型姿势，与那些常常萎靡不振的人进行对比：前者通常站得又直又高；后者的身体姿态就好像试图隐藏自己或让自己变小一些一样。

“欢迎你的到来，”我笑着说，“在我们开始之前，我想分享一些想法。你可能知道或对其中的大部分内容有所预期，但我想把这些说清楚，因为这对我们的合作非常重要。”

她看着我的眼睛，我继续说：“首先，我想让你知道，这里不存在评判。我会以好奇和同情的立场来对待你分享的一切。我会鼓励你以同样的方式对待自己。评判在这里没有帮助，因为它会让我们关闭自己，并且让自己感觉不好。其次，你的安全和舒适比任何事情都重要。如果你在任何时候感觉不舒服，或是感到沮丧或苦恼，抑或是我说了一些你不喜欢的话，请你告诉我。你认为你能做到这些吗？”

“可以。”她点点头说。

由于我不知道她能在多大程度上包容其他人，因此我想再多说一点。重视设定边界是治疗和生活的关键因素。许多人发现，如果他们不喜欢某事却又很难拒绝，那么这种感觉是非常冲突的。

“如果你感到难过或不高兴，你觉得如何让我知道，而且还能让你比较舒服呢？你能想出一些你能说的话或什么手势吗？”

“我想我可以说‘我感觉不舒服’。”

“你现在愿意练习一两次吗？我不是想让你为难，但对我来说，坦诚沟通是很重要的。你愿意吗？”

我看到她在犹豫，然后她说：“我感觉不舒服。”

“做得好！再来练习一次吧。”

“我感觉不太舒服。”她更有活力地说道。

“太棒了！”我说，“我想让你知道的最后一点是，你根本不需要顾及我或我的感受。我会照顾好我自己的感觉和我自己。当你需要的时候，我在这里帮助你，好吗？”

“听到你这么说我很高兴，因为我确实喜欢顾及别人。我尽量不对你那样做。”

“这是你对自己的了解吗？”我问。

她点点头。

“这简直太棒了！所以，如果你发现自己出于某种原因担心我，或者认为我在评判你所说的，也许你可以让我知道，我们可以在事情发生的那一刻，一起来探究它。”

“好的。”她给了我一个大大的微笑，但我仍然觉得她离我很遥远。

“当我们开始时，你注意到此时此刻发生了什么？”

“没什么……自从我父母告诉我他们分手以来，这真的很难。”

“没关系。”

邦妮的脸通红，眼中充满了泪水，嘴角绷紧。“大约三个月前，他们让我和他们一起吃饭，然后告诉我他们要离婚了。他们说他们已经有一段时间感到不开心了，现在我长大了，因此他们决定分手，而且他们双方都同意。他们打算卖掉房子，然后各自在同一地区购买一处新的。他们说没事的，”她提高了嗓门说，“但这对我来说并不好。我从出生到现在都住在那房子里！”

在那一刻发生了很多事，无论她是否意识到这一点。我可以看到邦妮经历了多种情绪。我不会仅仅因为她在哭泣，就假设邦妮是在感受悲伤。有很多原因会让人们哭泣——悲伤、愤怒、恐惧、厌恶、焦虑、羞耻、内疚，或者这些的任何组合都可能导致一个人哭泣。我想帮助她了解她具体的感受。为什么呢？因为知道自己的感受，在当下就有助于平复情绪，减轻对情绪的焦虑。了解具体的情绪，可以帮助我们知道下一步该做些什么适应性的、有益的、缓解的、有效的、对我们好的事情。

邦妮说她的父母离婚“不好”。但那是一种想法，而不是一种情绪，它同时也是模糊的。我的目的是帮助她更具体地理解她自己的体验。

“我知道‘不好’对我来说意味着什么，但对你来说又像是什么样的感觉呢？”我问。

“这真的很艰难。”她回答。

“你能告诉我多一些吗？最艰难的部分像是什么呢？”

她沉默了一会儿。我不确定她是否在思考，是否在说出自己的想法之前组织自己的思路，还是她根本没有思考，而是陷入了一片空白。她似乎是有点空白。最后，她笑着说：“我真的不知道。”

“刚才在你沉默的时候，发生了什么事？”

“我只是在思考。”

“跟我分享你的想法好吗？”我表现得非常非常温柔，因为她似乎不太情愿或者无法说话。

“我只是在想这一切有多糟糕，我希望这一切没有发生。”更含糊了！她生气吗？悲伤吗？害怕吗？厌恶吗？焦虑吗？羞耻吗？内疚吗？

“是的。这糟透了。”我镜映过去。这是一种完全合理的感受，但这并没有告诉我她的个人体验。当父母离婚时，我可以想象出很多让人觉得很糟糕的原因。我 19 岁的时候父母离婚了，我知道这对我来说是多么糟糕。然而，我不知道这对她意味着什么。自行进行假设经常会破坏沟通的有效性。

具体化是处理情绪和思想的关键因素。如果你能唤醒并处理某种特定的感觉、意向、记忆、身体感觉或信念，就能够治愈它。我开始认为，她可能是在用含糊不清的语气来防御，这不但能阻止她处理自己真实的情绪，还能保护她免受无意识中预期的负面结果的影响，这些负面结果可能是由她了解到自己的真实感受而带来的。

“邦妮，”我轻声说，“我觉得你在纠结是否要和我分享更多的东西。”

“是啊！”她爽快地回应道。

“也许你可以把挣扎着的两个方面都表达出来——想要分享的一面，以及你不想分享的一面。”

她哭着说：“要是我说有些东西让我感到陷入困境，就好像我的确会那样。”

虽然我不太明白她说的话，但我看得出这对她很重要。

“好像你的确会那样？然后呢？”我问。

“你会因此而评判我的。”她说。

“我明白了，”我点头说，“当然，如果你认为我会评判你说的话，你就会觉得很难与我分享。谢谢你让我知道，这真的很重要。”

我明白她的含糊是对陷入困境和被评判的一种防御。

邦妮在治疗开始时的变化三角模型

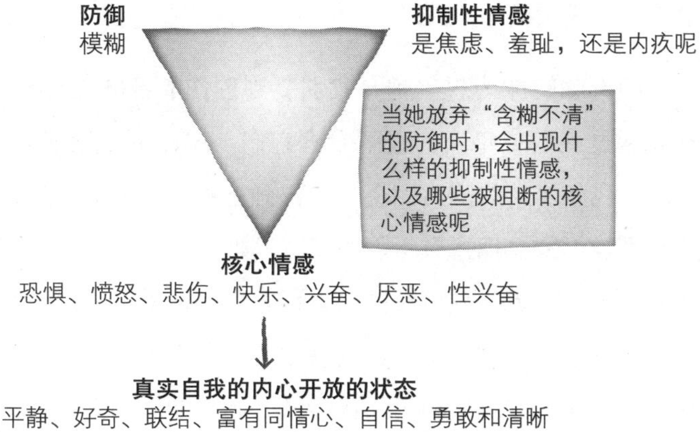

邦妮害怕说话，害怕让自己觉得陷入了困境。我不敢说话，因为每次我问她什么，我都会把她困得更深。我们怎样才能从这种在过去对她有着深远意义的互动中解脱出来呢？沉思片刻之后，我又开始了提问：“具体详细地回答问题会让你觉得陷入困境吗？”

她从纸巾盒里拿出一些纸巾，点头表示同意。她现在看起来很年幼，就像一个六岁的孩子。她的身体朝着纸巾移动时，显得有点不平稳和笨拙。

“让我们慢慢走，往下走。一些非常重要的事情正在发生，”我停顿了一下，直到她明显地放松下来，“我不知道你能不能想象出，你现在感觉陷入困境的那一部分，走出来坐在了那边的沙发上，这样你就能通过你最冷静、最自信的眼睛看到她的样子。你看到了什么？”然后我等了很长一段时间，也许是一分钟。

过了一会儿，她说：“我看到我是个小女孩。”她叹了口气，肩膀向下移动，表示松了一口气。

我们的大脑有能力想象到，我们受到创伤的部分在自己之外，以便现在通过我们成年人的眼睛看到它们。这样可以做很多事情：在今天的自我和年幼的陷入困境的那部分自我之间创造距离，能够立刻让她平静下来。把持有不舒服感觉的那个部分外化，我们就可以和他们交谈，这是一种可靠的，可以立即减轻羞耻、内疚和焦虑的方式。通过想象，分离出我们的一部分是了解和治愈我们自身创伤最有效的方式。许多人从第一次会谈开始就能做到这一点，但有些人做不到。它需要专注、耐心和尝试的意愿。

“太好了！”我说，“所以，现在请注意，和我们坐在一起的你的那部分自己感觉如何，”我做了个手势，指着想象中的小邦妮坐着的沙发，“一直看着这个小女孩，直到她获得更多关注，成为中心。她多大了？穿着什么衣服？在哪里？”我希望她能尽可能生动地回忆起一段记忆，这样我们就能处理好它。努力通过现在的眼睛去看，邦妮与自己的这一部分一起待的时间越长，就越能成为关注的焦点。我们激活了她大脑的一部分，那里保存着她童年时的创伤经历。

将我们年幼的部分视觉化为独立的个体，将带来什么样的治疗性益处

- 与那些年幼部分的情绪保持距离，能够提供即时的缓解；
- 帮助我们与年轻的部分建立联系，了解他，并与之交流，这样我们就能安慰他、帮助他；
- 通过亲眼看到年轻部分的情绪，允许被困住的情绪能量再次流动，使得治愈这部分成为可能；
- 帮助建立沟通的桥梁，将年轻的部分整合回我们的意识中，从而使我们的神经系统平静下来。

“这很奇怪。我看到自己八岁了。我穿着紧身舞蹈衣，在厨房里。我记得因为我说不想上芭蕾舞课了，我的父亲刚刚狠狠地打了我的头。他说我忘恩负义。我痛恨芭蕾，我讨厌其他孩子和老师，我再也不想去了。”

我被她的痛苦处境触动。在她的记忆中，邦妮直接向她的父母表达了真正的愿望。她不仅因为这样而挨打，而且她的人格也受到攻击，她被指责为“忘恩负义”。我暗自思忖，她父亲在那一刻还是不知不觉、直截了当地打了她。像这样的事件可以永远改变一个人——这是一个小 t 创伤。

她父亲在那一刻教给她的教训是：

1. 告诉别人我的感受或者什么对我来说很重要是不被允许的；

2. 人们（因为在孩子的头脑中，他们会把父母等同于所有人）不在乎我的感受；

3. 如果我告诉你我想要什么，或者什么对我来说很重要，我就会受到伤害和羞辱。

当我问她对父母离婚的感觉时，这段回忆让我更加理解她为什么会被我困住。在她看来，告诉我她对离婚的感觉，就等于她告诉她父亲她对芭蕾舞的感觉。

她的某个部分被触发，把她带到了过去的现实中。在那一刻，我不复存在。相反，她通过她八岁的那部分的眼睛所看到的我，是她的父亲。房间里还有她的另一个部分，保护着八岁的孩子。保护者插嘴说："不行！我们不能告诉希拉里，否则我们会受到伤害，就像父亲伤害我们的方式那样。"那个时刻，我是她的父亲，她只有八岁大。

为了使邦妮对直接表达并要求满足她的需求感到自在，她的保护者的部分必须知道，她现在和我在一起很安全，而且我也不是她的父亲。但那个八岁的孩子却被困在了过去。我们必须帮助她认识到，我不是她的父亲，她也不再是那个八岁的没有任何办法保护自己的孩子了。她需要重新认识到她现在是安全的，因为作为一个成年人，她可以捍卫自己，保护自己，或为自己挺身而出。作为一个孩子，她被困住了。作为一个成年人，她没有被困住，而是可以捍卫自己，说"我不喜欢那样"，或是"你不能那样跟我说话"，或是"我出去了"，抑或是"我可以反击"。

我帮邦妮做好准备，处理这段记忆，治愈她八岁的部分，把她从过去的禁锢中移动到现在。在当下，她确实是安全的。

我对邦妮说："当你现在和我一起坐在这里看这一场景时，你对小邦妮或你的父亲有什么感觉？"

我试着去进入这段记忆带给她的相关核心情感。八岁的邦妮不得不抑制她的愤怒和悲伤——当人们受到身体攻击时会很自然地产生这两种核心情感。但是现在，我问她现在的成人自我，看看她对她的父亲或她八岁的部分有什么感觉。我希望邦妮作为一个成年人，能安全地体验小时候不被允许的感觉。体验这些感觉将有助于她获得自由——记忆将不再承受这样的情感负担。释放被压抑的愤怒有助于缓解她的抑郁。这样一来，她现在就不需要用"模糊"进行防御和自我保护了，这种防御也影响了她有效地表达自己的需求和愿望的能力。

模糊这种防御为什么是生活中的一个问题

- 隐藏真正的我们；
- 让我们对自己的意图和需要感到困惑；
- 因为我们没有说我们想要 / 需要或反对的东西，所以很难解决关系中出现的冲突；
- 让我们很难说出我们真正的感受；
- 让我们很难找到与特定环境相关的核心情感。

邦妮回答了我的问题——在那段回忆中，她对父亲有什么感受。她之所以现在能够回答，是因为我们把被困在过去的年幼部分挪到了一边。这个八岁的孩子一直在她的脑海中占据着最重要的位置，从我们开始治疗起，她就一直在扮演着这个角色。一旦我们把那部分移到沙发上，成年的邦妮就能在此时此刻感到更安全，能把我当作我，而不是她的父亲，因此她能和我分享她的情感。

“我生我父亲的气。”

“注意到这一点很棒。你的愤怒很重要！”我说。

对邦妮来说，对核心愤怒的确认是一个里程碑。在会谈中，当我的患者进入了以前的愤怒，我就会想，好极了！我那时的目标是帮助人们充分体验它。

“邦妮，你身体里发生了什么让你知道你现在很生气？留意你注意到的任何东西，让我们试着在上面加上些描述这些身体感觉的语言。”当人们刚刚学会调谐到自己的身体感受或对自己的身体感觉不舒服时，有一大堆词语可供选择是很有帮助的。“当你从头到脚扫描你的身体时，注意你有什么感觉。注意你感觉到的能量、温度的变化、紧张、压力、起伏波动，以及任何你能感觉到的，让你知道你正在经历愤怒的东西。”这个邀请使她关注当下，处于自己的身体内部，并将注意力集中到她的内在世界。

大约过了 20 秒钟，她说：“我注意到我的胃里好像有个火坑。”

“太好了！你还注意到了什么？让我们慢下来，这样你就能感觉到哪怕是最细微的差别。”

“就像……有一些能量向上走。”邦妮的手握紧拳头。我也想让她意识到这一点。这是有意义的——她的愤怒驱力是通过她的拳头表达出来的。

“做得好……我听到的是，你注意到你胃里有一个火坑，它有能量向上移动。对吗？”

“是的。”邦妮说。

“带着好奇保持这种感觉就行了——我们欢迎愤怒，看看它想做什么。这个愤怒是非常重要的。注意你的手，感受它们。拳头告诉我们什么？”

她的注意力分散了，她抬头看着我。“这感觉不对。”她一脸苦相。

邦妮在她的身体里，感受到了核心情感——愤怒，但后来事情发生了变化——一种抑制性情感出现了。我是怎么知道的呢？因为她不再停留在生气中，并告诉我她感觉不对劲。

邦妮从变化三角模型的底部——核心情感角，跳到了右上角，我们在那里能发现抑制性情感。这是一个信号，表明我们应该停止我们正在做的事情，转向所出现的情感。

潜在的核心情感——愤怒，想要向外表达，抑制性情感进行下压，迫使表达停止，它们二者相互冲突。在经历对父亲的愤怒时，获得对这种冲突的觉察是一个关键的治疗时刻。这种冲突在邦妮的潜意识里存在了很多年，表现为一种隐藏的影响——以模糊作为防御。

治疗开始时，邦妮的变化三角模型

防御
模糊

抑制性情感
是焦虑、羞耻，还是内疚呢

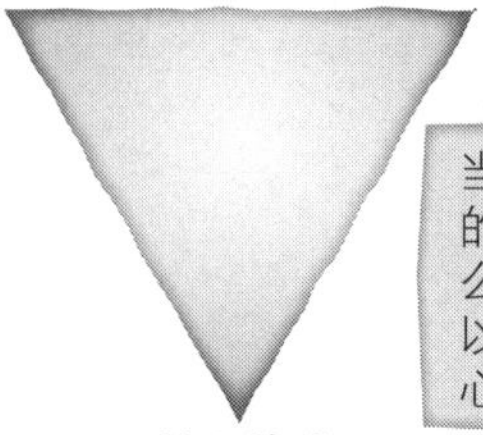

当她放弃“含糊不清”的防御时，会出现什么样的抑制性情感，以及哪些被阻断的核心情感呢

核心情感
恐惧、愤怒、悲伤、快乐、兴奋、厌恶、性兴奋

↓

真实自我的内心开放的状态
平静、好奇、联结、富有同情心、自信、勇敢和清晰

我说：“好吧，让我们停止我们正在做的事情。你做得很好。你注意到了你的愤怒，以及你现在的感受。更重要的是你让我知道，你觉得我们正在做的事情对你来说不太对劲，谢谢。让我们来了解一下你感觉不对的那个部分——愤怒。你的那个部分在说什么？”

“我感觉不好，我不想伤害我的父亲。”她解释说。

“当你感觉不好的时候，那是什么感觉？我们能为它加上一个情绪词吗？”

“我认为是罪恶感。打别人是不好的！”

谁说要打别人？我想知道。现在我们知道了来自愤怒的冲动，她的愤怒想要打她父亲。但在我们去那里之前，我必须帮助她处理抑制性情感——内疚感。

让我们再次看看变化三角模型：我们在讨论模糊这种防御，她想要立即放弃。然后，她进入了愤怒这种核心情感。当愤怒变得太接近或太强烈，想要打她父亲的冲动开始进入她的意识时，邦妮被内疚感阻断。我们的目标是帮助她放下内疚感，让她可以自由地体验愤怒，直到愤怒自然结束，这将带来以下结果：

1. 帮助她释放愤怒的能量，帮助大脑整合创伤，这样她就不会再受到记忆的影响；

2. 在她的大脑中重新建立联结，这样的话，将来她就可以进入愤怒——她可以为了健康的诉求自由地使用愤怒，而不需要过度的内疚感来设置限制，禁止愤怒的表达。

我继续说："你说得对！在现实中打别人是不好的，但我们现在是在假装。我们所做的并不是为你在外面的世界做的事情而排练。这只是我们在这里做的。我们只是在使用幻想。你父亲现在在哪里呢？"

"我想他在工作。"她微笑着说。

"你认为如果你在想象中打他，他会真的受伤吗？"我在测试她的现实感。

"不。"她强调地说。

"好！如果罪恶感是因为犯了罪而产生的，那么幻想着去打你父亲又有什么罪呢？"

她想了几秒钟，说道："我想没有犯罪，但似乎这样做是不对的。”

“你能说得更多一些吗？幻想打有什么不可以的呢？”

“有坏想法不是坏事吗？”

“你为什么会这么说呢？”

“我不确定。我有时会说痛恨我的弟弟，我母亲就会责备我说，‘你不要痛恨你的弟弟，你要爱他。’”

“完全正确！就像你不被允许不承担任何后果地来表达对芭蕾的讨厌一样。你知道‘坏’想法是危险的，这很有道理。所以，生动地想象一下打你的父亲，就像我在邀请你的愤怒做这个看起来‘很糟糕’的事情一样。”

“我想这是有意义的。”

“我认为某件事最终是建设性的还是破坏性的，要看它是有助于解决眼前的问题，还是使事情变得更糟。我们处理愤怒的方式在很多层面上都是有建设性的。它会让你感觉更好，因为你不会把愤怒藏在心里。此外，它还可以通过减轻你对父母的一些愤怒，来对你和父母的关系有所助益。借助幻想，你就可以在这里安全地表达愤怒，这里没有人会受到严重的言语或暴力的伤害。通过说出来，你可以把它从你的整个系统中拿出来。一旦愤怒出来了，你的身体就会平静下来。当我们的身体处在平静的状态下，你最终和你的父母谈论你的感受时，就容易变得更理性、更体贴、更友善。当不压抑情感或没有处于情感内时，我们的大脑可以更好地解决问题，找到建设性的方法来表达我们的感受。

“幻想是一种非常安全的释放与愤怒相关能量的方式。当涉及处理情感时，大脑并不知道幻想和现实之间的区别，这在我们正在做的工作中非常有用。你觉得我说的这些对你有意义吗？”

“事实上确实如此。但如果我打我父亲，那么我仍然觉得自己是个坏人。”

“是的。所以不要在真实世界中打他。你愿意试着让你感觉到罪恶感的那部分离开吗？这样我们就可以知道，当小时候的你挨打时，你受到伤害的那部分感到愤怒是多么合理。感到罪恶的那部分愿意信任我们一段时间吗？如果你内心中感到有罪恶感的部分开始对我们正在做的事情感到不安，它可以马上回来，让我们知道这里的挣扎。你愿意试试吗？”

“我尽量吧。”她说。我接收到了她的意愿，并和她一起努力。我有信心去推动她，因为之前我做过很多次这样的事情，我知道如果她能让愤怒充分地表达出来，她将会立即体验到一种转变和一种解脱的感觉。

“我知道这听起来有点装腔作势，但你能问问你内心的那个感到罪恶感的部分是否愿意在候诊室等一会儿吗？听听有关这个问题的答案。”重要的是，与这部分有礼貌地沟通，以创造出内在的安全感。内在安全感等同于与朋友或父母建立安全的关系。如果我们的内在不被评判、不被批评或抛弃，那我们内部的感觉就会更好，更愿意被人了解。

等了几秒钟后，我问道："感觉有罪恶感的部分说了什么？"

"它说它将在候诊室等待，但如果它不喜欢正在发生的事情，它会进来。"

"非常公平，"我说，"你能向信任我们的那部分表示感谢吗？"

她做了这些，我们又回到了她的愤怒。

当我第一次和一个人一起工作时，对方很少能自由地去体验其自身的愤怒——感受它的身体感觉和冲动。我们都被社会化了，认为愤怒是有害的和有破坏性的，有些人会觉得，和其他的情绪相比，愤怒更令人感到威胁和恐惧。然而，邦妮已经准备好了。

一旦邦妮放下她感到有负罪感的部分，我问她是否还能从身体上察觉到愤怒。至关重要的一点是，她仍然能够进入她身体里的愤怒感，而不仅仅是回忆愤怒。在身体上进行感受是开始体验的方式。体验它是释放它的第一步。

"我们能不能回到你父亲刚刚打过你之后的厨房？你自己年幼的部分还在感到愤怒吗？"

"是的。我感到胃部紧张，同样的能量也在上升。"

"太好了。请和这种感觉在一起。当你和它在一起时，注意这种感觉是否想对你的父亲做些什么。"

她的手又握成了拳头。

过了几秒钟，我问她，她的内在发生了什么。“你注意到愤怒想要做什么？”

“她想打他！”

“你能让自己想象这个吗？我们只是尊重愤怒想要做的事情。我知道你永远不会打你父亲，你爱他，但愤怒的冲动就是付诸行动——这就是愤怒的作用。她想反击。她对你非常有保护作用。你想象到了什么？”

“我想揍我父亲。”

“做得好！让你自己看着这些。愤怒到底想要打哪里？”我为她感到兴奋。我坐在座位的边缘。我的声音变得更强大、更有力了。我要与她的愤怒能量相匹配。

“就在眼睛正中间，像是很快的拳头，要把一些感觉敲进去。”

“很好，让你自己感受你的拳头和他的脸的接触。让它变得生动，就像电影那样。”我停下来，让她这么做。

“他现在在哪里？你打他了吗？”我继续说。

“是的，他在地板上。”

“看看他，你看到了什么？他现在在做什么？”我想让她一步一步地完成这个幻想，直到最后。此时，我们都不知道这会带来什么结果。这是当下出现的新体验，受到情绪的生物学特性的影响。

邦妮回应说："他惊呆了，抬头看着我。"

"现在再看看你身体里的愤怒。你现在注意到了什么？"

"我胸口那儿有些什么东西。"邦妮说。

"和它在一起就行，看看它有没有想做些什么的冲动。"

"'耶！'它想大声叫喊。"

"太好了！"我肯定并鼓励她。

学习保持情绪体验有助于释放被困住的东西，为未来发展出保持愤怒和其他核心情感，并充分处理它们的能力。这对邦妮的帮助是无法估量的，因为她可以用她的愤怒来明智地表达自己，为建立健康的人际关系设定严格的限制和边界。

"如果你胸口的感觉能说话，我们拿着麦克风对着它，那么你觉得它会对你爸爸说什么？"

"我想，它会说，'你到底是怎么回事？'"

"好的。如果愤怒并没有提出问题，而是与你胸口的感觉相匹配，想说些什么来表达自己，那它会说什么？"提出一个问题是对愤怒进行小小的回避。我想让邦妮直接一点。

她喊道："你这个浑蛋！我八岁时就是想退出芭蕾课。这不是什么忘恩负义，这是正常的要求！如果我告诉你，你必须要和谁在一起，必须做什么，你会喜欢吗？”邦妮抬头看着我。我感觉到她只是在检查，以确保面对她的叫喊，我没有什么问题。

“做得非常好！现在，再来看看愤怒的身体感觉，看看是否还有更多。”

“你不应该那样做！”她对父亲尖叫道，“那是错的！”

“他现在在干什么？”我问。

“他低下了头，看起来很羞愧。”她的声音里充满了悲伤。愤怒已经发生了转变。

“看到这些，你感觉怎么样？”

“我为他感到难过——这有点可悲，他现在知道了。虽然我现在为他感到难过，但这对我来说是件好事。”

“我们再检查一次，看看你是否会发现你的内在有更多的愤怒，你注意到了什么？”

“愤怒走了。”她回答。

“在这之后又发生了什么？从头到脚扫描你的全身，你现在注意到了什么？”

“我感觉平静了下来。”

以这种方式处理愤怒，她从核心情感转变为内心开放的状态，实现那些以 C 为开头的词语——平静、好奇、联结、富有同情心、自信、勇敢和清晰。核心情感如此重要，因为它们是通向真实自我的内心开放的状态的大门。

“在你的身体里，平静的感觉像什么？我们能在即使最细微的感觉上加上一些语言吗？”我问。

“我觉得轻了些。”她做了个深呼吸并叹了口气。

我又引导她回到她的身体。“如果你调谐到你的长叹，这声长叹告诉我们什么呢？”

“我觉得松了一口气，就像我放弃了一件大事。这一定是我内心感到轻松的原因。”

“所以，只要保持内心轻松的感觉……只要去了解它，并注意当你保持它的时候发生了什么。”

“我感觉平静。我意识到我真的很生我父母的气，因为他们离婚了。这真把我搞砸了。我喜欢像往常一样看到他们在一起。但我也理解，他们想在这辈子过完之前，体验更多的冒险。”

“这是兼有的感觉——一方面为它把事情搞砸了而愤怒，另一方面又理解他们的需求。”

“是啊！”她点点头说，这说明她已经辨认出了一些对她来说非常真实的东西。

“承认这些意味着什么呢？”

“我好多了。他们离婚了，尽管我还是很不开心，但我现在感觉不那么紧张了，或者被关闭了。”

“哇！这太令人惊叹了。你今天来的时候发现很难和我分享什么。然后，我们就把通过模糊来保护你自己的那部分移到一边，这种模糊让人没法弄明白。接着，我们进入了一段久远的记忆，在那里你知道说出你的想法是不安全的。随后你又进入了过去无法体验的情绪，但今天却能和我一起感受这种情绪。之后你允许自己以一种安全的方式处理你对你父亲的愤怒，没有人受伤。然后，你感到悲伤并同情你的父亲。之后你感到平静和轻松，你获得了一个非常了不起的领悟——你对父母离婚感到愤怒，但同时也能够理解。我们做了这么多！你太棒了。我们今天能做这些事情，你觉得怎么样？”

“真是太多了。太神奇了！我感到很高兴。”

“你快乐的感觉像是什么样的？”

她笑了，并说道：“我也累了。”

“当然，你很努力。我们现在可以停下来，或者在快乐的感觉上再停留一分钟，因为那是你刚才那么努力得到的，快乐的情绪就像大脑的维生素。”

她向我描述了这种感觉：“快乐的感觉就好像我很平静、很安详。我觉得胸部和胃部都打开了。”

我和邦妮又用了一年时间，处理其他让她感到困惑的地方。她利用她新发现的能力来欢迎她的情绪。例如，她可以和父母谈论离婚的事。她还表示，她觉得自己更加融入这个世界。她的个人生活和职业发展都更令人满意。她对冲突的恐惧大大减少，因为她更有信心去容纳自己和他人的情绪。“这些只是感觉。”她在接受治疗的最后几周回答道。她的抑郁也消失了。

处理核心情感是一个重复的过程，检查你的整个身体，注意感觉，倾听感觉的冲动，看冲动想做什么，想象冲动在幻想中进行，并再次检查……在需要的时候反复重复这些步骤，直到来自情绪的能量被释放，内在感受到平静。它在概念上是简单的，但是允许自我经历这个体验的感觉，在一开始就不简单。进行这个过程需要信任——信任我和他们自己，这需要勇气，需要具有让情绪不受评判自由流动的意愿。

为什么我们需要愤怒？如何建设性地引导它

邦妮难以坚持自己的立场，因为她不得不否认自己的愤怒，以熬过她的童年。当邦妮小的时候，她与父亲的关系更重要。但是作为一个成年人，她不使用她的（核心）愤怒，她很脆弱。如果我们感觉不到自己的愤怒，就无法通过适当的、适应性的行动来保护自己，比如说“不”，以及为他人可以如何对待我们设置限制和边界。

对我们来说，最有效的方法是能够感受到愤怒，并学会如何建设性地引导它。我们可以通过与它建立健康的关系来做到这一点。

我们必须正视我们对愤怒的任何恐惧，了解它们的根源。我们需要处理任何与愤怒有关的冲突。最后，我们需要学习如何有效地维护自己。这能让你在与他人相处时，充满信心并感觉舒适。

我的一些患者（如邦妮），担心如果他们让自己生气，他们就会失控。这一担忧是很重要的。要解决这个问题，我们要探究这个信念在何时何地产生。我有时会问的一个问题是，“你是否曾经失控，对自己或他人变得很暴力？”如果答案是肯定的（这种情况很少见），就应该慢慢来，首先要处理冲动控制的问题，直到患者觉得自己可以在不采取行动的情况下，更安全地体验愤怒。另一种情况是，如果一个患者从来没有失去对愤怒的控制，那么他也不太可能在未来失去控制。然而，这种恐惧是真实存在的，而且在大多数情况下，这种恐惧来自年幼的孩子的部分。

我的一些成年患者能体验到两岁时愤怒的紧张状态，因为童年时的神经网络被激活了。这就是为什么一个人会感到如此失控——愤怒会被凝固在当时，就像孩子最初感受到的那样。

并不是所有的愤怒都来自童年。日常生活的考验和磨难，总是会引发新的愤怒。不管愤怒的来源是什么，人们往往都很害怕自己的愤怒，以至于把它们埋葬。当我第一次见到萨拉时，她是来接受抑郁症的治疗的，我不禁注意到，尽管她个子很高，但她看上去是那么温顺和娇小。她声称人们总是对她不理不睬。她害怕说“不”，因为害怕别人会生气。当她分享她的故事时，她像一朵需要浇水的花一样枯萎了。当我问她是否对她正在分享的东西有感觉时，她说

“就那样呗”，然后发出一声深长的叹息。她的被动和顺从给我留下了深刻的印象。当我听到她的朋友和家人如何利用她的善良时，我感到热血沸腾，异常气愤。我的替代性的愤怒让我对她的愤怒感到好奇——她的愤怒在哪里？

萨拉与她的愤怒失去了联结。但当她被利用或被拒绝时，她需要她的愤怒告诉她。愤怒提醒我们，有些事情是不正确的，需要改变。正是愤怒保护我们不被侵犯。当有什么事情感觉不对或者在伤害我们时，需要愤怒来告诉我们。当我们无法进入核心的愤怒时，我们就处于非常劣势的位置。

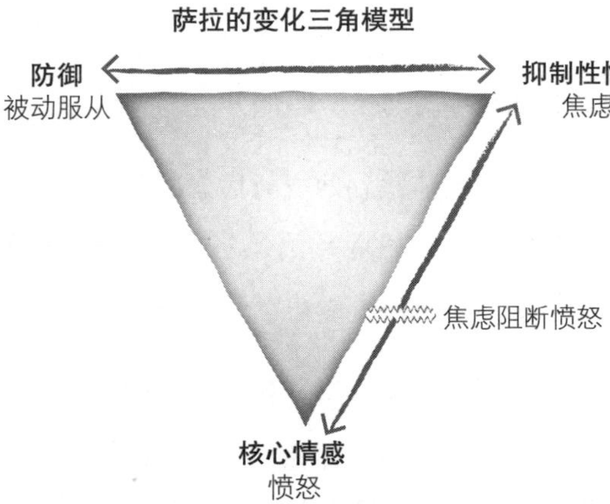

焦虑阻断了愤怒。为了避免愤怒和焦虑，萨拉变得被动而顺从（防御）。

萨拉需要再次找到她的愤怒。她需要意识到愤怒的冲动，并利用它们来改善她的人际关系和生活。她需要发现替代性和非破坏性的方式来满足愤怒的冲动。她需要学会如何把她的愤怒导向健康的要求。

我想让萨拉意识到她的感受，但当我问她，朋友在最后一刻通知她取消晚餐约会后她的情绪时，她说她只是感到难过。然而，她的肢体语言告诉我还有很多东西。当我试图引导她确认自己的愤怒时，她直截了当地否认了。

“你能从头到脚扫描你的整个身体，看看你是否能找到哪怕是一个微小的感觉，让你知道自己正在经历愤怒吗？”

她花了几分钟，最后说她感觉到胸膈膜里有什么东西。在坐下来观察这种感觉一分钟之后，萨拉确认了这是一种挫败感。当人们阻碍或压抑他们持续存在又不知道如何去处理的愤怒时，常常会出现挫败感。

在接下来的几分钟里，萨拉能够感觉到她身体里的愤怒，随着时间的推移，以及不断地练习和重复，她能够舒适地体验愤怒。我的许多患者都有类似的经历。

你可以与愤怒建立亲密的关系。通过想象把愤怒转移到你的脊梁上，你可以确定自己的需要，质疑别人是否有伤害性意图，设定限制和边界。用坚定的气魄和力量，而不是侵略性的，你可以坚定地、友善地用更加平静的方式传达你的愿望和需要，以确保你会被倾听。

我也有患者属于这个连续体的另外一端，他们需要对自己的愤怒冲动有更多的控制。

鲍勃成长于一个充满着吼叫、击打墙壁、敲打桌子，有时候还会有扇耳光或打屁股的环境中。鲍勃认为“愤怒”与“表现愤怒”

是同义词。

当我和鲍勃谈到表达冲动和简单地注意冲动之间的区别时，他很感兴趣。“你是说这就像一个可分为两步的过程吗？我父亲有一种叫作‘愤怒’的情绪，他会对我们这些家庭成员以及家里的物品发泄愤怒。”

“没错，”我肯定地说，“这是一个微妙但非常重要的区别。愤怒不会伤害别人或你自己，但发泄愤怒或把怒火发泄在自己身上会引发问题。”

几乎每个和我一起工作的人都在和愤怒做斗争。他们害怕自己的愤怒会对他人和他们的关系造成影响，也害怕别人的愤怒会对他们自己造成影响。人们不喜欢愤怒在体内所产生的感觉：身体的紧绷，肚子里的炽热的怒火，或者身体中能量的涌动。他们不知道如何引导愤怒的能量和冲动。通过运用变化三角模型，我们可以改变自己与愤怒的关系。我们可以掌握它强大的自我保护的能量。与愤怒交朋友并不容易，但这值得我们为之付出努力。

体验愤怒和发泄愤怒的区别

许多人把体验愤怒和发泄愤怒混为一谈。体验愤怒是一种纯粹的内在体验。这与发泄愤怒形成了直接的对比——发泄愤怒是将愤怒发泄到别人身上。愤怒可以直接发泄在让你生气的人身上，也可以发泄在别人身上，而这些人只是在错误的时间出现在错误的地方。

发泄愤怒通常会伤害他人，破坏人际关系。在充满暴力或满是吼叫的家庭中长大的孩子会错误地认为愤怒等同于破坏性行为。我很清楚，愤怒不是打、不是撞，也不是大喊大叫。愤怒是由身体感觉和行动冲动所标志的一种核心情感。愤怒想要变得残忍，有时想要打、猛击、推搡、重击、摔碎、刺伤、破坏或向某人扔出武器。如果我们接受这些冲动并安全地释放它们，使用幻想，而不付诸行动，我们就能控制我们的愤怒冲动，保持我们作为能以文明的方式解决争端的人类的完整性。

关于核心情感，你需要知道的

> 由真正的快乐产生的自发微笑，或由悲伤引起的自发抽泣都是由位于脑干深处的脑结构执行的。我们没有办法对这些区域的神经过程进行直接的自主控制……我们抑制情绪就像防止打喷嚏一样。
>
> ——**安东尼奥·达马西奥**（Antonio Damasio）

当我年轻的时候，我记得我被强大的、压倒性的情绪力量所困惑。我至今仍记得当我的思想和身体被愤怒、恐惧、悲伤、内疚或羞耻绑架时，我是多么无助。在愤怒的阵痛中，最可能是朝向男朋友或父母，我还记得当我看到自己的行为和举动无法得到控制时的感受。在不同的情况下，当我变成一个泼妇或一个懦弱的人时，我痛恨自己，但又控制不了自己。

这些强大的力量是什么？在那些时刻我变成了谁？发生了哪些我喜欢的，并认同为是我自己的？我所认同的自己是泰然自若的、深思熟虑的、冷静的、自信的、善良的。我的患者也在谈论他们的感觉、抑郁和焦虑。当我们被情绪掌控，自我就被掩埋在低落的情绪之下，或是被控制在大脑的情绪风暴之下。有时我们甚至不记得我们的另一部分是存在的。情绪、心境和状态无处不在，无所不包，直到它们神奇地消失。

要理解我们不断变化的情绪图景，就必须了解情绪的一些基本属性。核心情感包括：愤怒、悲伤、恐惧、厌恶、快乐、兴奋和性兴奋。虽然我们每个人有关核心情感的体验存在细微的差别，但它们有许多共同的属性。

情感就是情感

我们有七种核心情感，它们都是大脑所固有的。我们无法控制自己的情感，也无法阻止它们在我们的身体和头脑中引起的反应。就像危险和快乐的警报系统一样，情感会无意识地启动，并引发一系列身体和生理反应，以确保我们能活下来，具有紧急性。

情感就是情感！对那些认为自己不应该有某些情感的患者，我总是重复这句话。许多人认为情感只适合弱者，但那是错误的。没有人能够阻止核心情感在大脑边缘系统中被触发，这正是核心情感的发源地。“你的悲伤就是这样，”我对我那评判自己悲伤情感的患者说，“这无关好坏。”邦妮的愤怒就是愤怒。对那段记忆的反应不去评判，对那段记忆的反应也没有对错之分。一旦你接受了情感不能被阻碍，只会被挫败的事实，你就会有动力以最健康的方式去处理它们。如果我们知道情感只是情感，责怪自己或他人产生了情绪就没有意义。然而，作为成年人，我们有责任学会建设性地管理我们的情感。

核心情感的功能像开关一样

当我们感觉到危险或快乐时，大脑中的某种情感开关就会打开，触发某种核心情感——恐惧、愤怒、悲伤、厌恶、兴奋、快乐和性兴奋。想象一下，有一头灰熊要攻击你。你此时会有什么样的情感？恐惧。恐惧在大脑中被点燃，无须思考，你的身体就会对它做出反应。如果你不得不思考一下逃跑这件事，那么你在决定逃跑之前就会死掉。谢天谢地，感谢恐惧的力量。想想看，每当有人吓到你，你就会跳起来。恐惧使你条件反射性地远离大脑感知到的危险。一旦安全，我们的新大脑皮质（大脑中用于思考的部分）就会评估环境以应对未来的危险，并确定是什么导致了未来的危险，以及危险是否已经结束。尽管情感会给我们带来巨大的痛苦，但从进化的角度来看，情感会自动地、无意识地启动，从而有利于我们的生存。邦妮的父亲冲她大喊“忘恩负义”，一种情感开关“砰”地就被打开了——这就是邦妮的愤怒。认为我们不应该拥有某种核心情感，或是它没有意义，抑或是感觉那样非常糟糕，这些都是没有什么意义的。情感就是情感，它们会随着环境中情绪大脑的感觉而打开或关闭。

情绪敏感性是一定范围内的特质

人们不可避免地拥有核心情感。但是情绪的敏感性就像人类的所有特质一样，存在一个范围。有些人很少能感觉到情绪，但有些人则能感觉到很多情绪。事情就是这样。我们的一些朋友或家人可能心理敏感，但有些人可能不那么敏感。当我们以“怎样”和“多少”来评判他人的感受时，更多的是指我们处理他人情绪的能力。

情绪具有感染力

观察一下会发生什么：当一群婴儿中有一个婴儿开始哭泣，你还没弄明白是怎么回事，这群婴儿都开始号啕大哭。你也可以想想人们看电影时大笑的情景——当你听到有人开怀大笑时，你努力不笑的情况。

如果你的伴侣或孩子心烦意乱，那可能会困扰你，因为情绪是会传染的。看到你的爱人生气、悲伤或害怕会唤醒你的情绪。如果你没有意识到这一点，并且你不能自在地与这些情绪相处，那么你可能会变得冷漠或防御，以避免别人挑起的不想要的感觉。一些研究表明，正是镜像神经元这种特殊类型的脑细胞，使我们容易受到情绪感染，并产生共鸣。

核心情感就像海浪

核心情感上升，达到顶峰，最终衰退，就像海浪一样。了解这一点有助于我们体验核心情感的完整表达。我们必须预料到，它们会先加剧再减少。我们必须记住，在整个体验过程中进行深呼吸，乘着海浪，允许有几分钟的时间来降低情感的强度，然后转变成放松和缓解。这和戳到你的脚趾没有什么不同——受了伤，你会预期疼痛上升到最大限度，然后就会消退。既然我们会通过呼吸来忍受身体疼痛的浪潮，那么我们也可以做同样的事情来驾驭情感的波动。

还记得弗兰的悲伤是什么时候冲破障碍，爆发出来的吗？她经历了几次波浪，每次都持续几分钟。然后，她感受到了缓解。大部分的核心情感自由流动时，都不会超过几分钟。我们大多数人都能忍受几分钟的不适，尤其是当我们知道解脱将会来临的时候。

情绪喜欢被命名和确认

当我们知道自己正在经历什么情绪时，会主观地感到平静。理想的情况是，我们在孩童时期就学会命名自己的情绪。但有时，由于种种原因，我们没有学会识别情绪。有科学证据表明，把语言放在情绪之上实际上会改变大脑，降低它的唤醒程度。

克雷格和他 25 岁的女儿度过了一个愉快的周末。当她离开时，他感到焦虑。一开始，克雷格并不知道他为什么会焦虑。他们度过了一个那么愉快的周末。但是，当他把注意力集中在内心时，他意识到自己有两种情绪：感恩和快乐。我认为这是一个很好的例子，可以说明情绪具有引发焦虑的力量。感恩和快乐都是美好的，但偶尔，它们一起出现有点太多了——也会让我们陷入焦虑之中，并把我们从变化三角模型的核心情感位置向上移动，到达抑制性情感的位置。一旦克雷格给自己的感觉贴上标签，焦虑就消失了。

我教所有的患者给自己的情绪贴上标签，这样他们能有更好的感觉。仅仅是命名和确认我们的情绪，就能帮助我们的身体和头脑获得放松。

情绪植根于身体

数以百万计的感觉和运动神经元将情绪大脑与身体的所有部分连接起来，包括心脏、肺、胃、皮肤、小肠、大肠和肌肉。如果你在感觉某事的过程中花点时间，就会注意到这种体验是身体上的。例如：当我悲伤的时候，我感到内心有一种沉重的感觉；我意识到愤怒是胸口的一种紧绷感，是一种从胃里涌起的能量，它会传到我的头上；恐惧让我颤抖；兴奋是充满能量的——有时它让我感到愉悦，我会产生想要跳舞或者和某人击掌欢庆的冲动。

情绪是行动的程序

情绪驱使我们立即采取行动。我们感觉这些是冲动。无论是愤怒、悲伤、恐惧、厌恶、快乐、兴奋，还是性兴奋，核心情感都会促使我们采取行动。当我们产生情感体验的时候，我们会通过调谐到自己的身体来了解我们的特定冲动。当我们专注于情感时，冲动就会显露出来。每种核心情感都有一般性的冲动，但每个人的经历都会有一些特定的变化，如下：

- 恐惧的冲动是逃跑、躲藏，有时甚至是僵住；
- 愤怒的冲动是去战斗、变得富有攻击性、说刻薄的话、攻击、恐吓、保护自己/他人，并推动出现变化；
- 悲伤的冲动是让我们慢下来，寻求安慰和联结，并蜷缩起来；
- 快乐的冲动是笑，产生一种膨胀感，并想要与他人分享我们的快乐；
- 兴奋的冲动驱使我们朝向使我们感到兴奋的对象。它让我们想要跳起来，并与朋友或队友击掌庆祝，或者尖叫；

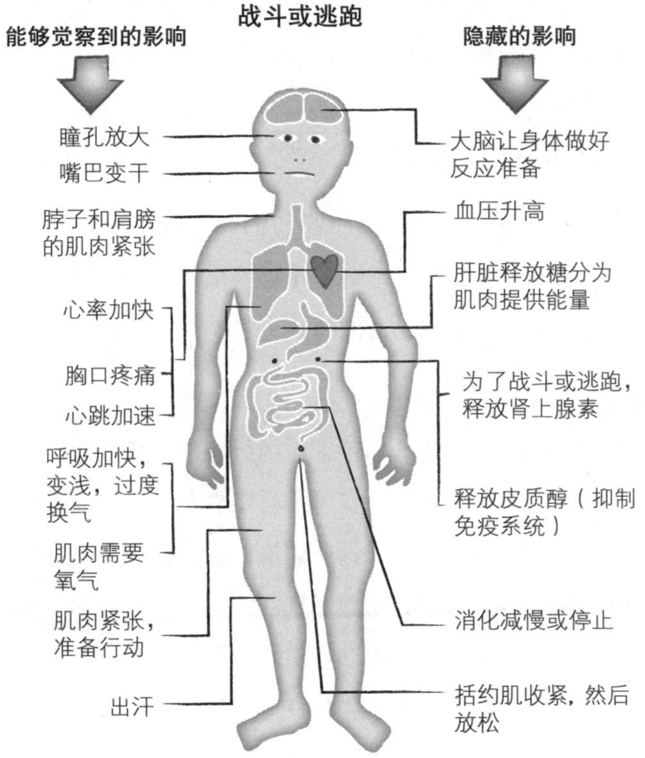

- 厌恶的冲动是退缩或呕吐；
- 性兴奋的冲动是向我们的欲望对象靠近，和/或寻求性释放。

当情绪被阻断时，明确冲动是什么的能力也会被阻断。情绪和冲动告诉我们关于环境的重要信息，以及我们对周围环境的反应。当我们失去情绪时，我们就失去了宝贵的生活指南。

所以，当你再感到情绪激动的时候，问问自己：我现在感觉到了什么情绪？它在推动我去做什么？你觉察到的信息会告诉你，你的情绪需求和想要的东西，然后你可以决定如何使用这些信息，以便综合大脑中需要和想要的信息，一起做出决定。

情绪的强度可以增强

情绪具有压倒我们的力量，使我们想要逃离我们的身体或干脆消失。情绪在对内部事件或外部事件做出反应的过程中可以被放大。自我评判和自我批评是内部的放大器。

假设我在课堂上问了一个问题，老师说她已经回答过了，那么我可能会想，我是个白痴。这种羞耻的想法增强或放大了我的羞耻和困窘。我的羞耻被放大了，我感觉自己更渺小了。如果我们不想扩大自己的痛苦，就可以阻止这些想法，让它们在半路消失。如果我们把批评性的自我对话转变为富有同情心的自我对话，我们就会感觉更好。例如，在刚刚所说的课堂提问的情况下，表现自我同情就是思考类似于“我不该被当众羞辱”之类的内容。

其他人也可以放大你的情绪。如果在假期的前夜，我向母亲坦白我害怕坐飞机，她回答说："噢，天哪，我真希望你没告诉我这个。"在她说话的同时，她的眼中充满恐惧，那么这都会使我的恐惧被放大——我的心跳加速，手臂颤抖，呼吸变得越来越浅，越来越快。

愤怒是一种很容易被放大的情绪。想想和爱人的争吵是如何升级的。如果你指出你的伴侣有什么问题，对方就会因被指责而产生自我防御。你变得心烦意乱，因为你觉得自己没有被倾听。你的伴侣把你的烦恼解释为愤怒，变得更加愤怒。从第一次察觉到被损害之后，你们都变得越来越愤怒，越来越自我防卫，不肯妥协并陷入"我说的对"的愤慨之中。在冲突升级的时候，如果我们不小心翼翼地使冲突降级——通过暂停、休息，最重要的是抵制愤怒所产生的强大的投入战斗的冲动，那么战斗很快就会变成吼叫的比赛，甚至更糟。

当我们发现自己没有工具或能力将情绪能量平复下来，到达一个可以控制的水平时，它就会变得非常可怕。这解释了我们为何要竖起防御来应对。这也是每次萨拉的愤怒被触发的时候，都要关闭它或者幻想着逃离我的办公室的原因——她没有工具或技巧来管理自己的感觉。

相反，我们可以选择放大快乐和兴奋等积极情绪，通过与他人分享，让他们为我们感到快乐和兴奋。当我们与那些能给我们良好反馈的人分享积极情绪时，双方都会产生良好的感觉。放大快乐和兴奋可以培养安全感。事实上，与伴侣分享我们生活中的快乐和激动人心的时刻，是在我们重要的关系中激发激情和爱的好方法。

情绪具有能量

人类是有生命的生物体。所有的生物都需要保持平衡的能量状态，这样它们就不会因过热或过冷而死亡。就像汽车需要汽油来驱动一样，我们通过消耗食物来驱动身体机能运转。呼吸和消化为我们的身体细胞创造能量。能量使我们的心脏跳动，肺部呼吸，胃部消化，肌肉运动。我们必须平衡能量的使用和消耗，才能保持平衡和和谐。

如果汽车的温度过高，它就会因过热而停止工作。发动机会产生热量，热量必须得到释放。核心情感也是如此。它们创造能量，能量必须被释放出去。当我们使用太多的抑制性情感和太多的防御时，情感能量就会被阻断，我们就会出问题。

焦虑、内疚和羞耻是下压能量，是使核心情感的表达受挫的三种方式。抑制性情感通过保持我们与他人的联系来帮助我们，但这是有代价的，因为情感能量会被困住。

当乔纳森得知他的狗死了，他的胃和心脏突然出现了悲伤的下坠感。他内心的感觉蔓延到全身，一直延伸到眼睛——悲悼原来可以到达眼睛，通过哭泣来释放，但是在到达眼睛之前，喉咙里的肌肉会自动地收缩，阻止了悲悼。我们大多数人都有过哽咽的感觉。

乔纳森忍住哭泣，并告诉自己：拿出男人的样子！他没有体验到他的悲伤是导致他产生抑郁的因素之一。

人们通常会阻碍核心情感的能量。当情感能量被阻断时，人们在变化三角模型中就移动到了抑制性情感和防御的位置。但这种能量并没有消失，它会引起不安，给身心带来压力。不一定必须要这样。我们可以以自己的方式回到变化三角模型的底部，以一种更健康的方式来体验核心情感，管理感觉。

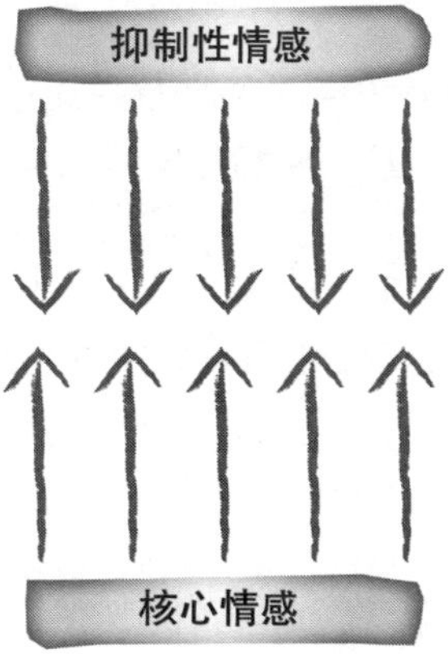

核心情感为了表达出来，会产生向上推动的能量，抑制性情感则会向下压制它们。想象一个活塞：带有能量的核心情感升起，向上推动，寻求释放。

练习 4：注意内在体验

我们将在下面的练习中注意和命名内在体验。重要的是要记住，在了解自己的时候，没有正确或错误之分；只有你的主观感觉才是重要的。当你需要的时候，可以借助附录中介绍的关于情绪和感觉的词语来表达自己的情绪和感觉。

觉察身体的感觉

保持安静，慢下来。感觉你的脚在地板上，做四到五次深呼吸——不管出现什么感觉，都是合适的。现在，让自己回想疲倦或饥饿的感觉。选择一个你最容易回忆起来的经历。

在你的身体里，是什么感觉让你知道你饿了 / 累了？给自己至少 30 秒的时间去觉察，因为觉察身体的感觉要比觉察思想需要更多的时间。

写下一两个让你知道自己饿了 / 累了的感觉。

1. ______________________________

2. ______________________________

从头到脚扫描你的身体

保持呼吸稳定，从头到脚扫描你的身体，就像你在跳进水里之前，先将脚趾探进水中——就是去看看它是什么样的感觉。看看你能不能描述一些你注意到的感觉，无论多么微妙。记住，如果你一开始没有意识到身体的任何感觉，那么就在你的心脏和胃部停留一会儿，看看多出来的 10 秒钟会带来什么。例如，我的身体感觉很平静或者很紧张。

写下你注意到的三种感觉：

1. ____________________

2. ____________________

3. ____________________

如果一种感觉是以一种让人感到害怕或不舒服的方式出现的，那就休息一会儿。继续深呼吸，想象一下你之前确认的能够带给你平静的场所。然后，当你平静下来，觉得已经准备好描述这个感觉时，再重新回去。

记住，永远不要评判你所注意到的。始终保持对自己的好奇和同情。如果你体会到你的身体感觉，那么请不要去评判你自己，保持好奇，对自己感觉困难的或者不可能的东西秉持同情的立场，并确认它。然后问问你自己，是什么使它变成这样的。看看你是否能描述对什么感觉奇怪或不舒服。是感觉本身吗？你觉得是愚蠢还是放纵？你是否在评判自己，或对自己眼里的自己说话？只是保持注意就可以了。

在想法和情绪之间发展心理灵活性

在某个既定的时刻，要弄清楚你处在变化三角模型的哪个位置，你必须分清想法和情绪之间的差异。有时我们的想法对我们有所帮助，但它们常常不具有建设性。沉浸的、强迫的念头和忧虑会在我们的大脑中蔓延。我们甚至没有意识到我们的想法会让我们感觉更糟。

我不建议停止思考。整天生活在脆弱和情绪化的状态之中是不现实的。然而，大多数人只关注自己的思想，忽视了情绪。我们想要发展出灵活性，能够在思想和情绪之间反复地自由穿梭。

聚焦于你的想法，并注意它们。也许你在想，这个信息很有趣；也许你在想，这些东西真傻；也许你正在考虑今天的晚餐吃什么。注意，不要评判你的想法，我们的目标只是去注意。就是这么简单。你现在在想什么？

写下三个你注意到的想法：

1. ____

2. ____

3. ____

接下来，向下移动，从脖子往下到达核心区域。把注意力集中在那里大约 10 秒钟。一定不要屏住呼吸，而是做深呼吸。

你能描述一下你注意到的情绪或身体感觉吗？你可能感觉到你是平静的、放松的、紧张的、有压力的、温暖的、寒冷的、快乐的、悲伤的、愤怒的、害怕的、兴奋的、活泼的、麻木的，或焦急不安的。

写下你注意到的三种情绪或感觉：

1. ______________________________

2. ______________________________

3. ______________________________

最后，回到你的头部。再次关注你的想法。问问自己，我觉得这个练习怎么样？

写下你此时的三个想法：

1. ______________________________

2. ______________________________

3. ______________________________

再次回到你的核心，感受你正在经历的事情。不要假设你之前感觉到的就是你现在感觉到的。

写下你现在注意到的三种情绪或身体感觉：

1. ______________________________

2. ______________________________

3. ______________________________

向上进入头脑思考自己的想法，与向下进入身体并感知情绪和身体感觉之间的差别，你感觉到了吗?

检查你的内在状态

我建议你在日历上设置一个每日提醒，比如“记得检查一下你的身体感觉”。这就是让你养成慢下来，调谐到自己的思想和情绪的习惯。当你注意到一些让你感觉不错的事情时，跟那种感觉一起待一会儿，以了解这种感觉。保持你的好奇。

当你注意到一些感觉困难的事情时，比如不安、紧张、悲伤、疼痛之类的，看看你是否能找到最能描述这种情绪 / 感觉的词。你能给你正在经历的事情找到原因吗？问问你自己，现在发生了什么让你产生这种情绪 / 感觉？看看你是否能识别出你是在感受核心情感还是抑制性情感。随着时间的推移，你将会越来越准确地了解你处在变化三角模型的哪个位置，并且更能帮助你自己。

例如，如果弗兰知道自己有抑制悲伤的倾向，她就会定期检查自己。她知道，她的大脑本能地隐藏或排除了悲伤，所以她必须积极地去发现它并把它带出来。当她注意到内心的悲伤时，她尊敬它——“尊敬”意味着有优先权。她注意到她身体里的感觉，这种感觉告诉她她很悲伤，她把注意力集中在那些悲伤的感觉上，直到它们转变或告诉她什么。她试图弄清楚在那一刻，她的内心或外部环境中发生了什么，引发了她的悲伤。她带着同情走近她的悲伤。

大多数人发现，使用语言来描述不舒服的经历更容易一些。我们似乎很容易找到更多的描述消极经历的语言，但我们需要努力寻找描述积极经验的词汇。以平静为例。许多人报告说，平静好像没有任何感觉。但是，当我们经历平静时，像温柔、安宁、柔和和柔嫩这样的词汇就会出现。当你发现愉快的情绪和感觉时，就和这些感觉待在一起，并加入哪怕是隐喻性的适合的语言。当我们添加语言的时候，它就像一个参照点，标志着大脑的良好体验。所以，你回到这些滋养性体验中将会变得更加容易。

日常惯例

- 慢下来，注意你的大脑和身体中正在发生的事情。
- 注意防御性的想法和策略，并质疑它们存在的理由。
- 通过从想法中出来，并检查自己的身体，试着移除防御。
- 试着用语言描述你正在经历的事情。
- 确认你的感受。

通过始终如一地参与，你正在创造积极的大脑变化。

练习 5：发现你的核心情感

从头到脚慢慢地扫描你的身体，寻找任何情绪，无论它是多么细小或微妙。当你发现某种感觉时，问自己下面的每一个问题，找出最适合你的核心情感。一定要慢慢来，一次只检查一种情感，多给自己一些时间（每种情感花费 30 秒来扫描整个身体，会让你感觉很漫长)。

回答下面的每个问题，并在你认为“是”的问题旁边做标记。接受你所注意到的，并抵制住评价你是否应该有这种感觉的诱惑。

- 我感到愤怒了吗?
- 我感到悲伤了吗?
- 我感到恐惧了吗?
- 我感到厌恶了吗?
- 我感到快乐了吗?
- 我感到兴奋了吗?
- 我感到性兴奋了吗?

选择一个你正在经历的核心情感。尝试去体会情感本身；不要去考虑情感本身，只去感受它。深呼吸，并在情感中保持 30 秒。如果你在这种情感中停留更长的时间，将会发生什么?

写下你注意到的三件事:

1. ______________________________

2. ______________________________

3. ______________________________

根据你正在经历的情感完成下面的句子。不要评判或思考，让你在身体上感受到的情感告诉你答案。

我对____________________感到愤怒，因为______________。

我对______________________感到悲伤，因为______________。

我对______________________感到恐惧，因为______________。

我对______________________感到厌恶，因为______________。

我对______________________感到快乐，并且想跟______分享。

我对______________________感到兴奋，并且想跟______分享。

我对______________________会产生性兴奋，我的幻想是____。

IT´S NOT ALWAYS DEPRESSION

第5章

与抑制性情感一起工作

抑制性情感的作用就像红灯发出信号一样——停！不要产生那样的感觉！

斯宾塞和他的社交焦虑

斯宾塞在一个冰冷的家庭中长大。他的父亲是一个倨傲的人，没什么朋友，他的父亲觉得人们是“令人讨厌的”和“愚蠢的”。他的母亲被动且安静；对于他父亲所创造的紧张和敌对的气氛，她没有做任何事来弥补。在独自画画的时候，斯宾塞能够找到平静的感觉。

尽管斯宾塞热爱绘画，但他成年后从事了平面设计工作。他是一位有才华的艺术家，但由于羞涩，他在推广自己的艺术作品时很纠结。斯宾塞告诉我：“我必须克服我的社交焦虑，这样我才能更舒适地结识新朋友并展示我的作品。”在社交场合，斯宾塞因为害怕说出“错误的东西”而犹豫不决，不敢说或做任何事。

在我们的第一次会谈中，我问他：“‘错误的东西’是什么意思？”

"我担心我会说一些愚蠢的或者令人讨厌的东西。"他回答。

"如果你这样做了呢？"

"那会很不好！"我可以看到斯宾塞的身体做出恐惧的反应。

"它会不好吗？"

"我不想让自己看起来像个白痴，或者让人对我生气。"

我注意到他的左腿不停地摇晃。"你左腿的动作告诉我们什么？"

"我很害怕人们会对我生气。我无法处理这些。"他说。

"当你与我分享时，你在脑海中看到了什么图像？"

"我独自一人站着，每个人都在看着我、评判我，他们因我是一个白痴而生我的气。"斯宾塞说。在进入每个社交互动之前，这个场景就在他的头脑中上演，难怪他不想去。

我们第一次见面，斯宾塞就给我留下了深刻的印象。他很好看，并有一种和善而文雅的风度。他总是彬彬有礼，考虑周到，如果他在来的时候，为他自己带了一杯咖啡，那么他也一定会给我带一杯。我对斯宾塞的感觉是，在所有的抑制之下，他是一个非常有趣的人，只要他能有更多的信心，他就会有很多东西可以展现出来。可悲的是，他害怕引起别人的评判和愤怒。他通过限制他与其他人的互动来保护自己，偶然碰上的友情屈指可数。

与其他人在一起会产生令人无法忍受的焦虑感，为了停止这种感觉，斯宾塞让自己的头脑一直被担心犯错误和惹怒别人占据着。如果他的防御方式可以说话，那么它可能会说，只要我能弄清楚别人想从我身上得到什么，我就可以给他什么，这样就能避免他的愤怒，获得安全。他的大脑被过度激活，他一直试图找到方法保护自己，以避免假想的来自他人的评判和愤怒。

不幸的是，他试图解决一个无法解决的问题。我们没有人会读心术。试图预测别人想要的东西需要大量的能量，这些能量原本可以被用于娱乐或参与其他活动。

斯宾塞的防御住在他的大脑中。这让他远离了焦虑的身体症状（恶心、胃部痉挛、内心战战兢兢、心跳加速），帮助他避免了体内的不舒适感。不过，这个策略并没有为他的社交焦虑提供长期的解决方案。

防御方式可以帮助我们避免痛苦：那些可能是淹没性的焦虑、羞耻、内疚，以及其他核心情感。但它们确实需要付出高昂的成本。对于斯宾塞来说，这种防御方式的代价是，当他的周围有人时，他无法放松。强迫性的循环思考［也被称为沉浸（ruminations）］和担忧是毫无意义的，更别说它还是折磨人的。斯宾塞的头脑里一遍又一遍地重播下面这个序列：没有人会喜欢我……我是一个可怕的人……我马上就要犯错误……每个人都会生我的气……没有人会喜欢我……我是一个可怕的人……我马上就要犯错误……每个人都会生我的气……没有人会喜欢我……我是一个可怕的人……我马上就要犯错误……每个人都会生我的气……

沉浸在如何能够避免别人愤怒中，将付出很多代价：

- 沉浸会耗尽原本可以用来高效工作、愉快玩耍、富有创造性，或者对世界保持好奇的能量；
- 沉浸会激发大脑的战斗或逃跑部分，使其进入永久的危险警觉状态。这会导致压力激素的释放，随着时间的推移，会有害健康；
- 沉浸会损害一个人解决问题的能力。当大脑焦虑时，并不能很好地运作。沉浸和担忧会让人们觉得，他们正在解决问题，但最好的情况也只是让人们低效率地工作，而且有时实际上并不存在问题。

大约进行了三个月的治疗，斯宾塞描述了他十几岁时的感受：“当我的父亲不喜欢我说的话时，他让我觉得自己是一个非常非常可怕的人，就好像我刺伤了他一样。这不像是他能理解我是一个正常的、有时会说些烦人的话的十几岁的少年，他把这些放在心里，说的话好像是‘你恨我；你对你的狗都比对我好’。他经常告诉我，我很糟糕。”

“太残忍了。”我感到了自己的愤怒，因为他的父母都缺乏同情和关心，这种侮辱性的忽视是如此具有破坏性。

“是吗？”斯宾塞说。

“那么，你感觉如何？”我问道。

“不好，但我认为这是我的错。”

“当我告诉你，你父亲的行为很残忍的时候，你产生了什么感觉吗？”我问。

“我感到释然，谢谢。”斯宾塞说，低头向下凝视着。

“你看起来和你的父母有很大的不同。”我想起他如何将他的狗养大。他的父母做对的事情之一，就是给斯宾塞买了一只小狗，他养了它 13 年，照顾了它 13 年。他对他的狗的爱和照顾让我感动得流下了眼泪。

我经常在工作中使用他和他的狗——韦斯利的关系。当我想举例说明一种没有恐惧的被爱的感觉时，我会让他回忆他与韦斯利在一起时，他自己的感受。当需要提醒他被爱和被接纳的感受时，我让他回忆韦斯利对他的感觉，以及他对韦斯利的感觉。我会比较他如何对待韦斯利，以及他的父母如何对待他，让他看到他和他的父母并不像。

斯宾塞可以对他人感同身受，却不能这样对自己。我希望他对自己的这个双重标准感到好奇：他为什么能够感受到别人的痛苦，并让他们放过自己的错误，却确信人们不会为他做同样的事情？

我认为他的一部分可能被有关他父亲的记忆困住了，这个记忆在当下会无意识地重演。换句话说，他的大脑没有意识到这是他正在重温的记忆。斯宾塞正通过自己年轻的那部分的眼睛看这个世界。他使用自己回应父亲的方式回应其他人。如果斯宾塞能够处理从小时候就开始的对父亲的核心感受，并帮助受到伤害的年幼那部分自己感到更加安全，那么他也许会发展出更多的自信，并且能更清楚地看到此刻的现实和其他的人。

与我们还是孩子的时候不同，作为成年人，我们有能力保护自己免受坏脾气的人的伤害。但斯宾塞一直认为，每个人都会像他父亲那样对待他，或者如果有人现在这样做，他将无法应付。

几个月来，我们在一起工作，斯宾塞有一个重要的领悟。

"我以为我存在出生缺陷，以为这就是我父亲之所以如此悲惨和坏脾气的原因。"

"当你年幼的时候，生活非常艰难。你真的在应对一个强硬的对手。你父亲的艰难和悲惨并不是你的错。我的猜测是，在你出生之前，他就是那样的了。你对他的童年有什么了解吗？"我问。

"只有一点点。我知道他的童年不好过。有一天，我听到母亲对阿姨说了一些关于我的祖父酗酒的事情。我想我的祖父可能是因为醉酒和行为不当而在监狱里待了一段时间。还有一件关于祖父的事，好像是他在酒吧斗殴，差点儿杀了一个人。"

"所以，你的父亲看起来是跟着他的愤怒的父亲长大的。他生气的原因可能是这个，而不是你。你能看到吗？"

"我在理智上能够理解这些。"

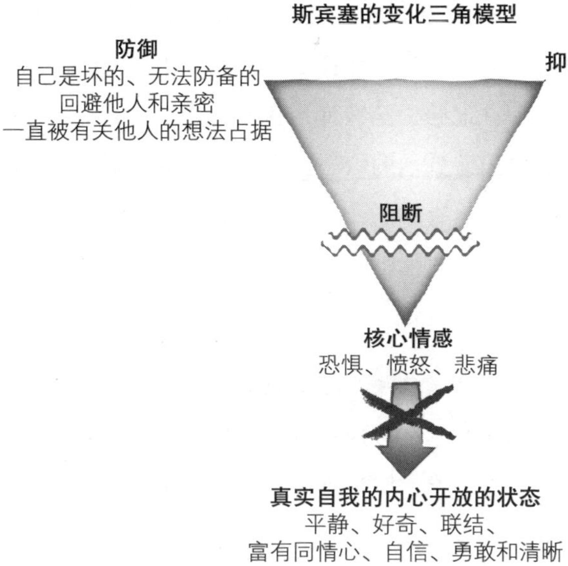

“你把它放在这里，”我说，指着我的头部，“而不是在这里。”我又指了指我的心。

“应该是的。”他证实。

修复创伤意味着帮助大脑把“软件”更新到当下。我们希望将过去的事件作为记忆在大脑中存档。当我们真的处于危险之中时，我们希望我们那些具有生存意义的情感能够被触发。但是当我们安全时，我们想要平静下来，以便可以用我们的能量来生活。我们的工作是在斯宾塞的大脑里重新建立联结，以便使他能够认识到，他小时候发生的所有事情都已经结束了。斯宾塞还需要学习一些额外的社交技巧，比如，如何带着善意设置限制和边界，因为当他还是个孩子的时候，没有人为他做榜样。

随着我们工作的推进，斯宾塞慢慢地获得了信心。给他与父亲之间的互动贴上“虐待性”的标签之后，他开始将自己视为虐待的幸存者。他开始深深地感觉到虐待不是他的错。他的父亲是应该负责任的一方。我可以看到他的信心正在提高：他谈到他不喜欢的事情时更加确定；他站得直直的，肩膀后展而不是弯腰驼背；他的声音低沉响亮；他的穿着更加整洁优雅，好像他更关心自己以及他呈现给世界的样子。

在我们工作大约六个月的一次会谈中，斯宾塞分享了他的记忆，当时他的父亲正在不公正地指责他，认为他在家里采暖时开着窗户。他的父亲非常愤怒，因为这样会增加采暖费。斯宾塞确信他没有把窗户打开。

“他称我是一个不负责任的白痴。”

“这太不公平了，太恶毒了，”我肯定地说，“我们能够借助这段记忆，一劳永逸地解决你父亲的问题吗？”

“好吧。”他说，等着我引导他。

“首先，我想帮助你转变成你最自信的自己，”我笑着说，“你能够唤醒你最为自己感到自豪时的回忆吗？”

我希望他当下的自我能够感受到尽可能的强大和有能力。如果他能够获得他感觉良好时的记忆，积极的感受就会在他大脑中的最前面，并使他与年幼受伤的那部分更容易地建立联系。

“我想那是我在工作中获得奖项的时候。我被评为年度优秀员工。他们在圣诞派对上宣布了这个评选结果。每个人都在那里，我得到了现金奖励。但最好的部分是他们发表的演讲。他们称我为‘队友’，并且总是愿意伸出援助之手。”

我为之感动。他以前从未与我分享过这个经历。

“哇！当你回想起这些的时候，你的身体有什么感觉？”

“我感觉自己更强壮，好像我更高、更直了些。”他在椅子上动了一下，坐得更直了。

“你有没有注意到你的姿势发生了变化？”我通过询问，让他能够将这个转变带入意识。

“是的，我坐直了。”

“所以，面对我，并与这种强大和直立的感觉保持联系，让我们回到和你父亲的记忆中。让这个时刻的记忆变得尽可能地栩栩如生。你能在这里看到这个记忆，就好像它在一台旧电视机中放映吗？”我把我的手掌放在离他近两米远的地方，代表电视屏幕。我希望斯宾塞的大脑能够与记忆保持距离，以便与自己年幼的部分保持距离，防止年幼部分所留存的情绪淹没他此时此刻的自我。

“是的。”他说。

“你看到了什么？”我问。

“我看到我和我父亲在浴室里，窗户打开着。他指着打开的窗户吼我。我的脑袋耷拉着。”

“现在，当你和我坐在这里，你在自己最自信、最强大的自我状态里，当你看到这个场景时，你在情绪上出现了什么？”

“我为我自己感到难过，对我那个浑蛋爸爸生气。”斯宾塞用坚定的声音说道。斯宾塞的一只脚在过去，另一只脚在当下，这就是安全地处理创伤的方式。

“你有做些什么的冲动吗？”我问道。

“我想保护这个男孩，并告诉我的父亲，他是个糟糕的、用不好的方式对待孩子的人。”斯宾塞说这些的时候，听起来坚强并且自信。我几乎可以感觉到他的大脑在改变——将旧的神经网络和新的神经网络分离开来，变成独特的过去和现在。他的声音响亮，听起来很坚定。

“你能把自己坚强而自信的成年自我放到那个场景中，在你的想象中去做感觉对的事情吗？”

斯宾塞盯着我的手。他的表情看起来很生气——嘴唇缩拢，眉头皱起。

“发生了什么？”大约一分钟后，我问道。

他把目光从想象中的电视收回，与我对视。“我冲进了卫生间，骂他浑蛋，冲着他鼻子狠狠打了一拳，我握住小男孩的手并告诉他，没有人可以再像这样跟他说话而不需要付出任何代价。”

我们现在都很安静，静静地处理这个充满浓烈的爱和保护又令人难以置信的时刻。

他深吸了一口气，目光聚焦在我身上，然后向上凝视，之后又回到我身上。我等着他开始分享。“这感觉很好。”他说。

“保持内心的感觉。”

“我的意思是……我有点动摇，我的整个身体都感到刺痛。”

“可以忍受吗？可以和它一起留在感觉里面吗？”

他点了点头，又过了差不多30秒，他补充道：“现在它正在消退。我觉得在某种程度上更轻盈，同时更坚实，或者说是更有分量——哇！”

“哇！”我镜映道。

斯宾塞继续说道：“我的意思是，他是我的父亲，我爱他，但我也无法忍受他。他对我来说就是这样一个讨厌鬼。我不敢相信我能够像那样对付他，其实也并没有那么难。他甚至没有打回来，他只是弯下腰去。我刚刚和那个孩子——也就是年幼的我，走了出去。”

“保持所有这些感觉，待在里面。”

“动摇的感觉正在下降。我感觉自己更加强壮了。”

“你觉得身体里的哪部分变得更加强壮了？”我问道。

“这就像一种坚定的感觉，充满我的后背，直到头顶，但是感觉前面有个开口。我不知道这是否有意义，但我就是这样一种感觉。”他坐得又直又高，看起来很冷静。对我来说，他看起来有点不一样——更成熟了一些。

“这对我来说非常有意义。留在身体的感受里，看看接下来会发生什么。”

“我简直不敢相信我做到了这些！”

“你做到了！这给你带来了什么情绪？”

“我不确定。我想我为自己感到骄傲。”

我绽开笑容。“只需注意那是什么。这是新奇的、惊人的。”

“这就像我整个身体变大了，我很兴奋，但不焦虑。我喜欢它，但也觉得它有点奇怪。”

“奇怪？我知道奇怪对我来说意味着什么，但对你来说，又意味着什么呢？”

“就好像，感觉很好，但也可能有点吓人。”

“是啊。感觉很好，但也可能有点吓人。”我重复了一遍，与他保持着紧密的联结。我希望我们能在这里度过一段时间，以便他能深刻地感受到所有这些新出现的情绪，让他的大脑和身体腾出空间容纳它们并整合它们，形成新的正常状态。一分钟过去了。

“我现在感到更平静，”斯宾塞看着我的眼睛，说，“谢谢你，我很感激你鼓励我做这些。”

“不客气。”我说，并感到很高兴。我们静静地坐了一会儿。然后，我又像我通常会做的那样问他：“今天我们一起做这些，对你来说是怎么样的？”

“这令人惊讶。我感到充满希望。如果我可以模拟勇敢地面对我的父亲，也许我可以真正勇敢地面对其他人。也许我不必弯腰低头。也许我可以冒着一些风险直直地站着。”

“我知道你可以，这仅仅是个开始。”

斯宾塞的自我已经完全实现了内心开放的状态。我看到了他的自信、平静和清晰。我感觉到我们的联结。最重要的是，他对自己有同情心。

接下来的一周，我问斯宾塞，在那次重要的会谈之后，是不是发生了什么。“你是否有任何你想分享的想法？”

“是的，我对我的童年思考了很多。回忆不断涌现，我回想起一直以来，我是多么害怕，以及因为我必须隐藏起来而失去了多少时间。我再也不想那样了。我不确定这种感觉会持续多久，但我确实感觉不一样。我甚至联系了一位画廊老板，我的一位艺术家朋友建议我打电话，但我只发了一条信息给他。对此我感觉很好，真的很好！”

“你怎么理解这些？”我想让他描述他上周以来所经历的内在变化。

“我认为勇敢地面对我的父亲让我有所改变。尽管这是在想象中的，但感觉它确实很有效。我无法解释。我只是觉得不那么害怕。如果有人是浑蛋，那也是他们的责任，不是我的。”

斯宾塞和我又继续工作了两年。我们处理了他对他母亲的感受，随着工作的推进，他与母亲的关系也得到了改善。斯宾塞开始理解他母亲对他的忽视，是由于他母亲自己的童年创伤和恐惧——出于对后果的恐惧，他的母亲不敢勇敢地面对他的父亲。虽然斯宾塞并不认为他的母亲没有责任，但他能够宽恕和同情她。除了父亲，他和母亲形成了一种新的更密切的关系。斯宾塞在日常的平面设计工作中表现优异，要求提高早就该增加的薪水，并承担额外的职责。他在现有的友谊中找到了更多的快乐和满足。他开始与一个可爱的、对他非常好的女性约会，并在州北的一家画廊办了展览。

在很多情况下，我为斯宾塞绘制变化三角模型示意图，并给了他其中的一些作为参考。他告诉我，他在钱包里带着一个。他有时会参考它，并用它作为提醒，与他的愤怒这种核心情感保持联系，特别是在他感到要被推向恐惧和羞耻的时候。当他感到自己年幼的部分被这些情感触发时，他会立即想象它们，检查它们需要什么，并提供给它们。他告诉我，有时它们需要言语的保证，如果有人很卑劣，那么他也可以保护它们。有时，它们需要拍拍它们的背。还有时，他胆怯地承认，它们需要一个大大的拥抱。

我帮助斯宾塞培养了他对年幼部分的同情，而不是蔑视。处理他被阻断的所有情绪，最终带来解脱，并增强了他可以应对自己的感觉的信心。他在越来越多的时间里处于内心开放的状态。

与焦虑、羞耻和内疚一起工作

过去的经验可能会告诉我们，某些核心情感是不被接纳的，所以当这种核心情感被引发时，就会无意识地引发焦虑和其他的抑制性情感。抑制性情感的作用就像红灯发出信号一样——停！不要产生那样的感觉！情感体验从核心情感转向抑制性情感。存在三种不同的阻断核心情感的方式：焦虑、羞耻和 / 或内疚。

与焦虑一起工作

我知道在我成为心理治疗师前的很长一段时间里，自己有什么样的焦虑。作为一名青少年和年轻人，我在周日就为即将到来的周一感到害怕，我可以确认这种恐惧是一种焦虑。我可以说："我为明天去上学而感到焦虑。"我的父母经常会问我："你觉得是什么让你焦虑？"除了有时能找到焦虑的原因并提醒自己它会过去之外，我不知道该怎么做才能真正帮助自己获得更好的感觉，这种情况一直延续到我了解并学习变化三角模型。

在我参加的第一个 AEDP 工作坊上，导师们让我们参与了他们所谓的体验式练习。我们必须通过在身体层面处理情绪并加工这些经验，来练习刚刚学到的知识。一次讲座之后，我们组成了三个人的小组：一个人扮演治疗师，另一个扮演患者，第三个人做旁观者，负责计时并根据需要向导师寻求帮助。当轮到我扮演患者的时候，我被问到这样的问题："你此时此刻感觉到了什么？"

"此时此刻"这个词很重要。在我对自己的情绪做任何事情之前，我不得不让自己进入此时此刻，然后我不得不让自己放慢到蜗牛的速度，这样我才能开始感知我的情绪和身体感觉，在它们正在发生的真实时刻去感知。

当扮演治疗师的学生问我现在的感受时，我正为第一次尝试这些技术感到紧张，所以我回答说："我很紧张！"

然后她问我："在你的身体中，是如何感受到这种紧张的？"

我的身体是如何体验到我的紧张，用技术性的术语讲我的焦虑的？这是一个新奇的问题！我深吸了一口气，转向了我的内脏体验，并从头到脚扫描了我的身体。

"我感到我的心脏在我的胸腔内快速跳动。我感到全身都在震动。"我说。

然后我的同伴进一步问道："你能和你身体里的感觉在一起待一会儿吗？保持呼吸并注意它。发生变化时请让我知道。所有我们要做的就是注意。"

我按照指导与我的身体体验待在一起。必须承认，我很害怕。我记得我认为如果我专注于快速跳动的心脏，它可能会进一步加速。我认为我会变得更加焦虑，并且失控。在众目睽睽之下，我感到自己很脆弱——我不想在同事面前失控。尽管我很恐惧，但我鼓起勇气和信心，继续专注于怦怦狂跳的胸口。令我万分惊讶的是，我的心脏平静了下来。当我向内聚焦时，震动的感觉也平息下来，我感觉更放松了。这实在出乎我的意料。

从那时起，当我意识到我很焦虑时，我会立即将自己的意识转移到身体上。我抵制着进入头脑并思考的驱动力，这是大多数人都会自然去做的反射性行动。我在体验自己身体感觉的道路上不断磨炼。我不评判自己，也不对自己施加压力。我只是与我自己焦虑的身体感觉在一起，慢慢地进行深呼吸，直到出现转变。就像在那个工作坊中，我会平静下来。以这种方式处理我的焦虑，让我感觉自己更加可控。以这种方式降低焦虑也是寻找核心情感的先导步骤。

焦虑体验的多种形式

焦虑以多种形式出现：我的有些患者感到头晕或感觉自己在身体的外面；有些患者感到胃部打结或紧缩；有些患者注意到他们的心跳加快，呼吸变浅；还有些患者感觉手臂和腿部刺痛。焦虑富有创意，会用以下不同的症状展现自己：

- 头晕；
- 恍惚；
- 感觉在身体之外；

- 混乱；
- 耳鸣；
- 视物模糊；
- 胃部收缩；
- 肠胃不适，如腹泻、恶心、呕吐；
- 发热或发冷；
- 突然想要小便；
- 出汗；
- 偏头痛；
- 心跳加快或剧烈；
- 呼吸变浅；
- 呼吸急促；
- 胸口疼痛；
- 手臂和腿部刺痛；
- 不宁腿综合征（腿摇晃）；
- 颤抖。

当我们确定自己处于变化三角模型的焦虑角落时，下一步就是平息焦虑。调谐到身体感觉，呼吸和接地练习有助于平息焦虑。接下来的任务是，弄清楚隐藏在焦虑背后的核心情感。即使我们并不总是能够确定我们正在经历的情感，仅仅是去寻找它们也是有用的，因为它会在我们的内部体验和我们的自我之间创造距离，让我们能够看到远景。

核心情感和焦虑

尽管不舒服，但还是应该把焦虑视为一种有益的信号，表明我们正在经历核心情感。当你注意到焦虑感时，那太棒了！你可以使用它提示自己，并使用变化三角模型发现、命名、验证和体验隐藏的核心情感。不仅仅是这些核心情感自身很重要，同样很重要的是，从焦虑转向核心情感，焦虑就会减少。

焦虑与多种情感

根据环境中发生的情况，核心情感和抑制性情感可能会同时出现。当许多情绪一起出现时，我们会感到不知所措，焦虑不安。为了减少淹没性的感觉，我们需要为我们所注意到的每一种核心情感命名，将我们正在经历的事情分解成可管理、可处理的单元。

有关变化三角模型，我们必须每次只处理一种情感，注意每一种情感，并想象与它们之间存在空间，从而降低焦虑。想着每一种核心情感，并在你的内在世界中寻找它："我注意到兴奋、恐惧和快乐……"命名每种核心情感，并用"和"而不是"但"来分开这些核心情感，这有助于大脑在区分情感的同时保持住这种情感，因为使用"但"会否定或减少它之前的所有东西。比如，当我们说"我感到悲伤，但也欢乐"时，悲伤就被减少了。我们需要全身心地体验"我感到悲伤和快乐"。我们转向每种核心情感，一次一个。当你注意到每一种情感时，命名它，确认它，并感受它。然后，继续检查是否有更多的情感需要确认。

相互矛盾的情感和焦虑

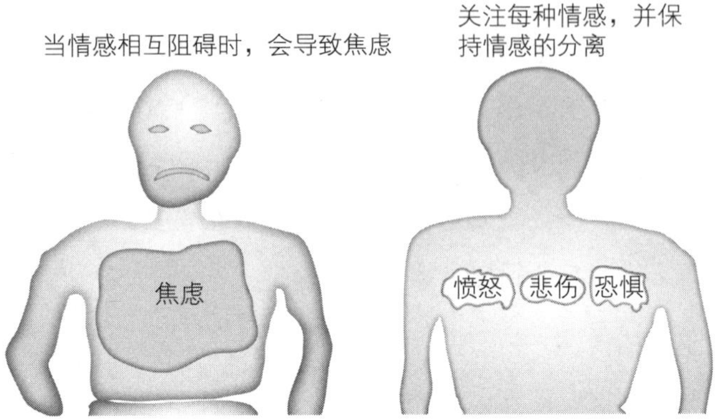

我知道我们可以同时体验相反的情绪，这对我来说是一个启示。例如，当我们爱一个人，但他却伤害了我们时，我们常常在同时会感受到“我爱你”和“我恨你”，这时的情绪就是爱和愤怒。尽管大多数人常常会体验到爱和愤怒，但将两种相反的感受与两种相反的冲动同时留存在头脑中，对于我们来说也很不容易。通过记住并确认这两方面的感受，这种不可调和的冲突所引发的焦虑能够得到极大改善。你可能会对自己说类似“我爱我的伴侣，现在我也恨他，或者我很生他的气”的话。这样的小改写通常会使我们的感觉更好，更易于管理。

这里有一个练习：下一次当你感到焦虑时，画一个像下面这样的图形，在图的头部和身体上留下空间书写。注意你大脑中焦虑的念头，写下来。然后，将你的意识转移到你脖子以下的部分所体验到的感受上。试着说出你在焦虑之下发现的每一种核心情感。一次一个地扫描每一种核心情感：我是不是感到伤心？我是不是感到害怕？我是不是感到生气？我是不是感到兴奋？等等。在图中的身体部分列出你认为自己辨别出的所有核心情感。

不要害怕一次又一次地在这个练习中努力和挣扎。继续努力吧，只是去尝试就能对你的大脑产生益处。你将会获得进步！

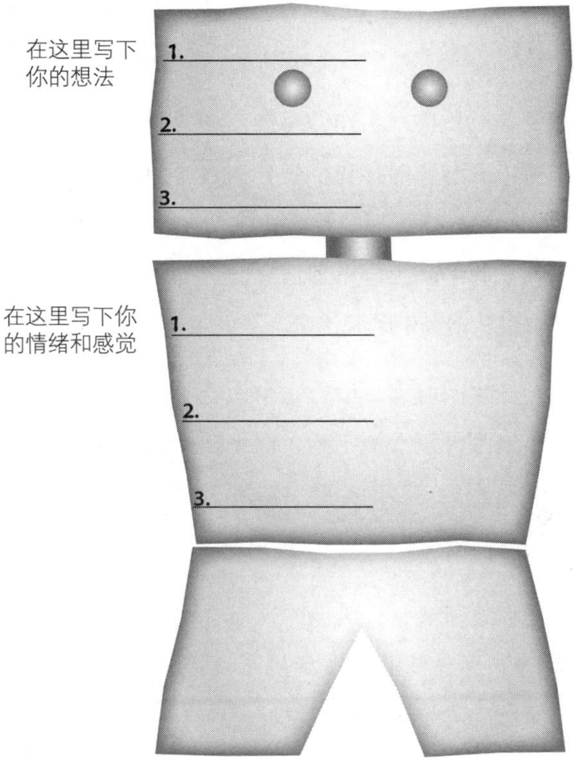

与羞耻一起工作

大多数人都生活在平静的绝望中。

——亨利·大卫·梭罗

走近我灵魂的每一步，都会激发我内心的魔鬼的嘲笑——就是那些懦弱的搬弄是非和调制毒品的家伙们。

——荣格

当使用变化三角模型工作的时候，在我们放松防御后，羞耻往往会显露出来。羞耻普遍存在，它是一种复杂且令人难以忍受的痛苦。羞耻是如此让人痛苦，以至于心灵以各种方式发生扭曲（防御）来保护我们，让我们甚至都不知道自己产生了羞耻。我们可以借助勇气和精神力量从羞耻中解脱出来，尽我们所能去学习是第一步。

我们都会产生羞耻感，没有一个人能幸免。我们总会在此时或彼时，这件事或那件事上被拒绝、被排斥、被忽视，在我们真正感到需要的时候听到“不”的回答，或者无法得到我们所依赖的某个人的喜欢。

没有人想谈论羞耻，因为谈论羞耻会引发羞耻——我们一听到这个词就能感知到我们的身体产生了反应，从而觉得不舒服。然而，了解羞耻有助于分散它的力量。

那么，羞耻到底是什么？它是如何产生的？我们如何将它辨认出来呢？我们如何使羞耻产生改变？将羞耻分成两类有助于理解：一种是有帮助的，即健康的羞耻；另一种是有伤害性的，即有毒的羞耻。

健康的羞耻可以确保我们成为这个世界的好公民。我们天生的自我存续本能必须受到抑制，这样我们才能形成高效的群体。团体提供许多生存优势，如帮助、协作、保护等。羞耻确保我们不太贪婪，不太贪心，不太吝啬，不做出过分的虐待和忽视的行为。健康的羞耻激励我们成为好人。当我们按照群体的价值观行事时，我们会感觉很好。当我们不这样做时，会为自己感到羞愧。

共情是将自己置身于另一个人体内的能力，帮助我们理解和分享另一个人的感受。共情会阻止我们实施违反人性的行为，如强奸、谋杀和侵犯人权等，因为当我们伤害他人时，我们确实会感觉很不好。我们会想象接受的那一方会有什么感觉，我们不希望对任何人造成这种感觉。共情和健康的羞耻是帮助人类感受和关心彼此的自然方式，以使人类这种物种生存下来。

有毒的羞耻是一种“我不好，我不够好，我不会被爱”的深刻感觉。有毒的羞耻对人类物种的生存来说没有必要，也就是说，如果没有这种羞耻，我们会做得更好。但可悲的是，它确实存在，而且是我们许多心理痛苦的根源。有毒的羞耻会导致抑郁、成瘾、饮食失调，以及人格障碍（如自恋和边缘型人格障碍等）。羞耻会导致完美主义、蔑视、傲慢、自大和偏见等我们用来抵抗不安全感的所有防御。感受到羞耻时，我们往往不愿意分享真实的自我。羞耻会告诉我们：有东西需要隐藏起来；我们的内部已经破裂，存在缺陷或不同；如果有任何人发现我们因为什么而感到羞耻，我们将被拒绝。好消息是，我们可以做许多事情来预防和治疗有毒的羞耻。但首先，我们需要了解是什么导致了有毒的羞耻，辨别它的特征，并根除相关的污名，以便我们能够彼此敞开心扉。

羞耻并非内疚

羞耻和内疚经常被混淆。内疚是我们在做坏事的时候感觉到的，羞耻则是在我们觉得自己不好的时候感受到的；内疚与不良行为有关，羞耻则与糟糕的自我有关。我们感到羞耻的部分经常会认为：

- 我不够好；
- 我很蠢；
- 我毫无价值；
- 我有缺陷；
- 我很丑陋；
- 我不会被爱；
- 我是不完整的；
- 我是不受欢迎的；
- 我是一个失败者；
- 我是一个坏人。

曾经有一段时间，我对羞耻没有什么概念，我认为这只是偶尔感到有些尴尬。但是在我学习了有关羞耻的生物学和心理学知识之后，我学会并观察到所有沉默的、无意识的羞耻都在影响着人们。

我开始在几乎任何地方都能注意到羞耻的出现。我注意到人们避免坦诚地分享他们的生活、感受和经历。当我分享我的困难，或者深入询问我的朋友们有关他们生活的问题时，我注意到一些朋友会感到不舒服。我注意到并开始探寻，在何时以及为什么我会把自己的真实自我放回去。当我发现我的羞耻并让它出来时，无论是和我自己还是和其他人分享，羞耻都会失去它的力量，我会感到巨大的安慰。

通过下面几种方式，使用变化三角模型可以有助于转变有毒的羞耻：

- 提醒我们存在羞耻，羞耻可能会使我们陷入防御；
- 引导我们主动发现，并承认我们存在羞耻的部分；
- 引导我们接受原本的自己；
- 指导我们重新回忆那些让我们感到羞耻的记忆，以便我们能够释放当时所产生的核心情感，就像我对斯宾塞所做的那样。

我们的任务是解决那些产生羞耻的错误信念，理解我们经历过的那些造成这些错误信念的小 t 创伤和大 T 创伤，并体验那些因为核心自我受到侮辱或攻击而产生的核心情感。在这个过程结束时，痛苦就会减轻。我们会与我们的真实自我有更多的接触，并对他人更加开放。通过这个过程，我们会解放自己！

想想斯宾塞。他来找我是因为他的社交焦虑正在削弱他，但当我们开始谈论他的父亲时，斯宾塞存在非常多的羞耻。因为父亲的话语使得他相信，他是没良心的、卑劣的坏儿子。斯宾塞认为是他不好，所以父亲才会有那些行为。其实相反，斯宾塞非常周到（给我带来咖啡）和合作（作为团队成员赢得年度优秀员工奖），表现出感激（感谢我帮助他），但他的羞耻告诉他的并非这些，也使他看不到父亲的虐待。

羞耻是如何产生的

我们不是天生就有羞耻的感觉，而是从别人那里习得的。当我们主动地与他人联系但遭到拒绝时，就会引发羞耻。羞耻是我们对重要的拒绝所产生的生理和心理反应。

羞耻与特定的生活经历密切相关。我们都会被羞耻感折磨，但是，是什么让我们感到羞耻，为什么我们会遭受这种痛苦，对每个人来说都是独一无二的。作为成年人，我们可能不记得我们的羞耻感是如何发展的。然而，羞耻总是与特定的事件联系在一起，这些事件教我们警戒或隐藏。许多产生羞耻感的经历发生在我们会说话之前，那时我们还是婴儿。例如，想象一个微笑着的、兴奋的 18 个月大的婴儿，张开手臂跑向他的母亲。这个婴儿是不防备的，也是脆弱的。这个婴儿的神经系统期待着和他的情绪相匹配的母亲，这个母亲同样是兴奋的、微笑的和欢迎的。但是当婴儿到他母亲那里时，发现母亲心事重重。漫长的一天后，他的母亲感到疲劳是可以理解的；也许她正在轻度抑郁情绪中挣扎，正忙于处理年迈父母的事务，或者面临其他的困难。这位母亲并不具有情绪的可得性。她在面对宝宝时表情平淡，甚至流露出了失望。没有人应该因为这种缺乏反应的反应而受到指责：母亲已经做了她能做到的最好。尽管如此，母亲缺乏能和孩子匹配的热情，会让他的孩子感到羞耻。孩子的兴奋与照顾者的冷漠之间的不匹配被孩子体验为拒绝，并且孩子也会将他的兴奋内化为一种不好的感觉。另外，当我们被拒绝时，愤怒和悲伤这些核心情感也会出现。毕竟，我们不喜欢被拒绝，所以拒绝理所当然地会引发愤怒这种原始的抗议，然后我们会产生丧失的悲伤，丧失了自我与使我们产生羞耻的人之间的联结。

即使是最轻微的拒绝也会自然而然地产生愤怒和悲伤，尤其是在我们年幼的时候。如果悲伤或愤怒得到积极回应，我们的神经系统就会稳定下来，恢复平静。如果核心情感没有得到充满共情的回应，而是遭到漠视甚至是报复，那么在羞耻的作用下，我们会为了自我保护而向内撤回。如果一再遭到拒绝，年幼的头脑中就会形成根深蒂固的信念，认为这是我们自己的错。然后，羞耻使我们在自我保护之下隐藏，并在未来阻断我们觉察自己的愤怒和悲伤。

应该指责谁？谁应该负责任

根据我的经验，大多数人并不想责怪他们的父母或其他家庭成员，即使他们做了伤害性的事情并犯了大错。责备，于事无补。作为家长，我犯了许多错误，我的孩子们为此付出了代价。羞辱父母是我无论如何都不想做的事情。不过，我确实喜欢谈论谁应该负责任。由于父母是成年人，因此他们应该对孩子的幸福负责。作为父母，我们可以也必须为我们的错误负责。我们也可以原谅自己。做到这一点的一种方法是，从羞耻（我很坏）转变为内疚（我有时做了坏事）。换句话说，我们可以对自己说，我们并非有意造成伤害，我们也不是坏人，但我们仍然犯了错误，并且做了令我们后悔的伤害性事情。然后我们可以尝试弥补，比如承认我们的错误并为之道歉，这同样也适用于那些我们不知道更好的做法的事情。

当然，即使是“最好”的童年，也会包括羞耻。社会化过程不可避免地要求父母有时需要抑制表达自己的感受。有时，大量地表达情绪根本就不合适，例如，孩子们在公共场合嬉闹或发脾气时，会被“嘘”。但如果反复遭到侮辱，同时父母没有尝试修复与孩子之间的联结时，孩子学会了“如果我做 A，就会感到羞耻”，于是就会停止做 A。

有毒的羞耻主要是由两种方式造成的：

1. 我们努力寻求爱、身体 / 情感关爱、接纳，但总是遇到冷漠、鄙视、忽视或报复；

2. 在有关我们是谁、我们的需要，以及我们的感觉是什么等方面，我们主观地感觉到被批评或拒绝了。

虐待和忽视总是会导致慢性羞耻。当孩子遭受虐待时，他们认为这是他们的错。就好像他们认为自己一定是坏的，否则他们也许不会感觉如此糟糕。孩子们太小，以至于他们不可能认为可能是他们的照顾者有过错。

还记得萨拉的母亲如何羞辱她，让她觉得自己不好，只因为她有基本的需求和情绪吗？作为一个孩子，如果萨拉生病需要照顾，她的母亲吼她；如果萨拉抗议她的一件玩具被拿走，她的母亲会吼她。如果萨拉的母亲了解让萨拉感到羞耻所带来的影响，她可能就能意识到，也许应该更加努力地抑制自己的情绪反应。

邦妮的父亲因为邦妮不喜欢上芭蕾舞课而让她感到羞耻。如果能了解一些有关羞耻所产生的影响，邦妮的父亲也许会在对邦妮做出反应之前就暂停。他可能会对邦妮的话引发自己愤怒的原因感到好奇。毕竟，她只是一个没有多大力量的小女孩。但是邦妮不喜欢芭蕾舞的无害言辞对他有很大的影响力，所以他的反应非常激烈。这种夸张的反应应该是一种线索，愤怒之下有可能隐藏着羞耻。她的父亲本可以平静地让邦妮知道，当她必须继续芭蕾舞课时，她不必喜欢它。邦妮的父亲被触发出愤怒的事实，更多的是关于邦妮的父亲自己，而不是邦妮。如果他有更强的自我觉察，邦妮就会幸免于羞耻和创伤的症状。

施加羞耻，给孩子传达的信息是，他是不好的。一种不会带来羞耻的做法是，需要父母为自己的决定负责，而不是区责怪孩子。斯宾塞的父亲自己未能解决的羞耻，是根植于童年时期的身体虐待，这种羞耻通过羞辱自己孩子的需求和情绪传递给了斯宾塞。耻辱是一个烫手山芋，人们会不自觉地将它自动传给其他人：“你很糟糕！你很奇怪！你错了！”创伤和羞耻就是这样进行代际传递的。谈论羞耻，教育人们关于羞耻的知识，并最终治愈羞耻，不仅对我们，而且对我们的子女和后代都很重要。

因感觉不同或远离社会而产生的有毒的羞耻

羞耻也会来自社会及其机构。在我们的文化、宗教，以及教育体系和社区，有许多有关每个人应该怎么做的成文或不成文的规则：当我们认为自己没有达到这些规则时，自然会感到羞耻；即使在有爱心和支持性的家庭中的人也会感到羞耻；可能是因为贫穷、非白人、非基督徒，或是自我认同为变性人或同性恋者；生病或残疾，更别说那些仍然遭受污名和被不公正对待的群体。例如，许多父母努力帮助他们的女儿接受和爱自己的身体，但也根本不可能与我们的文化中，尤其是杂志封面上那些消瘦的、光滑的、用软件修图到完美的女性身体去竞争，这对我们这些看起来不是那个样子的人来说就是一种羞耻。正如我前面提到的，饮食失调是一种症状，表明这个人的某一部分正经受有毒的羞耻的折磨。想要恢复，必须解决羞耻的问题。

能够带来羞耻的另一个环境可能是学校。老师在课堂上讲课，许多人学得并不好。他们需要在环境中进行互动和实验。学习 2 加 2 等于 4 时，黑板上的 2+2，和通过手里拿两个橙子再抓两个等于几个来学习，体验是非常不同的。在讲课中学得最好的孩子在很多方面都有不公平的优势。他们不仅学到的更多，而且感受到的羞耻也更少。那些在我们现有的系统中挣扎着努力学习的孩子，错误地将他们缺乏成功归因于他们不够聪明——他们责备自己。然而，是这个系统对他们不够好，而不是相反。

关于男性气质和女性气质的文化定义也是造成很多有毒的羞耻的原因。例如，万宝路男人的文化告诉我们，男人应该是坚强的。攻击性和愤怒是具有男子气的。男性如果表现出悲伤或恐惧等容易与其他人相互依赖的温柔情绪，就会被贴上“懦夫”或“娘娘腔”的标签，这些用语明显带有羞辱的特征。相反，女性被预期不能表现出愤怒，女性一旦表现出愤怒，就可能会被贴上“泼妇”的标签，这个词也具有羞辱意味。一般来说，男人因表现出温柔的情绪而感到羞耻，女人因为表现出愤怒和性兴奋而感到羞耻。

珍妮天生就具有高的性兴奋水平。请记住，性兴奋是一种核心情感，核心情感的高低存在一个范围，有些人会感觉到某种核心情感的水平高，而有些人会感觉某种核心情感的水平低。珍妮想要性并不是因为她的自尊心低，或其他的消极原因——她只是喜欢性。但是，我们的文化和她的宗教信仰（她是一个不纯粹的天主教徒）因为她无法控制的遗传特点而羞辱了她。感觉就是这样的！可悲的是，珍妮为自己感到羞耻。在高中时，珍妮被称为“女色情狂”“荡妇”“妓女”等，所有这些都伤害了她的自尊心。说实在的，那些骂人的人需要使用变化三角模型去理解，珍妮的性行为触发了他们什么样的情感（是恐惧、性兴奋、厌恶、羞耻，还是焦虑），这些情感隐藏于他们的防御之下（以骂人的方式进行攻击）。

电影中往往以非现实的色彩描绘性和关系，这会引发羞耻感。我们长大后认为，我们在电影中看到的是正常的，我们也会据此反过来衡量自己。所以，当我们的性感受或人际关系不符合这些标准时，我们会感到羞耻，经常假装出那不是自己真正的样子。

“正常”这个词是问题的一部分，这个词会造成羞耻而不是帮助减轻羞耻。什么是“正常”？为什么“正常”这么重要？这整个概念都是创造羞耻的一个设置。如果“正常”对你很重要，那么请问问你自己为什么，你的回答将有助于你看清羞耻。

我们如何将这些文化期望与我们的生物学和核心情感的实际情况相协调？我们如何面对我们无法切实满足对我们的既定期望这一事实？我们是否应该接受成长的一部分就是因我们的真实自我而感到羞耻？当人们为他们自己是谁、他们自然而然地感觉到了什么、他们所爱的人、他们喜欢什么，以及他们需要什么而感到羞耻时，我们是否应该袖手旁观？

你看到得越多，就越会觉得羞耻是在创建标准。难怪有很多人都觉得，必须隐藏真实自我，并假装满足荒谬而武断的标准。除非我们了解羞耻以及如何与之抗衡，否则我们将继续隐藏和限制自己，并承受我们进行防御所带来的后果。

什么会引发羞耻

填空：

如果每个人都知道关于我____________________的事情，我就再也不会露脸了。

你最深的秘密正在暴露的威胁会触发大脑中的危险信号。我们变得害怕——羞耻和恐惧一起出现。当其他人指出，或离我们太近足以看到我们感到羞耻的事情时，羞耻就会被引发。

以我的患者玛莎为例。她害怕被认为有需求。“玛莎怎么有这么多需求”是她从小常听到的一句话。作为一个成年人，当她有需求时就会感到羞耻。玛莎内化了家庭的信念，即“有需求”等同于“坏”。她的朋友和伴侣都试图向她保证，他们并不认为她需求太多，但她无法停止觉得自己不好的感觉。她的羞耻不仅使她远离了她所爱的人，还使她在需求没有被满足时怨气十足。她把自己对父母不愿意满足她需求的鄙视投射给她的朋友和伴侣。羞耻扭曲了她对现实的看法，并阻止她看到，她的朋友和伴侣并不是她的父母，而且他们的确是慷慨的和愿意付出的。

有关完美的神话

我治疗的很多人都力求完美。当有人告诉我她想要完美的时候，我会问：“为谁而完美？”这个问题背后的想法是，在一个人的成长过程中，她必须使自己适应完美的某些概念。没有人是完美的！我们每个人都有缺陷。当你明白我们都是透过主观的视角来看时，“完美”这个概念整个就是没有意义的。对一个人来说完美的东西在其他人看来可能并不完美。通常，“完美”这个词是一个编码——曾经在某个时候，我需要某种具体的方式来获得重要他人的认可，并避免羞耻。在这种情况下，找到当时情景中最初的那个人可以帮助我们放松完美主义的标准。

差异是另一个会引发羞耻的重要因素。我喜欢这个，但你喜欢那个；我想要这个，但是你想要那个；我是这样的，但你是那样的；我感觉到这些，但你感觉到那些。为什么差异会导致羞耻？因为大脑难以应对差异，我们不确定这种差异的意义。我们中有一个不好吗？我们中有一个更好吗？我受到了威胁吗？我是否“正常”？

- 我有精神疾病，它会说我什么？
- 我的孩子是同性恋，它会说我什么？
- 我有癌症，人们现在会怎么看我？
- 我成瘾了，我会被评判吗？
- 我有焦虑症，可以告诉其他人吗？如果可以，他们是会评判我还是理解我呢？
- 我的痛苦在说我什么？
- 我的母亲、父亲，还有兄弟姐妹和朋友都结婚了，但我还没有，它会说我什么？
- 我不想要或没有孩子，它会说我什么？
- 我离婚了，它会说我什么？
- 我赚钱不多，它会说我什么？
- 我有一个信托基金，不需要工作，它会说我什么？
- 我没有接受过大学教育，它会说我什么？
- 我有残疾，人们如何看待我？
- 我有口音/我是外来的，它会说我什么？

你可以加入关于自己的有关差异的担忧吗？

____

当羞耻被引发时会发生什么

进化机制很聪明。它设计了令人难以忍受的羞耻感，所以我们几乎会做任何事情来避免它。还有其他什么可以使我们否认我们原始的满足和自私需要，以符合群体的需要吗？

当羞耻被引发时会发生什么？你可能会想要躲起来，逃开或掩饰自己。你可能会感觉到没有价值、不好、不足、尴尬或不适应。你可能会感到孤独、孤立或失去联结。这些都是羞耻的表现。当我们要说或做一些我们认为会得到负面回应的东西时，羞耻这种抑制性情感（或者不那么激烈的形式——尴尬）会向我们的神经系统发出一个信号，使我们关闭自己。核心情感的获得以及和与人的联系被切断。当我们被羞耻击中时，我们感到自己向内折叠、退缩，并逐渐消失。我们都能辨认出感到羞耻时的目光——盯着下方。我们避免目光接触，因为我们受不了被负面地看待。我们脸唰地一下红了，暴露出我们的羞耻。这太可怕了。

羞耻使我们保持卑微，并退缩。那些因为暴露真实的自己而不止一次崩溃的人可能会说："让我们尽最大可能保持我们的自我渺小而隐秘，这样就不会有人能伤害我们了。如果我们进行拓展并接触世界，以发现新事物，我们将再次遭受重创。还是保持渺小而隐秘吧，这能让我们获得安全感。"于是，我们就会这样做。

对长期羞耻的另一个心理反应是，用自大或攻击来掩饰渺小的感觉。例如，那些欺负别人的儿童和成年人有非常羞耻的部分，他们可能会觉得这个部分难以忍受，因此必须严厉地否认它，并使用攻击作为防御来对抗它。欺负者也可能缺乏共情能力，因为他们可能从未接受过共情，或者因为太痛苦而阻断了他们的共情。请记住，导致有毒的羞耻的主要原因之一是看护者缺乏对他们孩子的共情，并且不理会，否认或蔑视孩子的感受。

我们大多数人都有一些隐藏的羞耻，就像邦妮或斯宾塞的那样，影响着我们在世界上的感受和存在。我们默默地感受着空虚，失去联结，孤独，或仅仅是对我们自己感觉不好。有些人会感觉到生活中的空虚，可能会试图填进去物质财富或成就。但这行不通，因为虚空是内在的。我们有秘密，或者伪装自己。我们使用恶习来麻痹羞耻，或是使用诸如自大和攻击这样的角色装甲来抵御痛苦。大脑创造了许多方法来保护我们免受感觉羞耻的痛苦。

羞耻与获得好的感觉之间的关系

通过使用变化三角模型进行工作，提醒我们在此刻，时刻关注我们的内部世界，并意识到我们是在退缩（伴随着羞耻）还是让我们的开放自我拓展，保持真实。在任何特定的时刻，我们都可以检查内部并探寻：*我是否在限制自己？我是在分享我自己吗？我是在承担着健康的风险与其他人分享自己吗？我感觉渺小还是伟大？我是否允许自己占用空间？我是否允许自己发自内心地接受赞美、爱、欢乐和其他愉悦的感受？*如果你总是不分青红皂白地限制你真实的自我，如果你不能与别人分享你的真实感受，如果你从不冒险与别人交往，如果你觉得自己很渺小，如果你不让自己接受甚至注意到积极的经历，那么你可以很容易地把自己放置在变化三角模型的顶部。

羞耻使我们习惯性地排斥好的感觉，以维持渺小和防卫的现状。有两个主要原因使得我们保持渺小。

原因之一是文化的信号。

我们缺乏有关健康的自尊与傲慢或自负之间的差异教育，而总是有一整套规则反对表现出自信和良好的感觉。我们接收到这样的信息：*不要狂妄自大或不要得意忘形*。我们既没有得到过有关获得良好的感受非常重要的教导，又没有关于如何体验发自内心的赞美的榜样可以效仿，也没有得到明确的可以这样做的允许。大多数人在听到肯定的评价后，都不会允许自己尽情地感受身体的愉快感觉。保持自我处于削弱的状态，可以防止因别人认为我们自大或自信而带来的羞耻。但是，我们可以内心感觉良好，但仍然保持谦逊和体贴别人。随着时间的推移，得不到肯定的代价是对我们的自信心的打击。

原因之二是保持渺小的主观安全感。

如果基本防御方式是保持渺小，我们就不能让自我发自内心地接受称赞、表扬和其他形式的认可。在身体内体验这些美好的感觉，会让我们感觉更强大、不设防，还很容易受到其他人的伤害。羞耻这种使我们保持渺小与体验好的感觉使我们变得强大之间，存在着不可调和的冲突。我们不能在强大的同时又渺小。因此，自我保护胜出。然而，我们可以放松自己，甚至治愈羞耻，并重新学习如何体验自豪、快乐和其他良好的感觉。这就是建立自信的方式。

变化三角模型和羞耻

为了感觉更好，我们必须将自己置于变化三角模型的底部。当我们被羞耻阻隔时，必须放松羞耻的控制，这样我们才能转向核心情感，并最终回到内心开放的状态。我们必须从羞耻中分离出来，才能治愈它。我们不能相信羞耻告诉我们的有关我们的事情。我们不能让羞耻支配我们。我们必须看到羞耻的部分，好像与我们分开了一些；一旦实现了一些与羞耻的分离，我们就可以开始以更健康、更具治愈性的方式与羞耻感相联系。

斯宾塞的羞耻导致他与人们断绝联系，即使他非常想与朋友联系并且能够联络。一旦斯宾塞辨认出他的羞耻，并承认自己并非天生就感到羞耻，他就对自己为什么体验到羞耻而感到好奇。一旦出现好奇，与羞耻部分的分离就已经开始了。现在，他能够与他的羞耻交流，从而缓解羞耻感。

为了从羞耻中修复，我们必须揭开羞耻的根源。我们需要应用常识和成年人所具有的关于人们的头脑如何工作的知识，评估自己的成长史。有时候，回顾一下家族中的前辈是有帮助的，我们有可能只是继承了他们的羞耻。

我的一个患者乔治，他的家人认为离婚是可耻的。当乔治在婚姻中感到不幸并想要离开时，他感到被困住了，并认为无论如何他都不能离婚。价值判断是主观的，而不是客观的真理。我们必须挑战它们并进行思考。

乔治天生对离婚感觉不好吗？并不是！乔治需要理解是什么导致他的家人将离婚与羞耻联系起来。他的父母如何认为离婚是可耻的？他的家人认为离婚对一个人来说意味着什么？乔治内化了关于离婚的什么？当他问他的父母，离婚对他们意味着什么时，他们告诉他，他们担心上帝会严厉地评判乔治。一旦乔治了解到在他的家庭中，有关离婚带来羞耻的根源时，羞耻就被缓解了。当乔治处理自己挣扎的那部分时，他觉得自己能够更自由地做出与自己的价值观一致的决定。

一旦我们接受了羞耻并不是事实（尽管在我们感觉中可能会是这样）的可能性，我们的目标就是与我们被羞耻折磨的部分形成一种新的安全的关系。我们可以学习为受折磨的部分提供理解、同情和安慰，因为这是康复过程的一部分。

与不进行评判的人分享也会改变我们的羞耻。联结可以治愈羞耻，因为羞耻会让人感到孤独。当你与别人分享你感到不好的事情时，他们以共情或自己独特的羞耻感来回应，孤独就消失了。脆弱遇到脆弱，会创建安全和联结。联结是羞耻的解药，无论是你的自我和羞耻的部分之间的联系，还是你与其他帮助你感到被爱和被接纳的人之间的联系，尽管你认为很多事情都让你感到自己不可爱。

进入能够对抗羞耻感的往日记忆也可以帮助减轻羞耻感。记住你感受到爱、联结、安全和赞扬的时刻。试着和这些感觉待在一起，而不是把它们放走。虽然这需要付出工作和精神上的能量，但在积极的肯定性的记忆中可以治愈羞耻。大脑容易忘记好的东西，所以我们必须积极召唤它们。就像待在任何核心情感中一样，我们必须保持良好的感觉，通过呼吸调整焦虑，并注意感觉的转变。当你感觉自己的身体产生拓展时，觉察到它可能会感到有点新奇，甚至有点可怕。保持呼吸并一次努力几秒钟，以便使这些感觉可控。最终，你处理拓展性情绪的能力会增强。你会注意到你真的开始感觉身体变大了，并感觉你在这个世界上占据了更多的空间。

这也有助于了解我们的盲点——也就是我们很难分清哪些是现实，哪些是过去的投射的情况。你可能无法评估你的羞耻感是健康的还是有毒的。在这种情况下，最好从其他人处获得反馈，以帮助你评估情况。

例如，我担心我谈论自己过多，其他人会认为我以自我为中心，于是我默认要通过少谈论自己以保持低姿态。我与我的朋友分享这种担心，并听取他们的反馈，他们说实际上他们觉得我对自己的讨论并不充分，这能帮助我减轻这种羞耻感。不过，我仍然会与之抗争。这是我的盲点，其起源可以追溯到我童年的一些经历。

变化三角模型提醒我们去寻找隐藏在我们抑制性情感之下的核心情感。无论什么时候，当我们感到羞耻的时候，必须找到我们在某人面前感到羞耻时所经历的核心情感。由于羞耻令人感觉糟糕，因此在面对那些给我们带来羞耻感的人时，我们常常会感到生气甚至愤怒。这种愤怒也需要感受。当我们能安全地体验愤怒时，羞耻往往会消散。

作为成年人，我们可以学习如何处理感到羞耻的时刻，而不是退缩或愤怒。一旦我们知道自己的脆弱之处和羞耻感的触发点，就可以有效地应用变化三角模型来有效地处理羞耻。

最近，我和特丽莎一起出去吃晚饭，她是我想进一步了解的熟人。我问她："最近，你对工作感觉如何？"她的公司正在经历一些重大的变化，有可能使她的工作变得更艰难。

她回答我的问题时说："这是一个治疗师会问的问题。"

一开始我很震惊，继而我的内心翻江倒海。我感觉我的脸红了，我的身体正在向内退缩。我正在经历着羞耻这种抑制性情感。这种羞耻是关于我自己的，更确切地说，是我的那个像治疗师般的问题。被指责行为像个治疗师是我的触发器。由于我听到别人这样说过很多次，因此我对这个特别的批评很敏感。回想起来，特丽莎可能并非刻意像我听到的那样苛刻，但我仍是感到了被羞辱。

为了帮助自己并挽救这顿晚餐，我借口去洗手间。在那里，我用变化三角模型来帮助自己抛开羞耻的反应。

首先，也许是最重要的，我给予了自己同情。我对自己说："这很糟糕。你不应该得到一个讽刺性的评价。你所要做的一切都是出于好心和有助于建立联结的。"自我同情起到了即刻的和实质性的帮助作用。

然后，我问自己："我有什么核心的感觉被羞耻阻断了呢？"只是问自己这个问题，就能帮助我使羞耻循环停下来。我过了一遍核心情感，问我自己："我生气了吗？"是的！我不想让自己感觉不好，特别是当我只是想要表达友好的时候。"我害怕吗？"不！"我难过吗？"是的！特丽莎伤害了我的感情，让我感到伤心。"我

在变化三角模型中向上移动

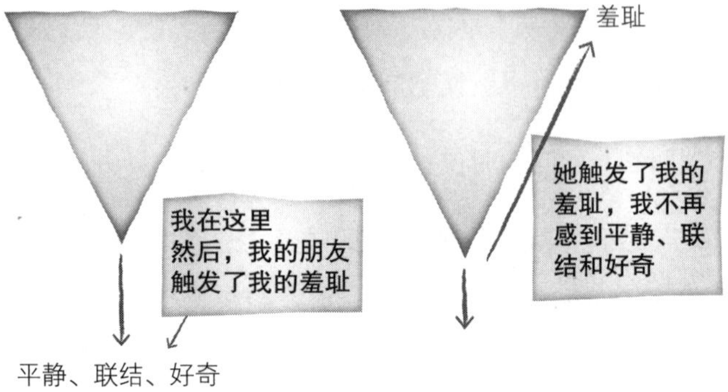

在变化三角模型中向下移动回去

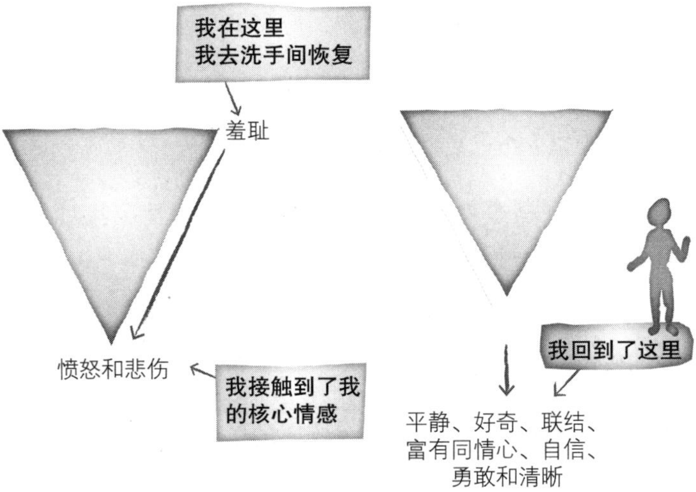

感到厌恶吗？”稍微有点；我对她对我做出的行为感到厌恶。这个行为很粗鲁！一旦我标记了我的核心感受，我就感到更平静了。我可以重建自己，继续吃晚饭。

处理羞耻的九种方式

1. 我们不是天生就对自己感到羞耻，而是通过学习获得的。

2. 知道羞耻不是我们的错，即使羞耻告诉我们是这样。

3. 作为成年人，我们可以学习技能并在需要时获得帮助来应对羞耻，就像学习管理拒绝。我们可以获得足够的信心去冒险，从躲藏处走出来。总是有希望的。

4. 你的身边围绕着朋友和伴侣，他们接受和爱你真实的样子。你可以找到能够安全地分享你的成就和失败的人。你可以找到分享你的喜悦和兴奋的人。你可以找到那些真正发自内心地能与你分享兴趣的人。

5. 练习改变你退缩和隐藏起来的习惯性反射。当像欢乐、自豪、兴趣、兴奋等拓展性感受产生的时候，通过认可它们慢慢试着体验它们。注意你是否会立即拒绝好的感觉。

6. 自大、蔑视、完美主义、假装，以及欺凌或攻击性行为，常常是在掩盖潜在的羞耻。

7. 在你最痛苦的时刻，练习对你感觉羞耻或不好的部分给予同情。

8. 练习处理羞耻的部分，视其为正在与你交谈的一个人，问他："你是怎么学会感到羞耻的呢？你从谁那儿或是在哪里得到这个信息的？"然后，耐心倾听你羞耻的部分，你可能会从中获知一些新的信息。

9. 练习发现和确认当你感到羞耻时所产生的核心情感，无论是现在的还是过去的。

与内疚一起工作

羞耻使我们觉得自己有些不好，但当我们做了不好的事情时，内疚就会告诉我们。内疚有助于确保我们不伤害他人，也让我们受到抑制，因此我们能和他人和睦相处。然而有时候，除了可能唤醒别人的感受之外，我们并没有做错任何事情，但这时候我们也会感到内疚。

当使用变化三角模型处理内疚时，我觉得将内疚分为两类是很有用的：一类是我们实际上做了一件非常糟糕的事情时所感到的内疚感；另一类是我们没有做任何客观存在的坏事时，但我们觉得我们做了，或者有人说我们做了（例如，我们因持有特殊的需求、偏好、想法或情绪）而感到内疚。我们面临的第一个挑战是，知晓我们正在经历的内疚属于哪一类。接下来，我们会以不同的方式处理这两类内疚。

许多人会因为把自己的需求放在别人需求之前而感到内疚。有时候，把其他人的需求放在第一位是正确的，我们大多数人在成长过程中都被教导要这样做。但是，为了我们自己的幸福和人际关系的和谐，经常把自己放在第一位才是最明智的做法。始终优先考虑他人的需求不利于我们的心理健康，也不利于我们的关系，因为它会滋生怨恨。

2002 年，当我第一次遇见我的丈夫乔恩时，我相信对我来说最重要的就是做一个照顾者，即把别人的需求置于我自己的需求之上。我的自尊与我作为照顾者密切相关。在我们确定恋爱关系之前的一次谈话中，我告诉乔恩，我认为自己是一个“付出所有”的人，他说：“太棒了！因为我是接受所有的人！”我笑了，以为他在开玩笑。但令我非常失望的是，随着时间的推移，我逐渐意识到他并不是在开玩笑。事实上，他是我曾经爱过的第一个想要和需要的比我能给的更多的人，并且他对此感到舒适。可我却越来越筋疲力尽，并对此愤愤不平，因此我意识到我也有需要。最起码对我来说，这一点让人很难承认。

在伴侣治疗中，我不得不接受“我并不像我想相信的那样能够付出所有”这个事实。他半开玩笑地说我已经投出了一个诱饵，并让他贪婪起来。在达到我付出的极限后，我们被迫重新定义自己。我为自己的有限性和内疚感而感到羞愧，以至于他无法要求我任何事。从身体上看，内疚感让我感到自己病倒了。

接受我自己是有限的，这一过程首先是痛苦的，然后是解脱的。回顾过去，我知道这整个过程——通过说“不”接纳我自己的局限并设定边界，帮助我成为一个有更多爱和联结的配偶。尽管我存在局限，但我真的被爱着这一事实让我对乔恩的感激和欣赏越来越多。通过容纳我自己的内疚感的过程，乔恩和我重新设定了我们的标准——他不再接受所有，我不再付出所有，我们达到了平衡。我们必须达到良好的状况，这样关系才能维系下去。

我的许多患者都因为他们为自己发声或设置限制而感到内疚，比如拒绝超出他们能力的请求。他们的孩子、伴侣和父母会因此责怪他们，并做出严苛的反应，指出他们的局限或离开他们。或者，有些人会责怪别人，使他们感到内疚。总的来说，我们责怪别人“让”我们感到内疚，而不是与我们设定限制时出现的核心情感（如恐惧）相抗衡。当我们设定了一个限制时，我们也需要有勇气让听到这个“不”的人有他们自己的感觉（比如愤怒或悲伤）。每个人都有权获得自己的感受，但无权将这些感受大肆发泄出来，或者以卑劣的方式及其他破坏性方式采取行动。

被别人指责会导致我们相信并接受我们的情绪或想法不好。我们直接或非语言地接收了一个信息：你的悲伤伤害了我；你的愤怒让我觉得自己糟糕；你的喜悦让我感觉自己很渺小；你的兴奋使我不知所措。最终，我们为自己的感受感到内疚。有些人仅仅因为他们自身的存在而感到内疚，好像他们只是活着，就是在对别人做不好的事情，就像幸存者有负罪感一样。

当内疚没有根据，并对我们毫无益处时，我们可以做些什么来缓解内疚感呢？我们必须倾听内疚的部分，并找出它认为我们所犯下的“罪行”。然后，我们必须评估“罪行”是否确实是一种错误行为，或者我们只是试图维护或照顾自我。如果我们对照顾自己感到内疚，那么我们需要了解我们内疚的根源，以及为什么我们很难接受自己的局限和边界。也许内疚感与羞耻感有关——我们通过成为自己让某人失望。也许内疚阻碍了核心情感——我们可能因为愤怒而感到内疚。

当你问自己体验到的内疚的那部分，它认为你犯了什么罪，但你没有得到答案的时候，你必须怀疑内疚是不是正在抑制你的核心情感。这有助于减轻被误导的内疚感，寻找隐藏在下面的核心情感。想想萨拉因为问我一个问题而感到内疚的情况：这感觉太过果断了。萨拉的母亲因她的果断而受到威胁，她向萨拉大吼，这激起了萨拉愤怒的核心情感。但是因为萨拉对她的母亲生气是很危险的，所以她的愤怒被内疚（和羞耻）压制了。作为一个成年人，无论什么时候，甚至哪怕只是想到要将自己的需求置于别人的需求之上，萨拉就认为自己有罪。她还内化了果断是坏品质的感觉。因此，有一点点维护自己需求的想法就能让她产生难以忍受的内疚感和羞耻感。

当你在变化三角模型上标记自己的状态，并确定自己正在承受着内疚感的折磨时，你可以问自己：*如果我没有感到内疚，那么我对那个唤醒我内疚感的人是什么感觉？*内疚可能与任何一种核心情感有关，这取决于童年的经历。你可以对你的愤怒、悲伤、兴奋、恐惧、性兴奋、厌恶或喜悦感到内疚。

作为一个成年人，如果我们始终将别人的需求放在自己的需求前面，就会变得衰弱、抑郁、焦虑，还会出现各种由压力引发的健康问题。我们在进化上是被设计为求生的，而生存则意味着照顾好自己。核心情感正是为了这个目的而演变出来的。我们需要倾听它们的声音并重视它们，对除了内疚之外发生的事情进行澄清，找到能够获得良好的感觉的平衡或妥协。这需要我们接纳内疚感，直到内疚感退却并获得新的正常状态。

在我与邦妮一起工作的过程中，她对自己生父亲的气而感到内疚。尽管她知道情绪就是如此，而且如果她感到愤怒，也没有人会受到伤害，但她仍然觉得在想象中表现出愤怒是错误的。通过经历容忍内疚的过程，使得她可以体验她的核心情感，她开始明白自己的情绪是可以的。像我们大多数人一样，没有人曾教过邦妮想象是可以接受的。我们的思想和情绪纯粹是内部过程——除非我们采取行动，否则它们不会对任何人造成影响。

我们可以既圆滑又巧妙地设定限制和界限，或者用一种会给别人带来不安全感和威胁感的方式来做这些。当我们告诉别人自己的界限时，我们说话的方式会产生非常大的影响。让这些话语从我们真正关心他人的地方出来，在清楚地表达自己的需求之前，让别人知道他们的需求已经被听到了，这样做是有帮助的。我们越多地练习设置限制和界限，并清晰友善地保持这些界限，就越容易设置它们。

我们都会时不时地、有意无意地对别人做一些有伤害性的事情。如果有人说我们对他们造成了伤害，我们不能否认。受到伤害的感觉是主观的，受害者可以判断是否发生了伤害。例如，如果你因伴侣在工作上花费了太多时间而感到受伤害，那么尽管他是为了你们俩而长时间工作并带回了薪水，他也需要倾听你所受到的伤害。然后，在理想情况下，你们可以一起决定如何处理。通常只需要倾听并理解，有时还需要做出改变，有时则需要道歉和补偿。

我的患者玛拉和杰克在一起生活了一年。在打扫卫生的时候，玛拉不小心把一个玻璃雕像撞倒在地砖上打碎了。不幸的是，这个玻璃雕像是杰克在其广告工作中获得的荣誉奖杯。玛拉的第一个冲动是隐藏证据。她惊慌失措，不知道杰克会如何反应。她幻想着逃跑，以避免他对玻璃奖杯摔坏的愤怒和其他情绪。玛拉的第二个冲动是要说服杰克和她自己的负罪感，认为这个事故也不是什么了不起的大事。她告诉自己，*东西就是东西，又不是我杀了人！*当然，这是事实，但这种态度可能无助于她与杰克的关系。

事实上，玛拉非常抱歉。她的第三个冲动是集中力量和勇气，看着杰克的眼睛说："非常非常抱歉，我打碎了你的玻璃奖杯。我知道这事对你来说很严重，我也知道这个奖杯是不可替代的。我明白，你失去宝贵的东西将多么难受。如果有什么我可以为你做的，请告诉我。与此同时，我能理解你生气，我深感抱歉。"

承认我们做错了什么事会让人感受到羞愧，此时需要力量来抵挡这种经历对自我的攻击。许多人以不犯错为荣。在我们年幼时，有些人因为犯错误而受到严苛的指责。因此，即使我们已经成年，仍然像有人曾经做过的那样，严苛地指责自己。大多数人在理智上理解完美并不现实，但是承认自己的错误依然可能是艰难的、痛苦的和可怕的。

了解有关道歉的时机和道歉方式的技巧，对我们自己和有价值的人际关系有益处。什么是好的道歉？已故的兰迪·波许（Randy Pausch）在他出色的作品《最后的演讲》（*The Last Lecture*）中为恰当道歉的三个部分设定了指导原则：

1. *说明你很抱歉以及你为什么很抱歉；*

2. 表明你理解你的行为如何造成了伤害；
3. 做出弥补，如果不确定如何弥补，可以询问。

学习如何真正地道歉，是你可以为你的关系做的最好的事情之一。这与个人责任感相关。当我们的行为产生伤害时，就会感到内疚。当我们承担无论是失误还是有意造成的伤害时，它都会发出一个信息：我关心你，更甚于关心我的自我。真诚地关心对我们所爱的人造成的伤害，能够带来深深的爱和信任。这并不容易。但是，诚挚的道歉有治愈最深伤口的能力。

练习6：平息焦虑

将注意力集中在身体感觉上是促进大脑发生改变的强大力量。因此，专注于感受焦虑唤醒的感觉（如心跳加速或胸闷，胃部紧缩）能够减少焦虑。当你注意到焦虑的身体反应的那一刻，它通常有助于平息焦虑。

直面焦虑是违反直觉的。人们通常都想逃离那些让自己感到不快的感觉。

带着好奇和同情，非评判地注意你的焦虑、紧张或不安。放下大脑中对事件情节或想法的思考，深呼吸，只关注焦虑的身体表现，持续约20秒，或者直到你注意到有变化出现。

写下你注意到的三个变化，无论好坏，无论多小：

1. ____
2. ____
3. ____

当我们停止使用防御来回避核心情感时，变化三角模型预测焦虑可能会上升。我们不再使用防御来抵消焦虑。如果事先准备几种可以减轻焦虑的策略，我们就可以随时使用这些技术来降低焦虑，并且通过变化三角模型来达到内心开放的状态。

你必须通过尝试，寻找能够最有效降低你的焦虑症状的技术。以下是一些建议。可以把它们全部尝试一遍，添加一些你自己的东西，并列出一组镇定工具。

1. **呼吸**。四到五次深长的腹式呼吸。深呼吸能刺激心脏和肺部的神经，起到镇静的效果。

2. **接地练习**。将双脚放在地板上，将所有注意力都转移到脚底。在那里待至少一分钟，直到你对脚下的地面产生强烈的感觉。

3. **慢下来**。在呼吸练习和接地练习时保持静止不动。听你周围的声音，注意周围世界的色彩，关注周围世界中事物的质地。没有多重任务！

4. **把自己放在一个宁静的场所**。想象一个宁静的地方，比如海滩。感受温暖的阳光照在你的皮肤上，听着海浪的声音，感受脚下清凉的沙滩，看着海浪。找一个能给你带来平静的场所，尽可能生动形象地在大脑中描绘这一景象。

5. **专注于焦虑的感觉**。调谐到焦虑的身体感觉，如心跳加快或肠胃翻滚。带着好奇和同情对待焦虑，留在这种感觉当中，深深地呼吸，直到你感觉它们平静下来——它们会平静下来的！

6. 命名核心情感。找出引发焦虑的所有核心情感。问问自己，你是否感到伤心、恐惧、愤怒、厌恶、快乐、兴奋和/或性兴奋。每次一个，依次想一想这些情感，中间留一些间隔。通过对自己说“我觉得____和____和____和____”来确认它们。

7. 锻炼。消耗体力可以减少焦虑。

8. 联系。与朋友联系。告诉他你对某件事感到不安，想谈一谈。如果附近没有朋友，你也许可以找一个支持小组（酗酒者、毒品、情绪等匿名支持团体）。聊一聊是有帮助的。

9. 把你的焦虑想象成你的孩子部分。通过成为你自己的好父母，为你自己的孩子部分提供安慰。给他一个拥抱，用毯子包裹他，给他一些饼干和牛奶。运用你的想象力，以任何可能的方式，给你的孩子部分提供能让他感觉好一点的东西。

10. 尝试其他能减少焦虑或让你更投入的活动。烹饪，音乐，舒展或做瑜伽，制作艺术作品，阅读一本好书，在电视上观看有趣的或悲伤的节目，洗个温水澡，给自己沏一杯茶，练习戏法，散步或冥想。你可能已经有一些你知道能对自己起作用的方式。

写下在你感到烦恼的时能起到良好效果的三种镇定工具：

1. ________________________________

2. ________________________________

3. ________________________________

练习 7：使人感到羞耻的信息

我们会从父母和其他家庭成员那里接收到很多信息，下面只是其中的一部分：

“别自作聪明！”
“别傻了！”
“别那么显摆！”
“别那么害羞！”
“别太疯狂！”
“别承认你的缺点！”
“独立些！”
“你的需求太多了！”
“你太瘦了！”
“你太胖了！”
“坚强些！”
“你很坏！”
“像个男人那样！”
“像个淑女那样！”
“别太性感。”
“别那么可笑！”
“你比不上其他任何人。”
“更亲切些！”
“聪明点！”
“别那么脆弱！”

"多像你的哥哥一点吧！"

"别那么敏感！"

"不要太过分！"

"你太懒了！"

列出三条直接或间接来自你的家庭的信息，关于你应该成为什么样的人：

1. ______________________________
2. ______________________________
3. ______________________________

这些信息中的每一个是如何影响你和你的自我意识的？

1. ______________________________
2. ______________________________
3. ______________________________

我们也会获得来自学校、同伴、宗教和文化的许多信息，以下是其中的一些：

"安静点！"

"用功点！"

"勇敢点！"

"别那么性感！"

"不要做一个懦夫！"

"你太敏感了！"

"不要成为一个罪人！"

“成为一个高尚的人！”

“你不够虔诚！”

“不要表达你的感受！”

“别让我们丢人！”

“不要冒犯你的家人！”

列出三条来自你的学校、宗教团体和/或文化的信息，关于你应该成为什么样的人：

1. ______________________________

2. ______________________________

3. ______________________________

这些信息中的每一个是如何影响你的自我意识的？

1. ______________________________

2. ______________________________

3. ______________________________

最后，我们还收到关于对自己有良好感觉的强有力的信息：

“不要太自大。”

“别以为你比其他人强。”

“别骄傲。”

“你太自以为是了！”

这些评价让我们感到羞耻或羞愧。我们中的许多人接收到的信息是在说，自我感觉良好或感到自豪是不好的。

你能列出三个信息吗？直接或间接地从家人、同伴、学校、宗教团体和/或文化中接收到的，有关你对自己和自己的成就有良好感觉的信息（可以是正向肯定的或负向否定的）。

1. ______________________________
2. ______________________________
3. ______________________________

这些信息是如何影响你的自我意识的？

1. ______________________________
2. ______________________________
3. ______________________________

练习 8：每天，你遇到的那些“应该”

当使用变化三角模型时，“应该”常常是一种起到防御作用的想法。它在生活中的适应性目的到底是什么？

当我们使用“应该”这个词时，如果能够意识到这一点，就会给我们带来益处。无论任何时候，当你对自己说，*我应该*________时，注意那个想法并探究它。也许你真的应该，或许你真的不应该。问你自己觉得应该的部分，*为什么我应该*____________？倾听那个部分会如何回答。评估这个想法是对你有帮助还是有伤害。这些信念之下往往是羞耻和内疚。举例如下。

我应该更坚强。

隐藏在其背后的情绪：认为软弱是令人羞耻的。

我应该不那么敏感。

隐藏在其背后的情绪：拥有感情是令人羞耻的。

我应该更加宽容。

隐藏在其背后的情绪：作为一个有需求的人是令人羞耻的。没有为别人做得更多是令人内疚的。

我应该或者我应该想要更多社会交往。

隐藏在其背后的情绪：没有更多的社交是令人内疚和羞耻的。

我应该更瘦。

隐藏在其背后的情绪：没有更瘦是令人羞耻的。

我应该多跟别人聊天。

隐藏在其背后的情绪：没能更健谈是令人内疚和羞耻的。

我应该有一个更漂亮的女朋友。

隐藏在其背后的情绪：不够好的感觉是令人羞耻的。

我应该更努力地工作。

隐藏在其背后的情绪：没有更努力地工作是令人感到羞耻的。懒惰是令人感到羞耻的。

我应该有更多的朋友。

隐藏在其背后的情绪：对被评判的恐惧。对不够好感到羞耻。渴望有更多的朋友。

有关“应该”的信念并不是扎根于事实，而是通过学习得到的。有时它们对我们有用，有时则不是这样。

并不是所有的“应该”都不好。例如，这些“应该”有时会告诉我们要照顾好自己（我应该去看医生），做一个好公民（我不应该这么卑劣）。

然而，许多“应该”的信念是满足我们家庭、同伴、宗教团体或文化的武断标准。这些信念可能不会给你带来好处。

你能写下你告诉自己的三个“应该”的信念吗？

1. ______________________________
2. ______________________________
3. ______________________________

当你发现没有什么益处的羞耻感时，和它进行一场探究的、非评判性的对话是有帮助的。

羞耻：我应该是一个更好的朋友。

内心开放的自我：真的吗？为什么？

羞耻：这样我的朋友就会更喜欢我。

内心开放的自我：发生了什么，让你认为你的朋友不喜欢你？

羞耻（正在对试图想出例子的大脑产生伤害）：没有人叫我一起去做什么事情。

内心开放的自我（使用变化三角模型进行处理）：如果你把羞耻放在一边，没有人叫你一起会给你带来什么核心情感？

内心开放的自我识别并确认了悲伤和愤怒这两种核心情感。

内心开放的自我：也许你需要主动叫他们，而不是等待。

羞耻：我怕他们太忙了。

内心开放的自我：我听到了你的害怕，这很不容易，但它与你原本是什么样的人无关。没有人叫你，你感到伤心和愤怒是可以的。如果你想要陪伴，可以考虑给朋友打电话叫她出去。如果她太忙，她会告诉你的。

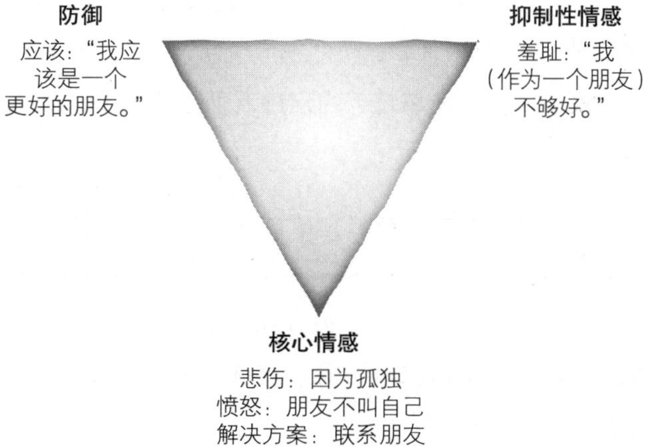

我的患者贝琪感到孤独，被朋友忽视。在我们共同的工作中，我们确认了抑制性情感，这是她未能与他人建立联结感的根源。在处理核心情感的过程中，我鼓励她与自己进行类似上面的对话。这次谈话帮助贝琪减少了她的羞耻感。她认识到了：

1. 她有羞耻的部分，担心她的朋友不喜欢她；
2. 她担心人们太忙了，顾不上理她；
3. 因为朋友们没有给她打电话，她对她的朋友有情绪：主要是悲伤和一些愤怒；
4. 当积极主动地采取行动能够解决问题时，她却在消极地等待，形成各种假设；
5. 她必须鼓起勇气主动伸出双手。

练习 9：应对内疚感

有时候，内疚感是有帮助的——当我们做错了事，内疚感使我们需要负责任并做出补偿。有时候，内疚是没有什么正当理由的——我们没有做错任何事情，内疚感有助于掩盖更深层的冲突或痛苦，例如：

- 当某个人侵入我们生活时，设定一个限制或边界而产生的负罪感；
- 当我们所爱的人去世，我们因为活着而感到内疚；
- 当我们被教导不需要照顾自己的需要，而我们照顾自己时所产生的内疚感。

让我们来探讨一下内疚感。想想上次你对某件事感到内疚。

你做了什么？________________________________

如果内疚是因为某种“罪责”，你的罪责是什么？________

____

这种罪责是不是因为你将自己的需求置于别人的需求之前？是___不是___

这种罪责是不是因为抨击其他人？是___不是___

这种罪责是不是因为缺乏冲动控制？是___不是___

这个罪责背后的动机是什么？

____

____

____

你以前对这个罪责感到内疚吗？是___不是___

你第一次对这种罪责感到内疚的时候，你是几岁？

____

你伤害了谁？________________________________

你是怎么伤害他 / 她的？________________________

你怎么知道你伤害了他 / 她（他 / 她是怎么传达这种伤害的？是用言语、动作，还是看你一眼）？________________

____

道歉是否有正当的理由？是___不是___

你需要通过道歉修复与某人断开的联结吗？是___不是___

你会为什么道歉？____________________________

你的罪责是如何影响他人的？____________________

____

你能如何弥补？______________________________________

你是因为觉得自己有哪些好的地方或感觉好而感到内疚吗？是___不是___

如果是，就试着有意识地将自己的感觉从内疚转移到为你所拥有的或感受到的而心怀感激。

当你允许自己感到感恩而不是内疚时，注意你内部的变化。写下三个你注意到的内部转变：

1. ____

2. ____

3. ____

我们把焦虑、羞耻和内疚处理得越好，就越能放松它们对我们的控制。随着抑制性情感控制力量的减弱，我们可以更轻松地运用变化三角模型处理核心情感。

疗愈性情感：自我内部的快乐、感激和自豪

在冬季，我发现在我内部有一个不可战胜的夏天。

——阿尔伯特·加缪

虽然大多数人都愿意承认，我们想拥有良好的感觉并且觉得自

己不错，但大多数人都对注意并努力获取积极情绪很挣扎。心理学家已经了解到，分享积极情绪有益于大脑。深深地体验快乐、为自己感到骄傲和感恩的能力是有治愈作用的。

对许多人来说，仅仅是讨论良好的感觉已很容易引起类似羞耻的糟糕感觉，更不用说去体验这些良好感觉了。当我要求人们谈论他们的喜悦、成就、感激和爱时，他们难免会避开这个话题，有时甚至会明显地感觉到困惑。良好的感觉和羞耻之间的联系取决于公开地表达和分享良好感觉时会发生什么。如果我们得到认可的回应，就会感觉自己更强大，联系更紧密，更快乐。如果我们得到评判或蔑视，那么这种体验是难以忍受的。因为快乐、自豪和感恩这些情绪有强大的治愈伤害的潜力，所以我们必须努力使这些感受最大化。当与支持我们的其他人分享这些感受时，它们会增强和激发我们，使我们更接近真实自我的开放状态。

大多数心理治疗师所受到的训练是关注痛苦的想法、消极情绪和问题。这是一种专业偏见。但是当你运用变化三角模型对大脑进行工作时，就会发现你防御的大部分都是感觉良好的情绪。这是 AEDP 创始人戴安娜·弗霞不容低估的贡献。戴安娜和 AEDP 教会了我们，学习感受和充分感受我们的积极感受——爱、感恩、快乐、温柔、自信，以及我们本善的信念，具有巨大的治愈潜能。当我们不去防御这些疗愈性情感，而是充分地感受它们，我们的幸福感就会得到加深和拓展，韧性就会得到增加。不仅如此，科学家们现在还告诉我们，充分感受积极情绪（如爱和感恩），还会使大脑创建新的联结，增强免疫系统。

当我邀请我的患者留在让他们内心变得更强大的情绪中时，焦虑和羞耻会大声呼喊“不”。我的患者在会谈期间经常会提到一些好的事情，或是他们体验过的良好感觉，但是当我让他们深深地体验这种肯定感时，他们的防御就会跳出来。当我要求他们以刚刚出现的防御口吻说话时，他们会说类似这样的话：“总是想着或谈论自己的成就并不好。这感觉很奇怪，也不对。我不应该感觉良好。这不是什么了不起的大事。”

无论是骄傲还是感激，大多数人从未深切地体验过。我的患者使用耸肩、眼神交流或其他非言语沟通，让我知道自豪和快乐已经被阻止。当我们对自己感觉良好时，除非我们努力处理所产生的焦虑、羞耻或内疚，否则这些防御将阻止我们拓展。我们认为它们正在保护我们，免于在我们感到强大时被暴露，因为在过去的某些时间，表现出强大其实并不安全。如果我们通过努力，能够意识到自己的防御并平息抑制性情感，那么快乐、自豪、爱和感激之情就会随之出现。随着时间的推移，享受这些美好感觉的新能力将得到增强。自信也会随之而来。

每个人和其自身的积极感受之间都有一个独特的故事。例如，贝瑟妮在她的职业生涯中取得了成功，但她不会分享她的成就所带来的喜悦和自豪感。“我很害怕别人认为我自私自利。”当贝瑟妮还是一个小女孩的时候，她的妈妈需要长时间地投身于工作之中，觉得贝瑟妮让人心烦。贝瑟妮指向母亲的愤怒，与她害怕别人愤怒之间存在关联，但她并未意识到这一关联。贝瑟妮所意识到的，就是她渴望与别人分享她的成就，她渴望得到家人的认可，她幻想得到关注和赞美。但一想到要真的告诉别人自己的成就，就会让她因焦虑、恐惧和羞耻的混合感觉而感到难受。引发嫉妒和愤怒的风险远远超过了她想要分享的愿望。于是她撤回来，独自与自己的成功在一起。

相反，玛丽需要不断得到赞美，不断得到提醒说她是被他人喜欢着的。不管她得到多少肯定，她都觉得不稳固。当她获得赞美时，她感觉很好，随后这种感觉就消失了。就像那些成瘾者一样，她需要再有一个。玛丽学会了阻碍好的感觉进入。就好像她的自尊有一个无底洞，永远无法填满。她会到处寻找赞美。她得到一个，然后会产生骄傲、喜悦和感激，但随后就会引发焦虑，防御会切断任何进一步的情绪体验。这就是为什么不管她得到多少赞美，这些赞美都从未足够深入，能够稳固下来并让她的大脑发生变化。

我们需要学习以一种能够改变我们自我意识的方式来感受骄傲、快乐和感激之类的情绪。通过变化三角模型，我们可以加深良好的感觉。首先，我们必须注意到哪些时候我们正在防御良好的感觉。下一次，当一件好事发生在你身上时，请暂停，并注意你的内部反应。你是沉浸在自豪之中，还是转移到其他想法或任务上？注意你的身体姿势以及你所说的话。一旦你注意到自己转移到了防御的位置，就与它对抗。靠近任何积极的感觉，即使它非常细微。注意它，不要减少它，看看接下来会发生什么。

我的一些患者在自我感觉良好时会产生认同危机。他们已经低落或渺小了很长时间，一旦感觉强大，他们就会觉得那并不是自己。感觉强大可能会让年轻的部分感到孤单，与家人分离，因为他们在与家人有联结时，从来没有感受到过强大和有价值。感觉强大并且自信也会带来幸存者内疚，特别是当其他家人或朋友做得不好时。可悲的是，许多人对自信和从隐藏处走出来有着非常复杂的感觉。容纳新的自信感和自我价值感，与这些感觉待在一起，可以慢慢建立一个新的内部常态。我们可以学习成为大人物的感觉像什么样子，同时仍然与我们所爱和需要的人保持联结。

自我内在的骄傲是完成我们感觉良好的事务后的自然反应。不幸的是，它因经常与自负或傲慢相混淆而被误解。我不希望你过度夸耀和自大，以至于伤害别人的自我价值感。我希望你体验到的健康的自豪感是一种纯粹的内在感觉，当你对自己或者已经完成的事情感觉良好时，你可以享受自然产生的身体上的扩张感。自豪使我们感觉自己正在变得更高，并充满能量。自豪在自我中体验对我们非常有益。

自豪是对自我的感觉良好。感恩是一种被别人为你所做的事情而感动的体验。当有人是善良的、积极的或者值得称赞的时候，感恩就会产生。在我们表达了自己的情绪，有人能够全心全意地接纳，没有评判或试图纠正我们时，我们常常会产生感激之情。我或许会去拥抱这个让我感觉这么好的人。当然，我会对他心存感激。

大多数人说，当他们感受到对另一个人的感激时，他们的心会感到温暖。

有些人觉得承认自己的感激之情有失尊严。这往往是旧有的观念。毫无疑问，两个人之间表达和接受感激之情会加深他们之间的关系，并增加他们的感情和亲密感。积累勇气，发展能力让好的感觉流动是健康，但是也是艰巨的。

自豪和感激是深刻的身体体验，两者都能够丰富我们的生活。当我们准备好，并且能够将防御放在一边时，就有机会发现自豪、喜悦和感激之情。它们是心灵、身体和关系的滋养，能够滋养我们与自己的关系以及与其他人的关系。获得这些情绪可以治愈低自尊、孤独、抑郁、焦虑等。

当有人肯定或赞美我时，我会使用变化三角模型来觉察自己的反应。练习时，注意你对肯定的反应。你会以防御极结束吗？还是在抑制性情感极，抑或是在变化三角模型的底部，在那里全身都在体验着自豪和感激的喜悦？你是否能够识别并努力对抗回避，这样你就有机会体验这些滋养性情感？你是否能够通过关注这些情感的身体感受并停留一会儿，注意它们的起伏波动，练习纳入一点点可控的自豪或感激之情？如果是这样，你就会发现有能量正在进入你的身体。随着你的自豪、感激、快乐和兴奋不受阻碍，得到扩展，你会感到自己在长高、延伸，变得更加稳固和充满活力。这真的是你可以送给自己的礼物。

练习 10：自我内部的快乐、感激和自豪

发自内心地感受快乐

想想那些真实存在的或想象的能够给你带来快乐的东西。

命名你的一种内部感觉，与快乐相关：

____

唤醒快乐也可能会唤醒抑制性情感和防御。注意在这个练习中出现的任何东西。你可以给它们命名吗？

写下你在自己的内在世界注意到的三件事物，并确定它们处于变化三角模型的哪个位置：

1. ______________________________
2. ______________________________
3. ______________________________

真诚地表示感激

练习注意到感激是很困难的，但这是一种必须加以练习的能力，就像你去健身房锻炼肌肉力量一样。

找到一个容器并在上面标上“我感激的事情”。

每天结束的时候进行回顾，并在一张纸上写下三件你所感激的

事情，不管这些事有多小。将这张纸放入容器中。三周后，注意并写下你对这个练习的感受。

1. ______________________________
2. ______________________________
3. ______________________________

用心体会感激

当有人赞美你或为你做一件好事时，请在你的内在世界查看，你是否经历了感激之情。如果你没有感觉到感激之情，看看你是否能够唤醒它。想象一下它像是什么感觉。

一旦你感觉到哪怕仅仅一丝感激，注意你身体内的那些感觉，这些感觉会告诉你，你正在经历感激。

留在这种感觉当中，注意大约 30 秒后会发生什么。

命名一两种让你识别为感激的内部感觉：

1. ______________________________
2. ______________________________

注意有关你自己的好事（自豪）

找到一个容器，并在上面标上“我为自己感到自豪的事情”。

每天结束的时候进行回顾，并写下三件让你感到自豪的事情。

你可能会因为需要很多能量而感到自豪。你还可能为这样的事情而感到自豪：费了好大力气终于起床，在学校取得好成绩，或者在工作中渡过难熬的阶段，制作或烹饪了什么东西，你对别人或自我给予善意或同情。不要根据别人的成就来评判或比较你自己的成就。

三个星期中，每天都写下你的三项成就，并将其放入容器中。在这里，我们应用了神经可塑性。通过每天重复这样一个新的过程，神经网络将会得到加强，并被教会寻找那些让你感觉良好的事物。

三周后，关注你对这个练习的感觉。

写下你关注到的三件事：

1. ____

2. ____

3. ____

查看内在世界的自豪

当你获得赞扬或认可时，请查看你的内在世界是否感到自豪。

如果是这样，你身体内的哪些感受告诉你，你正在体验自豪？留在这种身体感觉中，并注意大约 30 秒后会发生什么。

命名你识别为自豪的一两种感觉（如果需要帮助，请使用附录 A 中的感觉列表）：

1. ____

2. ______________________________

当你获得赞美或肯定时，注意发生了什么，不要进行评判。

接下来，尝试命名你注意到的任何阻碍性的情绪和想法。一些常见的阻碍是尴尬、焦虑、内疚、恐惧、怀疑，对你自己或赞扬你的人进行评判。

注意那些阻碍可以有助于你的内在体验变得更意识化。意识本身具有改变和治愈的潜力。

写下你注意到的三件事：

1. ______________________________

2. ______________________________

3. ______________________________

如果你觉得自己有勇气，可以尝试放下任何阻碍的想法或感受，并让一些好的感觉在你内心生根发芽。感受自己的拓展——即使是内心仅仅拓展了一小部分，也是在形成新的能力。如果焦虑出现了，请进行深呼吸。因为你正在尝试新的事情，焦虑自然会出现。

描述你注意到的事情，不要评判自己：

____

____

____

IT´S NOT
ALWAYS
DEPRESSION

第6章

觉察防御，以应对和管理难以忍受的感觉和冲突

人人都会有防御，而防御是杰出的适应者，由大脑创造，能帮助我们应付和管理难以忍受的感觉和冲突。尽管防御最初是适应性的，但会慢慢变得僵化，难以改变。

马里奥的故事：跨越创伤，走向平静

在我职业生涯的早期，当我更多地按照精神分析的原则进行实践时，我遇到了马里奥。我接受培训的研究所把他分配给了我。他的症状包括抑郁、易怒、回避与妻子的亲密关系、性欲低下，以及对事业的不满（他曾在当地一家报社担任编辑）。

就像我所接受的训练要求的那样，我在会谈开始时坐下来等马里奥发言。心理分析师认为，患者如何开始是重要的信息。会谈是由患者主导的。问题是，马里奥的讲话都是为了填补尴尬的沉默，他认为那是他应该做的。虽然这种方法给患者提供了无限的思考和说话的空间，但它也有缺点。很少有人会倾向于谈论可怕的、痛苦的或羞耻的情绪，尤其是在他们还没有和那些中立的治疗师建立起安全的关系时。

我对马里奥取得的进步感到不满。我一直在使用心理分析的 /

解释性的方法。我聆听了他所讲的故事内容，试图把他告诉我的和他的潜意识联系起来。例如，我会说："也许你无法摆脱过去你父亲对你造成的创伤，因为这能让你和家人保持联系。"但是无论这些干预是否有效，它们都让我觉得受打击或有失误。我试着努力通过倾听和理解来给予支持。但在内心深处，我觉得这还不够。

大约四岁时，马里奥遭遇创伤性事件的变化三角模型

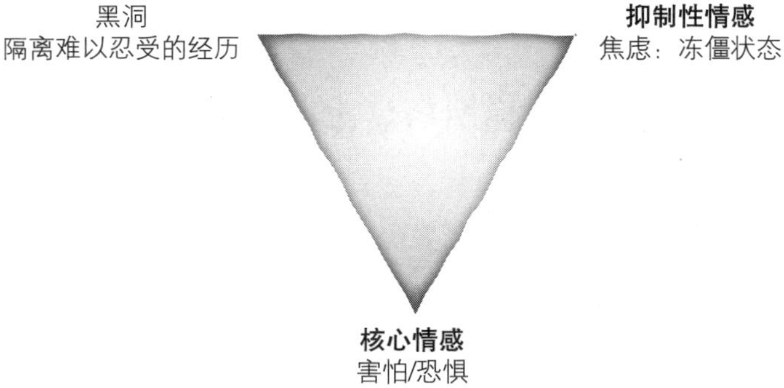

在一年多的时间里，对他来说，我充满共情的倾听、我的支持帮助他在日常生活的种种要求中生存下来，但他并没有茁壮成长。马里奥的抑郁症似乎并没有得到缓解。他的童年过得非常艰难，与想要自杀的母亲和易怒的父亲生活在一起。在早期的一次治疗中，他回忆起他目睹父亲残忍地殴打哥哥的情景，并对此没什么感觉。这种记忆经常出现，他把它描述为他生命中的"风景"，萦绕在他周围。他本能地感觉到这些记忆与他的抑郁有某种联系，但他的洞察并没有改变他抑郁的心境。

因为我所见到的许多患者在他们的童年中都有创伤性事件的经

历，所以我读了我所能找到的所有关于创伤治疗的书籍并参加工作坊，包括 AEDP、眼动脱敏和再加工疗法（EMDR）、身体体验疗法（SE）、感觉运动心理治疗，以及内在家庭系统治疗（IFS）。在我和马里奥一起工作一年之后，我接受了 AEDP 的正式培训。AEDP 和其他治愈取向的治疗模型，如 EMDR 和 IFS，都是在教授积极的方法来改变和治愈创伤状态，这样他们就不会继续困扰患者。我决定改变我对马里奥的方法，从精神分析模型转向创伤模型。

每次会谈中，我都先邀请马里奥放慢他的思想。我通过放慢语速，用非常慢和非常平静的说话方式为马里奥做示范。人们对这一邀请的反应是自动地放慢思想，并感觉从头部降落到身体里。马里奥发现这让他感到很平静。一般来说，当人们慢下来时，情绪和感觉就会浮现出来，让人们能够感知到它们。这是个好消息，同时也是坏消息。如果我们有知识、理解和工具来处理我们的内在经验，就能准备好处理这些情绪和感觉，并且能得到更好的感觉。如果我们不知道发生了什么，就可能会移动到变化三角模型的左上角，利用防御来应对。你是否曾遇到过不停地移动、工作、说话，或者富有成效不断产出的人吗？如果是这样，可能是因为他不喜欢意识到情绪的那些时刻。

我会等待一个点头、一个眼神，或是一个告诉我马里奥已经接受了我的邀请，并等待他变得放松且慢了下来。然后，我会继续指导他："让自己感觉脚下的地面，椅子支撑着你的身体，让我们一起做几次深呼吸。"

马里奥有一个调谐到情绪世界的诀窍，就是注意到并把语言放在身体感觉上，他非常乐于使用幻想。我们进行了一次关键的会谈，在会谈中，他终于谈到了决定他生命的大部分的创伤。

我们一起工作了两年左右。一天下午，马里奥走进我的办公室，蓝眼睛瞪得大大的，脸上洋溢着热情的微笑。

我问他："当我们开始的时候，我们能注意到你此时是怎样的吗？"

他积极地点点头。

"太好了！所以，只要调谐到你脖子以下的部分，一个接一个地注意你所意识到的任何情绪，以及你身体的感觉。记住，我们只是以同情和好奇的态度关注你自己。尽量不要评判你所注意到的。"

他告诉我他注意到了焦虑。此时，我可以看到他眼睛里流露出一些痛苦。

"你感觉它在你身体中的什么位置？"

他指着心脏部位。

"你能描述一下你的感觉吗？有多大？它是像石头一样的固体，还是像气球一样是空心的？你感觉怎么样？不管出现什么词语，都保持开放的心态。相信你的直觉。"我慢慢地轻声说。

他停顿了一会儿。

他说："它这么大，这么圆。"他用双手比画着说明他所感觉到的东西，他的手向上举到胸前，画了一个像蜜瓜那么大的圆圈。

"它有颜色吗？"我问。

"它是黑色的。"他说。

在我们的身体里，我们拥有各种颜色、形状、大小和感觉的体验。

我问："我们能找到一种方法，安全地体验这种黑色圆形的感觉吗？"

"我不知道，可以吗？"他笑着问。马里奥很有幽默感，他在逗我。我们在一起建立了信任和安全，我们的关系已经让他有信心去探索一些艰难的区域。

"我认为我们可以做到。让我们慢慢来，保持联系，这样我们就可以在感觉太多的时候停下来。"

他点点头。

我引导他："你能调谐到这个黑色的圆形上，并注意你和它的关系吗？"

"我看到一个巨大的洞穴，我离它的边缘大约有三米。"

"你做得太好了！你能靠得更近一点，以便看到里面吗？"

我认为黑洞是一种生理上的创伤体验，在遭受创伤的时候是如此地难以抗拒，以至于我们的大脑以隐喻的方式变得黑暗。当一个事件引起大量不能被大脑整合和理解的冲突以及压倒一切的情绪时，往往会形成黑洞。我的工作是与患者建立联系，让他觉得探索黑洞是安全的，并帮助他使冲突和情绪变得可以忍受，这样才能更好地处理它们。

作为成年人，我们可以用一种新的方式来理解我们的创伤经历，而这对小时候的我们来说是无法理解的。在马里奥的案例中，我的希望是，如果我们能安全地探索这个黑洞，它将有助于减轻他沮丧的心情。探索黑洞通常会让我们通过大脑的记忆网络，回到最初遭受创伤的场景。可以通过想象一个类似手电筒的东西，照亮黑洞中的黑暗，看看里面是什么。

“我不敢靠近，我害怕我会掉进去。”他说。

“什么会让你觉得更安全？如果你想象我们都拿着一根绳子，我会紧紧抓住它，以防你在靠近的时候掉进去，怎么样？”我建议。

“不行，”他说，“你不够强壮！”

“你需要什么才能感到安全？你能想到吗？”

“一棵古老的大树，树干很粗壮。绳子拴在树上，然后你抓住绳子。”他很清楚地知道他需要什么。

“好主意！”我说。一旦人们进入这些情感、身体和想象的体验（使用想象）中，大脑就会为感觉良好而创造解决方案。大脑会把幻想当成真实而进行反应，这对心理治疗的康复有巨大的意义。例如，我可以引导患者想象反击行凶者或逃离最初造成创伤的攻击。想象可以在身体感觉层面产生一种解脱感，就好像它真的是这样发生的一样。

我们可以从理智上知道，我们经历了创伤并幸存下来，但从情绪上，我们却不知道。除非我们的情绪大脑感到安全，否则它将继续触发我们的身体进入带来痛苦的“战斗、逃跑或冻僵”状态。当往日的情绪得到处理，对发生了什么的叙述性记忆没有缺损，并整合到我们的个人成长史中时，情绪大脑就会知道真正的危险已经过去，我们是安全的。

马里奥走到洞边，往里看，但什么都看不见，一片漆黑。在他知道自己已经牢牢地和我绑在一起，而我安全地抓住拴在大树上的绳子的情况下，我问他是否愿意进去看看。

他愿意去尝试。

马里奥向前进。他想象出了一个手电筒，这样他就能看清楚洞里有什么东西。童年时家里的东西自发地旋转着，他就像在龙卷风中一样。

突然，出乎我的意料，他跌落在地上。“我在地下室。我爸爸在打我哥哥。”我们经常谈论这段记忆，但他从来没有这样真实地在他的脑海里体验过这段伴随着情感和感觉的记忆。我从来没有和一个真正到达他最初创伤现场的人，一起穿过一个黑洞。

他哭了。

当时发生的事情让我有点害怕。我回想我接受过的基本创伤训练，有一条是：如果患者在经历过去的时候，有一只脚是放在当下的，那么患者就可以处理创伤。我试着检查他这方面的情况："你的一部分还和我在一起吗？"

"是的。"他说。

"很好。当你看到自己在地下室时，你现在感觉如何？"

"我很害怕，我很害怕，我想逃走。"

我们进入了他的恐惧——被阻断的核心情感。接下来，我想引出恐惧的适应性冲动，这个最初被挫败的冲动。

"你身体里的什么告诉了你，你想逃跑？"

"我的腿在发抖！"

"当你跑的时候，去感觉它，"我低声说，不想吓到他，"感觉你的腿在奔跑。看着你自己奔跑。一直跑到你安全为止。"

我等了一会儿，然后又和他一起检查内在的状态。

"现在发生什么事了？"

"我跑出地下室，穿过后院，沿着我家附近的街道跑，但现在我很害怕，我不知道该去哪儿。"他又哭了起来。

我问："你能去什么可以给你带来安全的地方？"

"我不知道。"他哭道。

"马里奥，有谁是安全的、能给你提供安慰的人？"

"我不知道。我不知道。我很害怕。"

他需要帮助。这是有原因的——因为他太小了，会在这种状态下感到害怕。

"我现在正和坐在这里的成年人马里奥说话。你能在这个场景里，想象成年的你和年幼的小马里奥在一起吗？你能成为自己那个小马里奥的好父亲吗？"我建议道，希望这能给小马里奥带来一些安慰，让他不再孤单。

我本可以建议他把我或他的妻子，或是其他任何他觉得安全的人放到现场，但我想首先建议那个安全的人是他自己，这样他就能得到内心的安慰。

成年人马里奥说："我和那个男孩在街上。我张开双臂，这样他就可以跑到我这里来。他跑过来了。我拥抱了他。"

马里奥现在哭得很厉害。我也禁不住流下了眼泪，被眼前的一切深深触动。

我很安静。我知道小马里奥现在安全了，他和大马里奥在一起，我觉得自己可以后退一步，给他哭泣的空间，现在他也许不再那么害怕了，更多的是解脱。

马里奥的哭声渐渐退去。他深吸了一口气，抬头凝视，重新与我进行目光接触。

“我平静下来了。”他说。

“现在你注意到什么了？”我问。

“我觉得有点颤抖，好像全身都在颤抖。”

“让我们与颤抖的感觉在一起，看看会发生什么。”

我希望颤抖能够自然地消散，而不是让他阻止它。如果我们不打断它，身体就会从创伤中愈合。与恐惧相关的颤抖感是自然和正常的。让它全部消散，就像释放出所有恐惧的能量，马里奥会感觉好多了。

马里奥沉默不语，尽管他把注意力从我身上移开，转回到他的身体内部，但我感觉我们是紧密联结的。大约 30 秒后，他报告说：“它正在减少。”

“好！只要跟它在一起就好了，注意接下来会发生什么。”

当马里奥还小的时候，他目睹了父亲的暴怒，他被吓坏了。从生物学上说，他的依恋需求吸引他走向他的家庭，与他的家庭保持紧密联系。然而，他的核心情感和身体却有一种逃离危险的自然的和适应性的生存冲动。

留下的冲动和逃跑的冲动撞在一起，产生了巨大的内部冲突。他被吓得僵住了。在这段记忆中，保有着冲突情绪的那部分大脑被隔离在意识之外，黑洞占据了那些情绪的位置，所以可以说，情绪在那里，但无法被体验。在他长大成人后，标志着创伤的黑洞依然存在。他在这种创伤中成熟了，却产生了无意识的影响，导致了他的抑郁。

这次会谈的工作使冰冻的冲动得以缓和。他的身体和思想，现在和我在一起是安全的，可以从本质上捡起它们失掉的东西，准备好逃跑和躲避危险。在我们的幻想中，他能够实现被挫败的逃跑冲动，从而释放了被阻断在里面的能量，那些能量是这个场景后来被卡住的原因。

我问马里奥现在正在经历什么。

马里奥的变化三角模型：内疚和愤怒

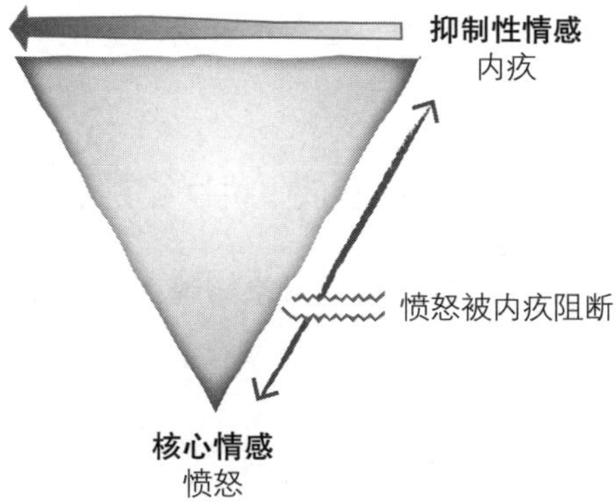

“我真不敢相信我的父亲竟然是这样的禽兽！他折磨着我们所有人，我们不得不一直战战兢兢，言行都必须小心翼翼，所以我们没有招惹过他。”

“当你和我分享这些重大的洞见时，鉴于你父亲对你和你哥哥所做的事情，你对你父亲是什么情绪？”

“我怒不可遏。”他说，眼睛睁得大大的。

“那么现在，你内在的感觉是什么？”我问。

“怒气从我的肚子里涌出来，在我的身体里乱窜。我想杀了他。”

“你想怎样杀他？”

在他刚刚通过幻想完成了一些事情之后，我想知道他能不能再来一次，只不过这一次是为了他的愤怒而不是他的恐惧。

“我想朝他的脑袋开枪。”马里奥坚定地说。

“你能自己想象一下吗？把它想象成一部生动的电影。告诉我你看到了什么。”

“我会……”他开始说，但我很快打断了他。

“不是你打算做什么，而是想象你现在正在做。我希望你能看到它，就像此刻正在发生的那样，就像我们刚才对你的恐惧所做的那样。”

按照我的指导，他说：“我看到了他的脸。我举起枪。我扣住扳机。”他停住了。

“现在发生了什么？”我们沉默了一会儿后，我说。

“我不想杀了他。”他疑惑地看着我说，头低了下去，歪到一边。

“你说这话的时候心里是什么感觉？”

马里奥立刻回答道：“内疚。”

“是的，这完全合乎情理，因为你不是一个反社会性的人，”我笑着说，“你有良心，也不是杀人犯。刚刚是假装的。你不是真的要杀了你的父亲，你可以要求感觉到罪恶感的那部分离开，这样你就可以返回去，尊重你的愤怒，做它想要做的事情，你觉得可以这样做吗？如果可以，就不会有那么多的能量停滞在你身体的内部。”

“好吧，”马里奥答道，“我试试看。”

“让我们回到你的身体查看一下，看看对你父亲的愤怒是否还在。”我建议道。愤怒的幻想应该来源于身体体验到的愤怒的感觉，这样才能发挥最大的效果。身体掌握了释放愤怒需要做什么的相关知识。我们必须跟随身体，而不是想法。它应该是有机体的感觉，而不是虚构或者表演。

“是的，我有这种感觉，尤其是想起那天他对我和我哥哥所做的事。”

“很好。如果你查看愤怒的身体感觉，它现在想做什么？”我问。

“它想再次向他的头部开枪。”

“和这种感觉待在一起，也让我知道发生了什么。”

“我们相距近一米。我把枪对准他的头。他举起双手，大声喊，‘不！’我朝他的眼睛中间开了一枪。我的心在狂跳。”

“看看你父亲，”我推动道，“你看到了什么？”

“他在地板上。他的头爆开着。左眼睁着，盯着天空。”

“很好。现在回到你身体内愤怒的感觉上。看到他死在地板上，你注意到了什么？”如果还有愤怒，那就意味着还有其他的冲动需要在幻想中处理。

“愤怒消失了。”他说，他的眼神变得柔和，脸上的表情变成了悲伤。

“现在你有什么样的核心情感？”我问。

“我感到悲悼。”他回答。

“给悲悼留点空间——让它来吧，这样你就可以处理完这件事了，一劳永逸，”我温柔地、亲切地说，“你是会有这些感觉的。”

泪水溢出，流满了他的脸颊。他的身体变软。他还在看着我。

“这悲悼是为了什么？你能说说吗？”我问。

“我为我们当时所经历的一切感到难过。太可怕了！任何人都不应该生活在害怕父母伤害他们的恐惧中，”他纠正自己，“不，应该说，是我不应该必须生活在恐惧之中。这真是太让人难过了。”

“是的，是这样的，”我肯定地说，“非常让人难过。”

我们默默地坐在一起。他为自己感到悲悼，为他所忍受的一切和随之而来的艰难感到悲悼。他又开始哭了起来。

“这么长时间以来，你一直忍受着这么多的痛苦。不要把它放回去，这里很好。你太幼小了。让它出来很好。”当他哭泣时我说道，让他知道我在这里。

又过了几分钟，他哭完了，深吸了一口气。这告诉我，另一种核心情感——悲悼的浪潮结束了。

我问：“你现在内心感觉如何？”

“很累，但是更好，很平静。”他又看了看我。我们的目光相遇了，我感到“咔哒”一声，我们建立了一种联结。

“你太神奇了。我被你今天的勇气深深打动了。”我说。

我们一起完成了这个情绪的处理，他感到缓解，并转变成自豪和对我的感激。只要时间和他的精力允许，我们就尽可能花更长的时间体验这些疗愈性情感——自豪和感激，与这些情感待在一起。我认为在疗愈性情感中探索的时间越长越好——它们是人类大脑的灵丹妙药。最后，我们一起回顾我们刚刚所做的工作的力量和重要性，这是另一个治愈性步骤，之后会谈结束了。

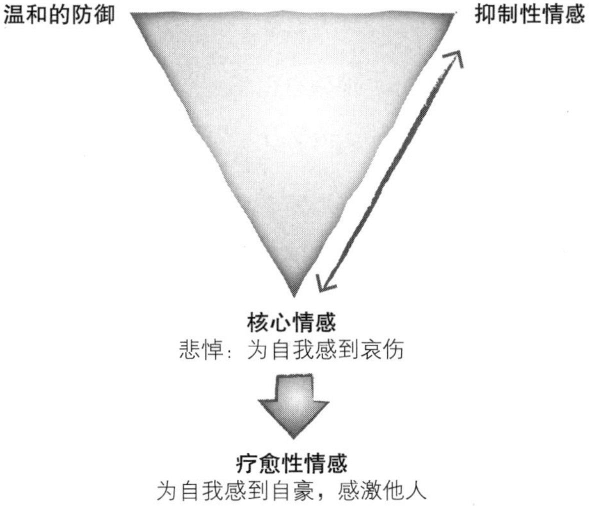

愤怒和悲悼的核心情感终于被释放，得以体验。疗愈开始，大脑把过去真的感知为过去了，出现感激和为自我感到自豪。

与马里奥的情绪和身体感觉一起工作，使他的抑郁症状好转很多。多年来，马里奥一直在服用抗抑郁以及缓解焦虑的药物。就像许多姑息疗法一样，它们只是掩盖了他的症状，却没有治愈潜在病因。

我的目标是帮助马里奥找到需要关注的内在创伤状态。通过对黑洞的探索，我们释放了三种被埋藏的核心情感：恐惧、愤怒和悲悼。马里奥能够赋予体验语言和意义。这改变了黑洞，最终，他的记忆可以被有意识地整合进入大脑：当我四岁的时候，我经历了父亲殴打我哥哥的创伤。现在我明白了，我被我看到的东西吓坏了，我为哥哥和自己担心，对父亲感到绝望和愤怒。现在我感受到了这些感觉，我从理智上和情感上都知道，这一切终于结束了。我知道我和哥哥活下来了。我知道我这种被淹没的感觉并不是在发疯，是因为我还只是个孩子，没有受到保护。

那次会谈结束后，马里奥的情绪有所改善。他说他有更多的能量给予妻子和朋友。随着他变得不那么急躁，他的职业成就得到提高。他的老板和同事们曾经会让他感到很恼火，甚至让他都不想去办公室，但如今在他看来，他们也没那么糟糕。像平常的情况一样，当他的心情时不时地低落时，他并没有陷入深深的悲悼之中。他在内心开放的状态度过了更多的时间。他往往会感到更加轻松和愉快。

倾听防御向你传达的信息

所有人都会有防御。根据遗传、气质和环境的不同，防御有各种各样的形式。它们是杰出的适应者，由大脑创造，帮助我们应付和管理难以忍受的感觉和冲突。防御在其最初出现的环境中是适应性的。然而，随着时间的推移，它们变得僵化，难以改变。我们没法舍弃它们。当眼前的环境要求我们做出新的反应，但我们继续保持老旧的防御时，它们就不再有用，而且往往会变得有害。作为成年人，我们的自我防御会在很多方面阻碍我们的生活。尤其是，它们阻碍了我们与核心自我意识以及与他人之间的联系。

防御需要被尊重，它曾帮助过我们

我总是尊敬防御，并且教我的患者也这么做。当格里芬来找我的时候，他非常生自己的气，因为在工作中，他不能坚持自己的意见，尤其是对他的老板。我给格里芬展示了变化三角模型。我在底部写下了核心情感，右上角写下抑制性情感。在左上方我写道："不坚持自己的意见。"我解释说，不坚持自己的意见是一种防御，防御很久以前他坚持自己的意见所招致的结果。坚持自己的意见是适应性的。你需要什么，就去要求什么，然后得到或得不到。它是直接的、有效的。

我建议格里芬与我共同去探究他不坚持自己的意见的这种防御，在过去是如何保护自己的。我们可以了解它最初的目的是什么，并有助于找到一种新的、更适应的方式来满足同样的目的。

"当你还是个孩子的时候，当你大声说出或坚持自己的意见时，你是什么感觉？"

"你在跟我开玩笑吧？"他回答说，"我会被我爸爸痛批一顿。"

"'痛批一顿'是什么意思？"

"我爸爸总是说，'你根本不知道你在说什么，谁在乎你的想法？'"

在确认了这是多么残忍和令人痛苦之后，我得出结论："停止坚持你的意见才是一种聪明的做法。"

“是的，”他说，“我很快就明白了，我可以闭上嘴，避免被他羞辱。”

因为防御是在需要的时候被构建出来应对生活的，通过确认这一点，我们对防御表示尊敬。在我们年轻的时候，使用防御是我们保护自己的最好方式，因为那个时候，我们年轻的大脑中关于基因的、家庭的和文化的资源都很有限。

格里芬已经开始着手使用变化三角模型工作了。通过把他缺乏坚定性放在防御的端点上，它的起源和意义就得到了理解。他知道他必须把这部分挪开，才能找到被隐藏的核心情感。

“格里芬，你现在和我一起坐在这里，回想父亲对你表示轻蔑的那个时刻，你现在对父亲是什么情感？”

格里芬说，他很生气。当有人伤害我们时，愤怒被触发是非常有意义的。在研究了变化三角模型之后，格里芬学会了问自己：当注意到自己在对抗捍卫自身权利时，他能够注意到的感受是什么。然后他提醒自己，如果有人像他父亲一样做出伤害性的反应，那么他可以通过识别自己的核心情感，用语言设定限制和边界来保护自己。

变化三角模型帮助我们从防御状态过渡到和平、平静和真实的生存状态。通过意识到防御是引起压力或麻烦的原因，我们可以做到这些。接下来我们可以了解防御的最初目的。我们可以问问我们的防御系统，你现在打算怎么帮我？防御知道答案，并能清晰地传达出来。即使最初导致防御出现的源头早已消失，防御系统仍然会努力保护我们。我们的程序需要更新。当我们通过应用变化三角模型，与我们的真实感受建立联结，并发展出自信——我们可以在这个世界上安全地驾驭我们的情感时，防御就会消失，因为我们不再需要它了。

在我们努力认识到它之前，防御大多是无意识的。因为看清别人比看清自己更加容易，所以在你注意到自己的防御之前，你可能会先注意到别人的防御。例如，我先注意到我的父母是很挑剔的，之后才注意到我通过让自己保持弱小来防御他们的批评。我注意到别人喝太多酒以逃避生活的痛苦，然后我才注意到我自己用来避免不适或痛苦的习惯性方法。我们必须有很强的自我意识，评估我们的行为、思想和感觉，并确定我们是否处于防御模式。

想要放松我们的防御，理解如果放弃防御，我们害怕发生什么是有帮助的。例如，在邦妮可以更直截了当地放弃她模糊的防御之前，她必须有信心，可以建设性地处理她的冲突和愤怒。当我们有其他方法，能帮助我们在这个世界上感到安全的时候，防御不会介意放弃它们的控制。这个过程的一个重要部分是，我们愿意体验我们所防御的或脆弱或保护性的情感。变化三角模型是我们的向导。

我们必须学会倾听防御所传达的信息。当我注意到某人的防御，比如理智化、开玩笑或者转动眼睛（一种非言语的防御）时，我就会邀请那个人从那个防御的部分说起。我会说："刚才，当你告诉我你女儿如何侮辱你时，你有没有注意到你在转动眼睛？如果让转动眼睛的那部分说话，它会说什么？”或是说：“当你分享这个非常悲伤的故事时，你是否注意到你在微笑？你能问问你微笑的那部分，它现在想要保护的是什么吗？”

防御提供的答案是多样的：

- 我保护你，以免让你看到我的悲伤；
- 我保护你免遭恐惧；
- 我是一道保护墙，保护你免受伤害；
- 我是你无法忍受的悲伤的保护屏；
- 我保护你免于想要杀人的愤怒；
- 我保护你不被遗弃，因为没有人能处理你的真实感受；
- 我保护你不为自己感到难过；
- 我帮你隐藏你真实的自我，因为如果其他人发现你有多疯狂，你将会是孤独的；
- 我对你做的任何不完美的事都很警惕，因为如果你不完美，你就不会被爱；
- 我强迫你工作，因为你天生懒惰；
- 我让你暴饮暴食，这样就不会有人想和你发生性行为，并再次伤害你了。

索菲娅是我的一个患者，她注意到自己并不期待见到闺密丹妮丝。她不想见到她的愿望使她很受打击。索菲娅对她这种情绪的转变感到奇怪。当索菲娅用变化三角模型描绘自己时，她发现她内心的对话听起来是这样的：我现在正在回避我的闺密丹妮丝。回避是一种防御。我一定对丹妮丝有一些什么感受。

意识到她的防御，她可以把它放在一边。她问自己，她对丹妮丝有什么样的核心情感。通过想象和丹妮丝在一起，并注意到出现了什么感觉，她很快就意识到，一想到要见丹妮丝她就焦虑起来。索菲娅调谐到她的身体。她感到自己的心脏在胸口跳动，很不舒服。她知道焦虑是一种抑制性情感，是核心情感不断上升的信号，于是她想着每一种核心情感，直到找到适合自己的。索菲娅意识到她生气了。

索菲亚仍然用变化三角模型作为指引，以处理她的愤怒。她深入自己的身体去感受她的愤怒带来的感觉。她注意到腹部的紧张感带来的能量。不由自主地，有关她们最后一顿晚餐的记忆出现了。她回忆起丹妮丝曾暗示索菲娅的新男友不是很聪明，这让她很生气。索菲亚受到了冒犯，但她们从来没有讨论过这件事。索菲娅把愤怒放在一边，希望它会消失。然而，现在她确认了自己的愤怒。她在愤怒的感觉中停留了很长一段时间，足以让它产生冲动。它想告诉丹妮丝："走吧！我不做你的朋友了！"索菲娅直到现在才意识到她对丹妮丝有多生气。防御真的很擅长它们所做的事——这就是为什么直到索菲娅花时间去关照她的愤怒，她才意识到它有多么强烈。

经过这样的澄清，索菲亚感到平静。她觉得已经准备好考虑采取最好的方式来处理她对丹妮丝的愤怒。一种选择是告诉丹妮丝，她对她的评论有多难过，并要求她道歉来修复她们之间破裂的关系。索菲亚也考虑过什么都不说。她可以尝试自己处理愤怒，避免尴尬的对抗。也许之后她可以放下这件事。最后，索菲亚觉得为了她们之间的关系，最好还是谈谈。当她这么做时，她们的谈话进行得很顺利。丹妮丝澄清，她不太了解索菲亚的男朋友，很明显她得出了错误的结论。然后，她为给索菲娅带来不愉快而道歉。她们谈完后，索菲娅感觉好多了。她们之间的裂痕被修复了。

索菲娅的防御是回避她的朋友。但通过她的自我意识，她最终能够识别到这种防御。然后，她有意识地通过变化三角模型进行处理，对自己和自己的人际关系提供帮助。她决定不回避自己的情绪，不在自我防御中徘徊，她意识到自己对丹妮丝的愤怒，自己去处理这种愤怒，直到完全清晰，并最终选择在一个平静、开放的状态下进行积极的对话。这就是很多人在日常生活中使用变化三角模型的原因。

我的另一个患者卡莱布也在日常生活中使用变化三角模型，他工作的办公环境不太友好。一个名叫唐的同事经常看到卡莱布，但对他视而不见。当发生这样的情况时，卡莱布感到非常震惊。他突然脱离了正常的状态，感到肚子一阵抽痛。他想："唐真是个浑蛋！他不搭理我！"他认可这个想法是一种责怪，是对他愤怒的一种防御。我们都倾向于责怪伤害我们的人，但责怪的问题在于，它导致了僵局，而不是解决。当我们陷入一种责怪的状态时，身体的紧张并没有得到释放。另外，责怪也会破坏关系。

为了超越责怪，卡莱布专注于他的身体，确认他的愤怒。他检查自己的愤怒，倾听它想要对谁做些什么。他与自己内在的感觉待在一起。愤怒转变成了羞耻——唐让他觉得自己微不足道。在愤怒的咆哮声中，卡莱布感到自己很渺小。渺小是一种熟悉的感觉。有很多次，当他的女朋友忽视他时，他就会有这种感觉。卡莱布从小就被父母忽视。他童年的经历使他对别人给予他的关注量非常敏感。所以当唐没有跟卡莱布打招呼时，卡莱布就会觉得自己根本不重要。所有这一切都是对过去的创伤经历的轻微提醒，点燃了童年时代旧的神经网络。在那一刻，唐代表着卡莱布的父亲和母亲，卡莱布正在通过他自己四岁的那部分体验整个世界。

只不过是调谐到了身体层面的愤怒，卡莱布获得了能帮助他感觉更好的洞察。他提醒自己，就算唐很粗鲁，也是因为它点燃了旧的神经网络，所以感觉更加糟糕。知道这一点使他平静了下来。由于他认为采取积极手段、不卷入冲突很有价值，因此他允许自己去体验对唐的愤怒，想象着告诉自己他是一个多么“该死的、粗鲁的浑蛋”。卡莱布感到放松，他深吸了一口气，然后给予自己一些同情，既因为他过去的经历，也因为他不得不在工作中与粗鲁的人打交道。

卡莱布知道那个想法（我被冷落了）是一种对他小时候被忽视的潜在的愤怒、羞耻和悲伤的防御。如果我们想生活在现实中，就需要将过去的事情对当前情势产生的影响联系起来，这对于所有人来说都是至关重要的。在现实中，唐可能心不在焉、害羞或忙碌。卡莱布被触发的四岁的部分过快地得出了结论——唐的行为与卡莱布有关。

当然，在有些情况下，过去与当下毫无关系。有时人们粗鲁、心不在焉、麻木不仁，或无能，有时人们有不良的意图，但大多数人只是没有意识到他们对别人的影响。作为一名成年人，特别是当我们处于一种平静、开放的状态时，我们可以用许多建设性的方式对待粗鲁或麻木不仁的人，而不会觉得对我们有所伤害。卡莱布知道，如果有人真的粗鲁，有意伤害他，那只是说明了那个人的品格，而与卡莱布自己无关。

思想、情绪和行为都可以成为防御。为了弄清楚我们是否处于防御状态，我们应该经常检查并反思我们在做什么、思考什么、感觉到了什么。请记住，核心情感有助于我们这个物种的生存。为了帮助弄清楚一种情感是否被用来作为一种防御，或者它是不是核心情感，我们可以评估自己的反应，判断它在某种情况下，是不是合适的和具有适应性的。

核心情感源自事件：

- 如果经历了失败，我应该会感到悲伤；
- 如果有人伤害了我，我应该会感到悲伤和愤怒；
- 如果有人对我很暴力，我应该会感到厌恶、愤怒、受伤和恐惧；
- 如果有人对我很好，我应该会期待感到快乐；
- 如果有人给我一个惊喜，我应该会期待感到开心和兴奋；
- 如果对我有吸引力的人来找我，我应该会期待感到性兴奋。

在同样的情境下，我们的核心情感也往往会被防御性情感隐藏：

- 如果经历了失败，我应该会感到悲伤，但我却感到愤怒；
- 如果有人伤害了我，我应该会感到悲伤和愤怒，但是我感到羞愧；
- 如果有人对我很暴力，我应该会感到厌恶、愤怒、受伤和恐惧，但我却只感到悲伤；
- 如果有人对我很好，我应该会期待感到快乐，但我却感到厌恶；
- 如果有人给我一个惊喜，我应该会期待感到开心和兴奋，但我感到害怕；
- 如果对我有吸引力的人来找我，我应该会期待感到性兴奋，但我却感到害怕和愤怒。

即使有些情感是用来进行防御的，我们仍然需要尊重它们，并通过找出防御的目的来理解防御。此外，我们需要接触和处理潜在的核心情感，以便获得更好的感觉。

维持防御所需要的能量，如果用来勇敢地生活，与我们喜欢的人和事接触就是更好的。无论你拥有怎样的生活，在应用变化三角模型进行工作的过程中，你将会把用来逃避的能量转化成真实的、内心开放的生活状态。如果我们转过身，面对追逐我们的东西，就不会被追赶了。

练习 11：觉察你的防御

写下三件你为了应对压力而做的事：

1. ______________________________
2. ______________________________
3. ______________________________

写下三种你避免冲突的方法：

1. ______________________________
2. ______________________________
3. ______________________________

写下三句你说过的刻薄的话，以及你这样说的原因：

1. ______________________________
2. ______________________________
3. ______________________________

写下三件你做出评判的事情：

1. ______________________________
2. ______________________________
3. ______________________________

为了避免做不想做的事情，你会使用的三种方法：

1. ______________________________
2. ______________________________
3. ______________________________

写下三件你做过的具有自我破坏性的事情：

1. ________________
2. ________________
3. ________________

写下三种处理困难情绪或压力的方法：

1. ________________
2. ________________
3. ________________

回顾你的答案，并在你认为是防御的那些旁边加上标记。

从以上的防御中选择一个（你最想停止做的那个），把它圈出来，在后面的练习中使用。

试着觉察更多的防御

带着好奇心去问自己以下问题。同情自己，不要评判，写下答案：

- 我的哪些行为会给我带来整体性的问题？
- 我的哪些行为会给我的人际关系带来问题？
- 我在工作中有哪些行为会给我带来问题？
- 我的哪些行为会给自己带来麻烦？
- 我会出现危险行为吗？
- 我如何避免冲突？
- 我如何避免情绪？

- 我如何避免焦虑？
- 我怎样才能避免觉得自己不好？
- 我知道自己的缺点吗？我可以分享它们吗？
- 我知道我的优点吗？我可以分享它们吗？
- 我的思维是僵化的还是灵活的？
- 我是否总是对别人进行评判？
- 我是否总是对自己进行评判？
- 我是不是总在不断地移动和做事？
- 慢下来会让我感到不舒服吗？
- 我有过物质滥用或者喝酒过量吗？
- 我认为自己比其他人都好吗？
- 我是否会与其他人分享我的想法和情感？
- 我是不是整天都陷在想法中？

再一次，选择上面的一个或两个导致你感觉不好的，或你在生活中想改变的问题。圈出它们，把这些答案留到以后的练习中使用。

IT´ S NOT
ALWAYS
DEPRESSION

第7章

获得内心开放的状态

同时进行思考和感觉的能力，是大脑得到良好整合的反映，也是应对生活挑战的最佳能力，这就是内心开放状态的意义所在。

萨拉的恢复：真实自我的内心开放的状态

你应该还记得萨拉是个温柔的女人，需要别人帮助变得更加坚定。多年来，她母亲的言语虐待使她一直隐藏在焦虑和羞耻的状态中。她害怕自己和他人的核心情感，尤其是愤怒。

这段对话发生在她对我表达愤怒的五个月之后。我从她越来越平静的神态中看到了我们的工作成果。虽然她肩负一份新工作的重压，但她还是能够很有风度并很有幽默感地去处理。她现在可以自由地抱怨工作，而不用担心惹我生气。大多数时候，我意识到和她在一起是多么不同、多么放松。

萨拉现在可以说出她的感受、渴望和需要了。此外，当她觉得有必要时，她会鼓起勇气，与自己周围的人设定一些限制和边界。

在这次会谈中，萨拉分享说，她发现自己对小时候的身体如何回应母亲的脾气感到好奇。“我昨晚躺在床上研究变化三角模型，试图注意我的身体感觉。我开始思考，当她从‘普通妈妈’变成‘疯狂妈妈’的时候，我的感觉是什么。一旦发生这种变化，就没法挽回了。这个发现在我心里引起了一种特别的感觉。我试着弄明白那种感觉是什么，并试着去处理它。我胸口有压力，感觉有些东西压在我心上。

“我感到很安全，因为我躺在床上。当我想象妈妈尖叫时，我感觉到有一种被挤压的感觉环绕着我的心脏，就像我的心脏在胡乱跳动一样。”

我试着想象如果在我的心里和身体里有那种挤压的感觉，会是什么样的感觉。“太痛苦了！”我说。

“而且很可怕。”她补充说。

“是的，很可怕。”我很高兴萨拉补充了自己的话来确切地反映她的经历，而不是用我的话。

同时进行思考和感觉的能力，是大脑得到良好整合的反映，也是应对生活挑战的最佳能力，这就是内心开放状态的意义所在。当我们处于 7C 的状态下，我们就会在发生的那一刻，意识到我们的想法，感受到我们的感觉。

“我妈妈太可怕了！”萨拉强调。

“所以，并不仅仅是你心脏的感觉，还有恐惧出现。你能调谐到恐惧吗？需要的时候，让我靠近你。”

当萨拉处理她孩子部分的旧日情感时，我曾教过她如何保持双重意识：让她的一部分停留在现在，与我在一起；另一部分注意力与过去相连，与恐惧的年幼部分交流。我们的目标是见证和了解年幼部分的恐惧，这样我们就能知道它需要什么来疗愈。

“我认为存在恐惧只是因为我知道，如果她心情不好，我会任由她摆布，直到她自己摆脱了坏情绪或者是筋疲力尽了。盛怒之下，她可能会强迫我连续几个小时做一些毫无意义的家务，这样我就不能玩，也不会开心。如果房间里的东西有些杂乱，她会穿过我的房间把它们扔掉。如果我成绩不好，她会撕毁我的作业。无论如何，当她发脾气的时候，那都是很可怕的。我必须努力想办法阻止她，或者更好的是，不让她开始。”

当萨拉分享她的记忆时，我注意到萨拉的自我控制。萨拉在讲述她的故事时很平静。

在我们一起工作的最初几年，这种讨论会唤醒一种创伤性反应。一想到她妈妈的长篇大论，就会引发身临其境的闪回。我们常常不得不停下来，平息她内心涌起的巨大的焦虑和恐惧，这有可能会引发冻僵反应，就像野生动物以为自己即将被掠食者吃掉时发生的事情一样。这是一个恰当的类比。萨拉的神经系统把她母亲的攻击解释为濒死体验。即使外表看起来她好像很平静，但如果给萨拉连接上心电图，测试就会显示出心跳加速和其他高唤醒的迹象。在冻僵状态下，神经系统被高度激活。

“你经历了这么多。”我说。

“我是在想，我每天都经历多么的痛苦。我的意思是，我经历了很多。我能熬过这一切，真是太神奇了！”萨拉说。

萨拉的某些部分过去是不允许或不能容忍任何自我同情的。现在，那些达到转化和整合部分不再阻止她的自我同情。相反，它们允许她更自由地向她蒙受痛苦的年轻部分给予同情，增强她整体的平静感。

“太神奇了！”我说，“真是太神奇了。”

“我想我没有选择。我不能离开，因为我还很小。但是，哎……简直受够了！”她突然说，语气比我以前看到的更强硬、更愤怒。

萨拉冒着很大的风险让我看到她如此愤怒。

我不想让她感到羞耻，所以我配合了她强调的地方。“对！简直受够了，是吗？”我想让她知道我和她在一起。我让她回来。

明确地谈论、分享感觉像什么样子是一种消除孤独的方法，正是这种孤独使她产生了小 t 创伤。

“和我分享这一切是什么感觉——作为一个神经脆弱的小女孩，你所经历的一切是多么的可怕，你所能承受的几乎是你所能做到的极限吗？”我问。

“与你分享的感觉很好，能让你了解并认识到它的严重性。你能理解这样的影响真是太好了。”

“我能够理解这种影响，对你来说意味着什么？你的内心、情感、感觉，还是能量方面发生了什么？”我想让她的大脑和神经系统把这种与我在一起的新方式，与她和母亲在一起的旧方式区别开来，在那种方式下，她必须否认自己的所有主观体验，才能够存活下来。

“我感觉平静。我感觉不像以前和你在一起时，有那么多迫切的需求。那种对关注的迫切需求比过去少了很多。我感觉不那么绝望了。”

我希望她能为这段经历找到积极的语言。

“那么，取而代之的，你的感觉是什么？”我问。

“更稳定。你为了我在那里。也有一致性。这说得通吗？”她说。

“是的，确实如此。我能再推动你一下吗？你是如何从身体上认识到有稳定性和一致性，你不需要独自面对的呢？”

她停顿了一下，然后回答说：“过去，当我觉得需要你，并对你在我身边感到不确定的时候，我会感到一阵恐慌或者心跳加速。但现在已经不会那样了。如果我觉得需要你，我就可以更容易地让自己平静下来，要么使用幻想，要么提醒自己过几天我就会见到你，或者我可以联系到你。”

“是啊！我听到你说你知道我在那里，你相信我会始终如一。

知道这一点，你的内心是什么感觉？”

“牢固的安宁感。”

她终于得到了！我们现在牢牢地扎根在她的身体里。萨拉进入到内心开放的 7C 状态。

“你说它的时候，感觉对吗？”

“是的，就像一直感觉到的那样对。”萨拉喜欢问一些具有客观真实性的问题——要么是对的，要么是错的；要么是黑的，要么是白的。像其他人一样，萨拉也一直努力，接受有关身体感觉的整个概念体系，即身体感觉是微妙的、主观的，以及没有正确或错误答案之分的。

萨拉的变化三角模型

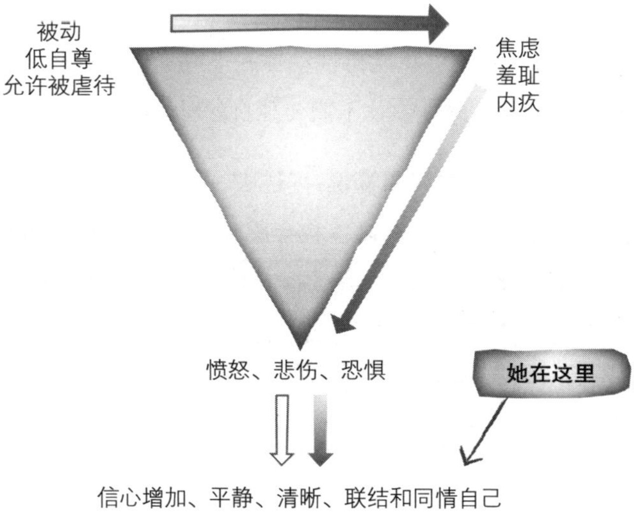

“你说的是那些关于安全和联结的脆弱和深刻的体验。它是很巨大的。它像是什么样子？”

“很神奇！”她允许自己在不防御核心情感的情况下感受这种感觉。

“告诉我吧。”

“它让我想笑，我觉得很开心。”

“你能让自己的笑容像你的感觉一样灿烂吗？不要忍住那美丽的微笑，让我看看吧。”我注意到她嘴唇周围的紧张感压住了她的表情。我希望萨拉也能注意到这一点，这样她就能放松肌肉，露出笑容。

我继续说：“我对你微笑，我看到了你的快乐。当你看到我为你而快乐时，你的感觉是什么样子的？”我内心充满了对萨拉的喜悦和自豪。为了扩大她的积极感受，我希望她看到我正在关注她。被看到、被配合、被联结，使得快乐和骄傲等拓展性情绪得到增强。这是一种普遍的快乐体验，不会被防御和抑制性情感阻碍，同时能感到安全。

此时，我有意推动萨拉更加努力，来帮助她形成建立亲密关系和体验积极情绪的能力。她需要能够越来越久地容纳自豪、快乐和亲密感。这对她的幸福至关重要。现在，她可以体验这些拓展性情感，虽然有时还会出现少量的焦虑和羞愧，降低这些情感。

“真是太好了！”她笑着说。

我们在那美妙的感受中结束了这次会谈，萨拉离开时感到平静和快乐。

接下来的一周，萨拉带来了一个有趣的故事。周末她和她的母亲去了博物馆。她的母亲想找一件特别的展品，于是向一位警卫求助。当保安给她指路的时候，萨拉注意到，因为觉得和保安的沟通不够高效，她的母亲感到既紧张又气恼。

“然后我也开始紧张起来，”萨拉报告说，“我的焦虑加剧，我的大脑开始加速思考，看能不能在母亲失去理智之前解决这个问题。”我感觉到萨拉的焦虑随着她的回忆而上升。“突然之间，我明白发生了什么。我意识到我对母亲的反应就像我小时候那样。我能观察到我的这部分被困住，完全处于母亲的掌控之下。我能感觉到我的身体快要僵住，就像我小时候不由自主地感觉到的那样。但后来我想起来，我是个成年人了，我不再是小孩了。我长大了，我有能力走开，或者介入并提供帮助，或做任何我所需要的事情。我没有被困住。”

“哇！”我说。

“这让我平静下来。”她笑着说。

“你和我分享的时候发生了什么？”我问，想让她为这些情感命名。

“我感到自豪。”

自豪是一种疗愈性情感，是治愈和增强自信的另一个指标。在变化三角模型上，自豪和感恩是另一种疗愈性情感，位于核心情感和内心开放状态之间的某个位置。

“我们能在自豪的感觉中待上几分钟吗？”我小心翼翼地问，意识到在要求萨拉保持积极情绪时，要让萨拉有点心理准备。

“好吧……”她说。

“现在你身体里发生了什么，让你知道自己正感到自豪？”我问。

萨拉的头歪向一边，眼睛往上看，关注于内在世界。然后她看着我，眼睛明亮，微笑着说：“嗯，我觉得我的内心强大持久，感觉好像脊椎里有一根钢梁。我注意到我坐得高高的，我也注意到我正视着你的眼睛。”

“哇！我听到你觉得自己高大、强壮，就像脊椎里有钢梁一样。你也注意到你在正视着我。”我重复道。

“是的，而且我感觉能量从我的下腹部向上，穿过我的胸膛和手臂。”

“这种能量有做些什么的冲动吗？检查一下。”

“是的，它想跳舞和庆祝。”这是喜悦和自豪的冲动。萨拉看起来很放松。她微笑着。

“是的！多可爱啊！跟随这些能量。你能通过想象形成一个意象吗？这个感觉现在想做什么？”我的邀请是为了帮助她停留在这种感觉中，加深这些疗愈性情感，同时在一个积极的幻想中释放能量。

“听起来很奇怪，但我看到我们俩一起围着一根五朔节花柱跳舞。我们手拉手，围着它转来转去，欢笑着。”

“我也能看见它。”我说，然后停下来，品味着这一刻，让它停留在我们之间。大约 30 秒钟后，我注意到她脸上的表情变得缓和了。这给了我提示，让我去询问：“看到我们这样，你的感觉是什么样的？”

“快乐，现在平静一些了。就是这样。”这波能量已经达到顶峰并逐渐消退。萨拉再一次处于内心开放的状态。

在治疗中，萨拉学会了进入她的 7C 状态——平静、好奇、联结、富有同情心、自信、勇敢和清晰。在这次会谈及之后的时间里，她一直会保持注意，自己何时处于一种内心开放的状态，或者是处于一种往日熟悉的、不自信的、感觉不好的状态。萨拉积极努力于当下时刻的幸福。当她意识到自己心情不好时，她就会利用变化三角模型，通过锻炼、散步、看有趣的电视节目，以及参加其他能让她平静下来、恢复精力的活动。萨拉也可以成为她自己的好母亲。她能够给予自己同情和照顾。

萨拉改变了她自己大脑运作的方式。通过变化三角模型，萨拉接触到了被阻断的情感。她与那些遭受创伤的年幼部分建立了关系。她与年幼的部分沟通，并缓解焦虑、羞愧和内疚。她注意、确认、标记并处理她的核心情感。她使用意象和想象力来治疗，就像她和我在一起学会做的那样。进入她真实的自我，并持续成长。这些收获是永久的，这些练习可以在今后的岁月中为萨拉带来帮助。

自我、内心开放的状态以及7C

只有真正的自我才能有创造力，只有真正的自我才能感到真实。

——D. W. 温尼科特

自我与其他部分的关系

真实自我的自然状态没有被创伤遮蔽或被情感淹没时，就是内心开放的状态。

自我＝开放的状态＝7C

在内心开放的状态下，我们是平静的；我们对自己的思想、他人的思想和整个世界充满好奇；我们将自己的身体，内心和思想与他人相联结；同情自己和他人；对我们自己是谁充满自信；能够勇敢地行动并保持清晰的思维。情感以及我们的某些部分仍然存在，而且值得关注，但是它们不会淹没我们。我们与生俱来的自我和我们从生活经历中发展出来的部分共存。它们两个哪个在前方，哪个在后方，可以随时发生改变。当我们被触发，情感和某个部分被激活或唤醒时，自我就会被当时急切的情感暂时遮蔽。为了重新进入内心开放状态，我们可以使用变化三角模型。

通过我们的工作，萨拉能够发生变化，进入内心开放的自我状态。从这个视角来看，萨拉意识到，从出生到青少年期，她有很多不同的部分代表着不同年龄的自己。在不断地使用变化三角模型进行练习之后，随着时间的推移，即使在感受到内心不安的部分时，萨拉也可以与她平静、开放的自我保持联系。

戈登是我的一名患者，他与我分享了自己他儿时的记忆。我问戈登，他在自己的大脑中是如何看待那个小男孩的。戈登在妈妈的厨房里看到了自己。他看到了年幼的自己穿着什么，也能看到他小脸上的表情。当我帮助别人进入他年幼的部分时，我经常问对方，年幼的部分是否意识到我们在那里，在帮助他。这个部分有时是能够意识到的，这意味着我们可以和他交流。但有时候，这个部分没有意识到。在这种情况下，我们需要通过与他沟通并看看需要做什么让感觉好些，从而与他建立联结。

从自我的角度来看，我们最好能与年幼的、经历创伤的部分建立联结。经过练习，戈登能够与被触发的年幼部分保持足够的距离，防止被它们淹没，避免进入自我的途径被它们遮蔽。取而代之的是，在受伤的童年部分出现时，他与之建立联系，认可它们的感受，并给予它们同情。

自我可以关注到思想和身体内部发生了什么。在我们的有生之年，我们可以努力变得越来越敏锐，进行觉察和意识。觉察会带来益处。生活中有太多我们无法控制的事情。然而，有一件事我们可以控制，那就是我们如何评价自己、对待自己，并选择如何在这个世界行动。以自我意识和变化三角模型为向导，回到内心开放的状态，我们可以成为自己生活的导演。带着目标生活，我们可以努力让美好的事情发生。

沟通路线

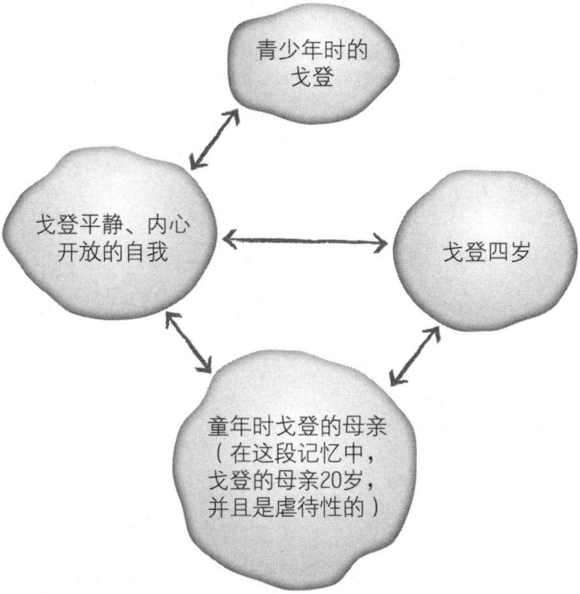

我们可以引领自己积极地生活。我们可以努力建立爱的关系来滋养我们的灵魂。我们可以成为自己生活的建筑师，掌控我们的生

活，给我们最好的成长机会。

自我能够注意到我们的防御、抑制性情感和核心情感：我意识到我在考虑明天天气会怎样；我意识到我生老板的气，想要骂他；我意识到我一想到要当众演讲时，就心神不宁，非常紧张。练习使用自我去关注你的防御、思想、感觉、冲动和身体感觉。自我能够吸收所有的信息，为我们自己的福祉所用。当我们被淹没性情感和自己年幼的部分触发，自我受到损害，不够强大时，就必须加倍努力才能重新获得这种内心开放的状态。

内心开放的状态

我们怎么才能知道自己是否处于内心开放的状态呢？

一方面，我们的主观感觉会更好。我们至少能够进入到一些7C的状态中：平静、好奇、联结、富有同情心、自信、勇敢和清晰。记住这些词语，这样你就可以积极地寻找这些状态，并尽你所能转换到你能达到的状态。

对于那些经历过很多不幸并依然遭受创伤影响的人来说，创伤的部分或被阻断的情感有时会阻碍他们进入内心开放的状态。然而，一旦体验到核心情感，接下来就是内心开放的状态（即一种转化而成的以洞悉为特征的状态）。我们会有一种过去的事情真的已经结束了的感觉。在一个人处理了很深的情感创伤后，就会进入一种内心开放的状态，此人整合的人生故事会由此出现，就像弗兰、萨拉、邦妮、斯宾塞和马里奥一样。随着被阻断的情感能量得到释放，大脑变得更加清晰完整。体验和理解得到结合，整体上使神经系统平静下来。大脑会变得更和谐。这就是这种个体化工作具有转化意义的原因所在。

开放的状态与创伤性的状态是相互对立的。创伤状态将我们联系到反应性的、高压力的部分。在创伤状态下，我们处于“战斗、逃跑和冻僵”模式。我们的情感大脑正疯狂地为我们的防御行动做准备。如果这种状态没有完全结束，我们思考、解决问题和合理行动的能力都会受到损害。

我们越多地处理陈旧的和被阻断的情感，我们就越容易进入 7C 和内心开放的状态，我们能够停留在那些状态的时间也就越长。这是因为，如果我们的大脑更加和谐，就会更加稳定。如果可以选择，我们的大脑更喜欢稳定性。

达到内心开放的状态有两种主要的方法。第一种是体验我们的核心情感。弗兰、萨拉、邦妮、斯宾塞和马里奥在体验了童年部分所阻断的核心情感之后，进入内心开放的状态。

第二种进入内心开放状态的方法是寻找 7C，看看你是否能通过觉察和运用情感能量有意识地转变到这种状态。

例如，当我心情不好的时候，可能会因为一些小事而想批评我的丈夫。我会让自己回忆起那些可以让我关爱他的事情，尽管一开始可能会觉得尴尬和不自然。或者我可以唤醒一些让我感到与他很亲近并感激他的回忆。或者我可能会好奇自己想要批评他的冲动。无论如何，这些都不那么容易，但将自己的状态转换成 7C，通常会带来更好的感觉。这种情况下，我往往能感觉到身体的紧张得到真正的缓和。

有时朋友和家人会让我们感到失望，在内心开放的状态中，我们可以理解和处理这些。在内心开放的状态中，我们可以欣赏自己的努力，原谅自己的错误。在内心开放的状态中，我们能更准确地认识他人，而不是透过被扭曲的历史的透镜来看他们。因为内心开放的状态是冷静的，我们可以直接思考，解决问题，应对挑战和与同龄人的差异。

并不是每个处于内心开放状态的人都会感觉舒适。不管你是否相信，有些人就是难以忍受平静。有许多人在混乱的家庭中长大，他们所知道的成长过程只有焦虑和不安。如果在你的成长过程中，周围总是充满了巨大的变化和刺激，或好或坏的，平静的状态可能就会让你感到平淡、死气沉沉或无聊。感到平静或满足可能会导致你的认同危机：*当我感到平静时，我是谁？*这种平静也可能是引发你产生焦虑的最初原因，因为这是一种不同的体验——太陌生了。

如果你在这种内心开放的状态中出现困难并想要改变，你就必须努力建立一个新的常态。这是有可能达到的，但需要使用变化三角模型进行工作。因此，你要尽可能频繁地达到内心开放的状态，并能忍受变化带来的不舒适感。

在整个生命全程中，周而复始地使用变化三角模型进行工作，可以带领我们不断地回到这种内心开放的状态。通过练习，我们能够更快、更多地到达这里。

可以通过问自己以下问题，来检验自己是否处于内心开放的状态。

- 我的身体**平静**吗？如果不是，我是否愿意停下来，做一些能让我平静下来的事情，比如出去散步、深呼吸、接地练习，或是回忆一些我和同伴的积极品质？
- 我会为自己对周围世界和其他人所产生的反应感到**好奇**吗？如果我注意到我的伴侣或自己处于防御模式，我会对隐藏在防御之下的情绪感到好奇吗？我是否会充满好奇地把自己或我的伴侣映射到变化三角模型上，以更多地了解正在发生的事情吗？
- 我是否能够感觉到与自己在情感上的**联结**？我是否能够感觉到与周围人的联结？如果没有，我可以转变到联结的状态吗？
- 我能对自己产生**同情**吗？如果我并非孤身一人，我会感受到对同伴的关爱和同情吗？即使现在可能有其他的情绪，比如恐惧、悲伤或愤怒，我能够进入到同情里吗？
- 我是否**自信**地知道，现在的自己基本上是安全的？当需要的时候，我是否有信心和能力找到资源并得到帮助吗？我有信心照顾好自己吗？我是否**勇敢**，愿意直面自己的弱点呢？
- 我的头脑是否**清晰**，可以进行思考？如果我的头脑不够清晰，我是否能够意识到这一点，并且在能够更清晰之前，暂不做出重要的决定。

如果你对某些问题的回答是“不”，请不要评判自己。检视你自己的身体，注意所有你能注意到的。寻找更深层次的情绪、伤痛和脆弱。把你所有的同情给予你那正在遭受痛苦的部分（正在经历核心情感和/或抑制性情感），或正在努力保护你的（防御）部分。然后，通过变化三角模型来处理它们。

有些人能够有很多时间处于这种内心开放的状态中，有些人很少处于这种状态，而有些人则介于两者之间。无论如何，随着我们不断地在更深的层面理解自己并获得成长，变化三角模型是我们更多地进入内心开放状态的指引和处方。如果你一直在给自己施加压力，让自己处于一种内心开放的状态，或者因为没有达到目标而自责不已，那么你就误解了这种追求的意义和目的。最重要的是，要认识到你自己处于什么状态。通过了解你所处的位置——防御、焦虑、羞耻、内疚、核心情感或内心开放的状态，你就会知道下一步该做什么。

最起码，你会知道，对于进行重要的思考和决定，或富有成效的交谈来说，现在是正确的时机还是错误的时机。如果此刻，你没有处在一个良好的状态，没有力量或欲望去做任何事情，那么这不仅没有问题，有时候还是一种正常的和自然的感觉。使用变化三角模型进行工作，提高自己是终身的实践。当我们需要它的时候，它总是在我们手边。

如何面对生活的挑战，保持内心开放的状态

当你注意到自己被触发的时刻，试着通过呼吸、接地练习和想象自己的安全场所来保持冷静。

倾听你的身体，这样就可以注意到并命名自己心烦意乱的情感和部分，并与这些情感和部分沟通。

确认你感到烦恼，并且首要需求是照顾好自己。

给予自己同情；不要听从评判或批评的想法。

明确你需要什么让自己获得更好的感觉，并提醒自己，你的任何感觉都是暂时的，这些感觉一定会过去的。

练习 12：找到你的 7C

7C 能给你带来了什么

把这些带有字母 C 的词汇写在一张纸上：

- 平静（calm）；
- 好奇（curious）；
- 联结（connected）；
- 富有同情心（compassionate）；
- 自信（confident）；
- 勇敢（courageous）；
- 清晰（clear）。

当你写每一个词语的时候，都大声说出这个词语。注意并写下每一个C带给你的一个想法、一种情感和一种身体感受。例如，"平静"可能会引发我的想法——我想更多地感到平静。它可能带来欣喜的情绪和温暖的身体感觉。"同情"可能会引发一种想法——给予自己同情是不合适的。它可能会带来焦虑的情绪，导致胃部收缩的身体感觉。"自信"可能会引出这样的想法——我永远都不会感到自信。它可能会引起恐惧的情绪，带来心跳加速的身体感觉。

寻找你的7C

在任何特定的时刻，知道你是接近还是远离内心开放状态都是很重要的。可以询问自己以下问题。注意，请基于你现在的感觉来回答，不要进行评判。主要目标是要进行觉察。如果你对以上任何一个问题的回答是否定的，就试着弄清楚是什么想法、情感或部分阻碍你接触到C。保持好奇，不要评判。不要给自己施加压力。通过觉察、确认和倾听你的思想、情感和感觉，看看你能了解到什么。对那些让你感觉恰好符合的东西保持注意。

我觉得平静吗？

是的____不是____

如果不是，那么是什么阻碍了我感到平静？

____

即使我在努力挣扎的时候，我是否对自己、他人、工作、爱好以及对周围环境的其他方面保有好奇心？

是的____不是____

如果不是，那么是什么阻碍了我产生好奇？

____

我是否觉得自己是有联结的——与他人、自然或我自己？

是的____不是____

如果不是，那么是什么阻碍了我感到有联结？

____

我是否感受到对他人和自己的同情，即使我可能有诸如愤怒和评判之类的其他想法和情绪？

是的____不是____

如果不是，那么是什么阻碍了我感到同情？

____

我对应付我的生活很有自信吗？

是的____不是____

如果不是，那么是什么阻碍了我感到自信？

____

我是否有勇气尝试新事物，做我自己，走出我的舒适区，或者以新的和更易受伤害的方式与人建立联系？

是的____ 不是 ____

如果不是，那么是什么阻碍了我的勇敢？

____

我是否非常清晰地知道我是谁，我喜欢什么，想要什么，需要什么，不想要什么，不需要什么，以及什么对我来说是非常重要的？

是的____ 不是 ____

如果不是，那么是什么阻碍我保持清晰？

____

如果这个练习给你带来了烦恼或痛苦，试着为你现在正在经历的情绪命名：

____

____

____

给予自己同情。

你可以在接下来的练习中，应用这个练习所带来的任何经验。

练习 13：在变化三角模型上标记

大多数人首先意识到自己的情绪状态，是在感到烦恼的时候。当你意识到有什么不对劲的时候，你就处在一个三岔路口：其中一条路可以让你避开那些不舒服的感受，那就是远离让你感到烦恼的事情；另一条会让你冲动地进行回应；第三条将带你进入你的内在体验——向它靠近并运用变化三角模型。例如，你可以好奇地问自己：刚才发生了什么，触发了我？然后你可以进一步询问：它给我带来了什么感受？

缓慢地呼吸并结合接地练习。现在将注意力调整到自己身上，给自己大量的时间去注意。尽最大的努力找到你在变化三角模型上的位置。你是否正处于抑制的端点，经历着羞耻、焦虑或内疚？你是否已经处于变化三角形模型的底部，感受着悲伤、恐惧、愤怒、厌恶、欢乐、兴奋或性兴奋的核心情感？你是否处于一种内心开放的状态，感受到一个或多个 C：平静、好奇、联结、富有同情心、自信、勇敢、清晰？你是否处于一种防御的状态，阻断了情感和内心开放的状态？

你认为自己现在处于变化三角模型的哪个端点？

____

____

根据变化三角模型，写下三个能够用来描述你的经历的词语。例如：我意识到我处于防御的端点，因为我感觉麻木、无聊，或想喝一杯；通过身体里不安的感觉，我意识到我很焦虑，处于抑制的端点；我知道我位于变化三角形模型的底部，因为我为自己感到悲伤。

1. ______________________________
2. ______________________________
3. ______________________________

练习 14：使用变化三角模型

使用第 6 章中“觉察你的防御”这个练习，来处理你的某种防御。或者处理一些你感到好奇的并希望能够改变的东西。

变化三角模型
在每个端点做什么

防御
为躲开核心情感，
我们所做的事情
移除防御，
进入潜藏的情感

抑制性情感
焦虑、羞耻、内疚
平静焦虑，转化羞耻
和内疚，进入到
一开始被阻碍
的核心情感中

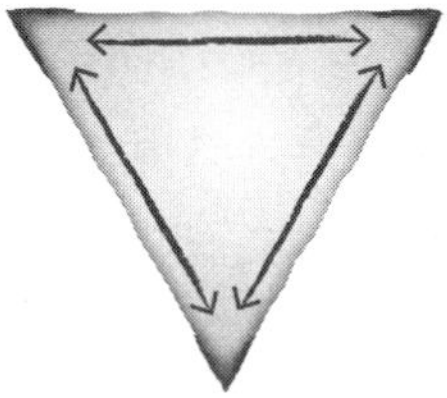

核心情感
恐惧、愤怒、悲伤、快乐、兴奋、厌恶、性兴奋
跟随情绪的起伏，感受它们

⇩

真实自我的内心开放的状态
平静、好奇、联结、富有同情心、自信、勇敢和清晰

尽可能长久地待在这里
更清晰、更平静地忍受挑战，从长远角度建设性地解决问题

使用上面的变化三角模型练习，标记出你的位置。注意你正在经历的事情，并尽你最大的努力在下面的变化三角模型中写下它移动到了哪里。

端点 1：防御

如果你把自己定位在防御的端点上，问问自己：“如果我没有使用这种防御，我现在会有什么感觉？”你这是在尝试发现防御正在保护你避免什么情感或冲突。现在，在变化三角模型相应的位置上写下来。

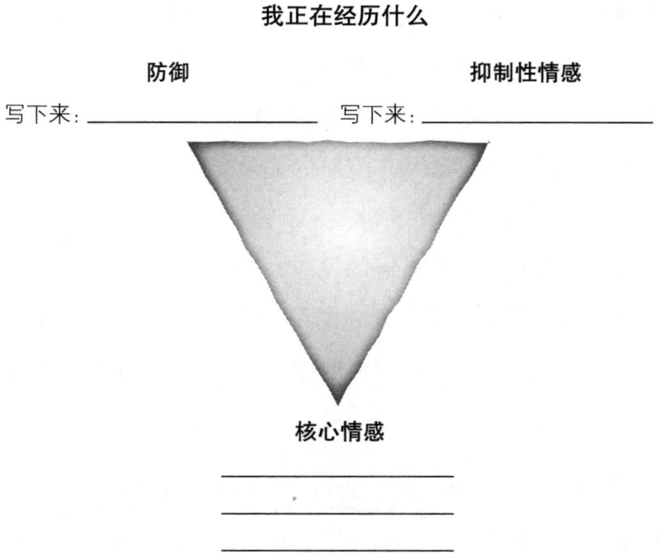

端点 2：抑制性情感

如果你处于抑制性情感的端点，那么这意味着你已经知道你正在经历焦虑、内疚或羞愧。你能分辨出到底是哪一种吗？

如果你感到焦虑，通过把脚放在地板上，进行腹式呼吸，并有意识地提醒自己这是焦虑，让焦虑平静下来。接受你注意到的每件事，努力站在对自己富有同情心的立场上。与此同时，要用上述技巧来缓解焦虑，试着说出你所感受到的所有潜在的核心情感。把它们写在上面那个变化三角模型的底部。

如果你感觉到你的一部分感觉羞耻，那么请想象羞耻的部分从你身上出来，坐在离你有几米远的地方。你想要试着想象出你持有羞耻的部分的形象。这有助于避免羞耻感将你压倒，并能使你与自己羞耻的部分进行沟通并安抚它成为可能。像一个好父母会做的那样，以好奇和同情的姿态和你羞耻的部分交谈。问它“你在羞耻着什么”，或者“已经发生的事情，关于你说了什么”。一旦你知道羞耻的部分是在对什么产生羞耻的反应，给予它爱和同情。做你自己的好父母，试着根据直觉了解，羞耻的部分需要什么能感觉更好。运用想象给予这个部分它所需要的东西。大多数羞耻的部分需要感觉到联结、安心、安全、平静、被爱和被接受。

现在，试着找到指向那个最初让你感到羞耻的人的核心情感。为了帮助你找到核心情感，试着问自己以下问题：如果我感到强大和自信，我会对那个最初给我带来羞耻感的人产生什么情感？如果我最好的朋友像我一样受到伤害或羞辱，我会有什么情感？如果这些情感是核心情感，把它们写在变化三角模型的底部。如果它们是抑制性情感，把它们写在抑制情感的端点上。

如果你感到内疚，问问你的内疚：如果内疚是一种罪行，我现在所犯的罪是什么？如果你伤害了某人，准备道歉并做出补偿。

如果你没有做错任何事，你的目标就是容忍设定界限和边界所带来的内疚感。然后试着去注意那些被阻断的核心情感，这些核心情感是指向那个一开始无法忍受你的界限和边界的人。

如果你为自己的幸运或拥有别人所没有的东西而感到内疚，那么从内疚转为感激。你可以选择富有同情心，以具体的方式回报他人。内疚对你自己或唤醒你内疚的人来说，没有任何积极的作用。

端点 3：核心情感

如果你把自己的位置定在核心情感的端点，或者你通过变化三角模型到达了那里，那么这意味着你正在经历悲伤、愤怒、恐惧、厌恶、喜悦、兴奋、性兴奋，或者它们的组合。通过说“我觉得________和__________”来分别验证每种情感。为它们全部命名，然后把它们写在变化三角模型的底部。

在这个端点上，如果你对进一步的练习感到舒适，就试着保持一种核心情感。注意并命名它所带来的身体感觉。在你进行顺畅呼吸的同时，保持你的身体感觉，做长而深的腹式呼吸。保持这些感觉，直到有东西发生变化或者你注意到一种冲动。用幻想来想象情绪冲动想要做什么。随着情绪波动起伏，直到你感觉平静下来。

最后，你现在能否进入任何一个 C？请在这里列出来：

____

____

____

恭喜你！你刚刚完成了变化三角模型。记住，变化三角模型是一幅地图、一个工具，供你在今后的岁月中使用。通过独自或和别人一起进行练习和试验，你会越来越清楚地认清自己的位置、需要去的地方，以及如何到达那里。

结　语

正如你所了解到的，心理症状（如抑郁），以及我在本书中提到的许多其他症状，都会把我们引回到核心情感。我们可以选择，要么让自己经历情感，要么用防御来回避它们。在我生命中的这个时刻，当我感受到一种核心情感时，我知道我需要为它腾出空间。如果我能做到，那么不管有多痛苦，我总是会有更好的感觉。

没有人能够在运用变化三角模型上达到完美的程度，真的没有。至今，我仍然需要提醒自己去运用变化三角模型。有时我仍然很难弄清楚自己在哪个端点，以及如何帮助自己或我的患者。尽管如此，我还是无法想象没有这个指南的生活。

使用变化三角模型进行工作的过程没有终点。取而代之的是一个终生的实践。目的是继续了解自己，花更多的时间处于内心开放的状态。

在一生中，我们可以不断成长、学习，变得更有活力，对于我们是谁、我们的缺点乃至所有的一切，都感到更加舒适。随着觉察的不断增加，我们可以注意到，我们在什么时候进入了一种对我们自身和我们的关系都没有益处的状态。我们可以用我们已经掌握的知识和技能，回到变化三角模型的底部。通过努力，我们将成为这一过程的掌控者。我们会感觉更好，我们会变得更有智慧，我们的生活也将会更轻松、更充实。

如果在读完这本书之后，你可以在变化三角模型上找到你的当前状态，那么你已经完成了很多工作。仅仅是意识到你在变化三角模型中的位置，就能在你自己和让你烦恼的事情之间创建情感距离。在你正经历的时刻，注意你的情绪、心境、心理状态、思想、身体感觉、信念，或者任何东西，这些都是对大脑的锻炼。对你自己和你正在经历的一切具有双重意识，能够带来和谐、平静，还有你不仅仅只是从自己的感觉、想法和症状的视角出发。

当你走向活力和真实的时候，你承受挑战的能力就会增强。痛苦、焦虑和恐惧仍然会升起，但情绪不会像以前一样削弱你，或那么可怕。我们不会无力做出改变，或任由我们的大脑摆布。

变化三角模型的力量是巨大的。想想大海吧！波浪把我们击倒，把我们推到海面之下。有时，我们会觉得自己快要溺水了，但是如果我们做好准备，如果我们知道当海浪把我们打翻的时候该怎么办，如果我们建立力量和平衡，那么我们每次都只需更少的努力就能返回水面，并对将来能够在下一次的海浪冲击下幸存更有信心。

如果你只想从这本书中学会一件事，那么请记住：情感就是情感！评判自己没有任何用处。相信你能阻止情感产生是错误的。相反，你应该把精力集中在建设性地处理这些问题上。使用变化三角模型，了解你正在经历的事情，了解你的体验想要告诉你的事情。你并不必须对情感做出反应，而且在大多数情况下，你也不会这样，但是这些冲动传递给你的信息是非常重要的。即使情感没有做什么事情，它们的存在也会让我们感觉充满活力。

每隔一段时间就需要慢下来。因为焦虑会使大脑加速，主动地放慢我们的思考和行动的速度，会使我们平静下来。慢下来可以让我们建立联结，使自我进行反思。当然，我们也必须慢下来来处理情感。

在你做出评判或得到结论之前，先对你的内在世界充满好奇。在对别人的意图做出结论之前，先对别人的想法保持好奇。暂停需要自律，但这很值得。在那个空间里，你可以问自己："我想知道她正在经历的什么情感让她做出 X、Y 或 Z？"在你得出结论之前，停下来了解影响行为的更深层次的情感，这将有助于你所有的人际关系。

最后，无论是为了你自己还是为了你所爱的人，请记住，情感需要得到我们身体和大脑的确认，以获得良好的感觉。停止评判，开始确认。你拥有的每一段关系——尤其是你与自己的关系，都会从中受益。

附录 A

感觉词汇表

当我们找到与我们的体验相吻合的语言时，大脑就会有更好的感觉。例如，当我们经历被伤害的感觉，找到一个像是“受伤的”这样合适的词语，就会让人感觉良好、正确，像是点击“确认”按钮一样。

附录 A 和附录 B 分别是关于感觉和情感的，可以帮助你为自己的体验找到合适的词语。请注意，我将单词进行了分类，以便更容易地找到最适合你的个人体验的词语。你可能会在不同的类别中看到两次同一个词语。你也可能会发现能正确描述体验的词语被放在了另外一个类别中。也可能会有的词语跳入你的脑海中，但这个词并没有被列在词表中。相信你的体验，找到最适合于你内在感受的词语，不用管它的类别。

Angry 愤怒

burning 怒火中烧的

clenched 咬牙切齿的

constricted 受约束的

energized 充沛的

explosive 暴躁的

fiery 怒气冲冲的

heated 发火的
hot 易怒的
impulsive 冲动的
knotted 纠结的
prickly 易怒的
red-hot 火冒三丈的

Anxious 焦虑

clammy 令人不快的
clenched 咬牙切齿的
constricted 受约束的
damp 令人不舒服的
dizzy 眩晕的
dry （因紧张而口或喉咙）干的
faint 头晕的
floating 起伏不定的
fluttery 不安的
fuzzy 迷迷糊糊的
guarded 提防的
headachy 令人头痛的
heart-pounding 心怦怦直跳的
jumpy 提心吊胆的
knotted 紧张的
queasy 忐忑不安的
spacey 恍惚的
tingly 恐惧的
trembly 发抖的
twitchy 焦急的
vibrating 颤抖的
tense 焦虑的
shallow breath 喘不上气的
spinning 天旋地转的
panicky 惊慌的
tight 憋闷的

Ashamed 羞耻

alone 孤独的
contracted 收缩的
cutoff 隔绝的
dark 绝望的
deadened 麻木的
deflated 气馁的

disappearing 消亡的
disconnected 分离的
empty 空虚的
flushed 脸红的
frozen 如坠冰窖的
hiding 隐藏的
imploding 崩溃的
invisible 被忽视的
numb 麻木的
receding 逐渐淡漠的
small 卑微的

Constricted **压抑、抑制**

armored 防御的
blocked 阻塞的
clenched 咬牙切齿的
closed 封闭的
cold 寒冷的
congested 阻塞的
contracted 收缩的
cool 冷淡的
dense 迟钝的
knotted 紧张的
numb 麻木的
paralyzed 优柔寡断的
prickly 易怒的
pulsing 脉搏加快的
stuck 被困的
suffocating 令人窒息的
tense 焦虑的
thick 隐隐作痛的
throbbing 悸动的
tight 憋闷的
wooden 僵硬的

Depressed **抑郁**

alone 孤独的
contracted 收缩的
cutoff 隔绝的
dark 绝望的
deadened （使感觉）减弱的
dense 迟钝的
disappearing 消亡的
disconnected 分离的

drained 精疲力竭的
dull 无聊的
empty 空虚的
heavy 沉重的
numb 麻木的
thick 隐隐作痛的

Disgusted **厌恶**

acidic 尖酸刻薄的
bilious 暴躁的
clenched 咬牙切齿的
cringing 厌恶的
gagging 令人恶心的
grossed out 惹人讨厌的
knotted 紧张的
nauseated 令人作呕的
poisoned 有毒的
queasy 恶心的
sick 病怏怏的
tense 发紧的
tight 憋闷的

Excited **兴奋**

activated 活泼的
breathless 无法呼吸的
bubbly 热情奔放的
bursting 迫切的
buzzy 令人兴奋的
electric 令人激动的
energized 活力充沛的
expanding 不拘谨的
expansive 豪放的
floating 飘飘然的
fluid 流动灵活的
flushed 脸红的
itchy 渴望的
nervy 不安的
pounding 心怦怦跳的
pulsing 脉搏加快的
radiating 精神焕发的
shimmery 闪烁的
streaming 哗哗流的
tingling 激动不已的
twitchy 焦急的

Expansive **豪放**

growing 成长的
inflated 高涨的
luminous 明亮的
puffed up 鼓胀的
radiating 精神焕发的
shimmering 闪光的
strong 强大的
tall 高大的
tremulous 战栗的

Fearful **恐惧**

breathless 窒息的
chaotic 混乱的
clammy 湿冷的
cold 寒冷的
dark 绝望的
frantic 紧张忙乱的
frozen 冻僵的
jittery 紧张不安的
jumpy 提心吊胆的
icy 冰冷的
shaky 苦恼的
shivery 毛骨悚然的
spinning 天旋地转的
sweaty 出汗的
trembling 颤抖的

Guilty **内疚**

buzzy 生动的
constricted 压抑的
dropping 劳累的
jittery 心烦意乱的
sinking 绝望的
tense 焦虑的

Happy/Joyful **幸福 / 快乐**

aglow 容光焕发的
cozy 惬意的

energized 精力充沛的
expanding 不拘谨的
expanded 奔放的
expansive 豪放的
floating 兴奋的
full 充盈的
moved 感动的
open 开放的
smiling 微笑的
smooth 平稳的
sunny 明媚的
tender 慈爱的
touched 被触动
warm 温暖的

Hurt **伤害**

achy 疼痛的
bruised 瘀伤的
cut 切破的
open 开放的
fragile 脆弱的
jagged 锯齿状的
pierced 刺穿的
prickly 易怒的
raw 刺痛的
searing 灼烧的
sensitive 敏感的
sore 酸痛的
wobbly 颤动的
wounded 受伤的

Openhearted **内心开放**

airy 快活的
alive 活泼的
awake 清醒的
calm 平静的
connected 联结的
expanded 奔放的
expansive 豪放的
flowing 上涨的
fluid 易变的
full 充盈的
light 光亮的
open 开放的

peaceful 安宁的
relaxed 放松的
releasing 解脱的
shimmering 闪光的
smooth 平稳的
spacious 广阔的
still 平静的
strong 强大的
vital 生机勃勃的
warm 热情的

Sad 悲伤

blue 忧郁的
burdened 困扰的
down 低落的
empty 空虚的
heavy 沉重的
hollow 空洞的
untethered 无拘束的
weighted 有权衡的

Tender 温和

aglow 容光焕发的
bruised 瘀伤的
cozy 舒适的
flaccid 软弱的
fragile 脆弱的
jagged 不平的
melting 惹人怜爱的
moved 感动的
tender 慈爱的
throbbing 悸动的
touched 被触动
warm 热情的

Vulnerable 易受伤害的

brittle 不友好的
exposed 无遮掩的
fragile 虚弱的
open 开放的
quivery 颤抖的
raw 刺痛的
sensitive 易被冒犯的

附录B

情绪词汇表

Angry 愤怒

aggressive 咄咄逼人的
covetous 垂涎的
critical 挑剔的
disappointed 沮丧的
disapproving 反对的
distant 冷漠的
enraged 愤怒的
frustrated （情感）受挫的
furious 怒不可遏的
hateful 可恨的
hostile 充满敌意的
hurt （感情上）受伤的
infuriated 激怒的
irate 暴怒的
irritated 恼火的
jealous 嫉妒的
mad 神经错乱的
pissed 恼火的
provoked 被挑衅的
resentful 憎恨的
sarcastic 挖苦的
selfish 自私的
skeptical 怀疑的
violated 被侵犯的

Anxious 焦虑

agitated 躁动的
avoiding 回避的
confused 困惑的
constricted 压抑的

hidden 隐秘的
indifferent 漠不关心的
nervous 紧张的
tight 憋闷的
tingly 激动的
uptight 不安的
withdrawn 沉默寡言的

Ashamed **羞耻**

alienated 格格不入的
devastated 极为震惊的
disrespected 不敬的
embarrassed 害羞的
empty 空虚的
inadequate 缺乏信心的
inferior 低人一等的
insecure 无把握的
insignificant 无足轻重的
isolated 孤独的
powerless 无能为力的
ridiculed 被戏弄的
victimized 不公的
vulnerable 易受伤害的
withdrawn 沉默寡言的
worthless 一无是处的

Confident **自信**

amazing 令人惊喜的
appreciated 赞赏的
creative 有创意的
courageous 勇敢的
discerning 有眼光的
important 重要的
invincible 无敌的
powerful 有力的
proud 自豪的
strong 强大的
successful 成功的
valuable 有价值的
worthwhile 令人尊敬的

Disgusted 厌恶

averse 嫌恶的
detestable 可憎的
disapproving 反对的
grossed out 惹人讨厌 / 恶心 / 憎恶
rejecting 拒绝的
revolted 憎恶的
turned off 没兴趣的

Distrustful 怀疑

astonished 惊讶的
disillusioned 不抱幻想的
jealous 嫉妒的
judgmental 评头论足的
loathing 憎恶
perplexed 困惑的
provocative 挑衅的
repugnant 令人厌恶的
sarcastic 挖苦的
skeptical 怀疑的
suspicious 可疑的

Excited 兴奋

activated 活泼的
amazed 惊讶的
awed 充满敬畏的
courageous 勇敢的
eager 渴望的
ecstatic 狂喜的
energized 活力充沛的
expansive 豪放的
faithful 忠诚的
high 飘飘欲仙的
interested 感兴趣的
liberated 无拘束的
surprised 出人意料的
wondrous 奇妙的

Fearful **恐惧**

afraid 害怕的
anxious 焦虑的
bewildered 不知所措的
confused 困惑的
discouraged 心灰意冷的
dismayed 不悦的
fearful 恐惧的
frightened 惊恐的
helpless 无助的
hesitant 迟疑的
inadequate 缺乏信心的
insignificant 微不足道的
overwhelmed 不知所措的
rejected 被拒绝的
scared 惊恐的
shocked 震惊的
startled 受惊吓的
submissive 顺从的
terrified 极度恐惧的
worried 发愁的

Guilty **内疚**

apologetic 愧疚的
avoiding 回避的
contrite 悔恨的
meek 温柔和善的
remorseful 自责的

Happy/Joyful **幸福 / 快乐**

amused 逗乐的
cheerful 兴高采烈的
courageous 勇敢的
creative 有创意的
daring 大胆的
energetic 精力充沛的
excited 兴奋的
fascinated 着迷的
happy 幸福的
hopeful 充满希望的
joyous 欢乐的
optimistic 乐观的

playful 好玩的
sensual 性感的
sensuous 愉悦感官的
stimulated 刺激的
wonderful 美妙的

Hurt **伤害**

awful 可怕的
exposed 孤零零的
humiliated 难堪的
ignored 被忽略的
insecure 没有安全感的
pained 痛苦的
raw 刺痛的
rejected 被拒绝的
sensitive 易被冒犯的
submissive 顺从的
threatened 受到威胁的

Openhearted **内心开放**

aware 意识到的
brave 无畏的
courageous 勇敢的
fulfilled 满足的
hopeful 充满希望的
inquisitive 好打听的
inspired 被激励的
loving 有爱心的
nurturing 滋养的
open 开放的
pensive 孤僻忧郁的
philosophical 泰然自若的
playful 好玩的
respectful 尊敬的
responsive 积极回应的
sensitive 敏感的
strong 强大的
tender 温柔的
thankful 感激的
thoughtful 体贴的

Peaceful 安宁

accepted 被认可的
calm 平静的
clear 清晰的
compassionate 富有同情心的
connected 联结的
content 满意的
creative 有创意的
curious 好奇的
grateful 感激的
relaxed 放松的
secure 无忧无虑的
serene 安详的

Sad 悲伤

abandoned 被遗弃的
alone 孤独的
apathetic 冷漠的
ashamed 羞耻的
bored 无聊的
depressed 消沉的
despairing 绝望的
disappointed 沮丧的
droopy 无精打采的
empty 空虚的
flat 兴味索然的
ignored 被忽略的
indifferent 漠不关心的
isolated 孤独的
lonely 孤单的
remorseful 懊悔的
sleepy 安静的
tired 疲惫的
withdrawn 沉默寡言的

Vulnerable 易受伤害的

defensive 防御的
exposed 暴露的
protective 呵护的
raw 刺痛的
scared 惊恐的
skittish 反复无常的
weak 怯懦的
withdrawn 孤僻的

北京阅想时代文化发展有限责任公司为中国人民大学出版社有限公司下属的商业新知事业部，致力于经管类优秀出版物（外版书为主）的策划及出版，主要涉及经济管理、金融、投资理财、心理学、成功励志、生活等出版领域，下设“阅想·商业”“阅想·财富”“阅想·新知”“阅想·心理”“阅想·生活”以及“阅想·人文”等多条产品线，致力于为国内商业人士提供涵盖先进、前沿的管理理念和思想的专业类图书和趋势类图书，同时也为满足商业人士的内心诉求，打造一系列提倡心理和生活健康的心理学图书和生活管理类图书。

《对身边的软暴力说不：如何识别和摆脱情感勒索》

- 剖析情感勒索者行为背后的心理病症与惯用伎俩。
- 识别身边打着爱与关心的旗号企图操纵你的情感勒索者。
- 彻底改变令人窒息的亲密关系和人际关系。

《战胜抑郁症》

- 美国职业心理学委员会推荐。
- 一本帮助所有抑郁症人士及徘徊在抑郁症边缘的人士重拾幸福的自救手册。